BIBLIOTHÈQUE
DES ÉCOLES ET DES FAMILLES

LOUIS VIGNON

L'EXPANSION
DE
LA FRANCE

PARIS
LIBRAIRIE HACHETTE et Cie
79, BOULEVARD SAINT-GERMAIN, 79

L'EXPANSION

DE

LA FRANCE

24109 — PARIS, IMPRIMERIE LAHURE

9, rue de Fleurus, 9

BIBLIOTHÈQUE
DES ÉCOLES ET DES FAMILLES

L'EXPANSION
DE
LA FRANCE

PAR

LOUIS VIGNON
PROFESSEUR A L'ÉCOLE COLONIALE

Ouvrage honoré d'une première récompense par l'Académie des Sciences morales et politiques

> « *Vous avez des yeux. Ouvrez-les. Regardez un peu plus loin que votre arrondissement, votre club, votre coterie, votre village.* »
> Mac CARTHY.

PARIS
LIBRAIRIE HACHETTE ET Cie
79, BOULEVARD SAINT-GERMAIN, 79

1892

J'OFFRE

A LA MÉMOIRE DE MA MÈRE

ce livre, — le premier que je publie depuis sa mort.

Je l'offre, dans un sentiment d'inaltérable reconnaissance, à celle dont les conseils et la direction m'ont été si précieux ; à celle qui s'est efforcée, en m'élevant pour le travail, de me rendre digne du nom qu'elle me laissait.

Louis VIGNON

Extrait du discours de M. Léon Aucoc, Président de l'Académie des Sciences morales et politiques, *à la séance publique annuelle du samedi* 28 *novembre* 1891 :

« De tous les ouvrages présentés au concours Joseph Audiffred, celui qui a paru mériter la récompense la plus élevée est le livre de M. Louis Vignon, Maître des requêtes au Conseil d'État, sur *l'Expansion de la France.*

C'est à la fois un tableau historique de notre politique coloniale et un exposé de la situation que font à la France ses colonies et ses colons.

Dans l'histoire de la politique coloniale qui commence au xvi⁰ siècle, une juste part est faite à tous les régimes. Les débuts de nos succès en Amérique et en Orient avec François I⁰ʳ, leur développement avec Richelieu et Colbert, la prospérité de nos établissements des Antilles, de la Louisiane et du Canada, la fondation de l'empire français des Indes par Dupleix et La Bourdonnais, sont suivis de nos désastres du xviii⁰ siècle. La France a retrouvé aujourd'hui des colonies nouvelles avec l'Algérie, la Tunisie, le Sénégal et l'Indo-Chine.

A quels résultats ont abouti nos efforts et nos sacrifices? Quels profits la France peut-elle tirer de ses colonies, quelle est l'importance de leur commerce, quel est l'avenir qui leur est réservé? C'est l'objet de la seconde partie du travail de M. Vignon, qui n'a pas manqué de compléter cette étude difficile par une comparaison avec la situation des puissances étrangères.

L'auteur suit encore l'expansion de la France, non seulement dans ses diverses colonies de peuplement, d'exploitation et de commerce, mais dans ce qu'il croit pouvoir appeler des colonies libres, c'est-à-dire dans les groupes de Français, groupes souvent considérables, qui se trouvent établis au milieu de pays étrangers et qui, au nom des intérêts commerciaux ou des intérêts religieux, y représentent la France et son influence.

Par son sujet et par l'inspiration patriotique qui l'anime, l'ouvrage de M. Vignon est de ceux qui peuvent contribuer à faire bien connaître et aimer la patrie. L'Académie lui décerne une récompense de 2 500 francs. »

INTRODUCTION

Depuis une douzaine d'années on a beaucoup parlé, beaucoup écrit, dans notre pays, pour et contre la « politique coloniale ».

Dans le même temps la France a considérablement augmenté son domaine d'outre-mer, son « Empire » : elle s'est établie en Tunisie, en Annam, au Tonkin, à Madagascar; elle a acquis de larges territoires en Afrique.

Ces agrandissements, — cette expansion, — n'ont rallié jusqu'à ce jour ni l'unanimité des Chambres ni celle du pays.

L'opinion publique applaudissait à nos victoires, acclamait nos soldats, puis en même temps, par une évidente contradiction, elle écoutait et parfois suivait ceux qui, devant elle, condamnaient la « politique coloniale ». On lui disait alors que la France était inhabile à coloniser, que ses colonies nouvelles ne lui serviraient de rien, que la « politique coloniale », inutile en soi, compromettrait, d'autre part, notre sécurité en Europe.

Les esprits étaient à ce point égarés, que l'on vit, en 1885, des représentants du pays réclamer au Palais-Bourbon « l'évacuation du Tonkin ».

Les temps sont passés où une semblable proposition pouvait être formulée. Il est même permis de dire qu'un revirement s'est fait dans l'opinion lorsqu'on voit combien a été favorablement accueilli, il y a moins de deux ans, le vote d'une loi douanière indispensable au développement de la Tunisie et combien la France a paru tenir à réclamer sa part dans les récents partages de l'Afrique.

Et cependant les Chambres refusent encore au Tonkin les sommes indispensables à sa mise en valeur, croyant faire assez en réglant l'arriéré de ses dépenses ou en pourvoyant bien juste à ses besoins annuels; — le gouvernement tarde toujours à suivre résolument une « politique coloniale », à donner, sur divers points, l'effort nécessaire !

Pourquoi les membres du Parlement sont-ils aussi timides? pourquoi l'opinion publique paraît-elle hésiter encore?

C'est, d'abord, parce que certains hommes ont écrit la condamnation de la « politique coloniale » au nombre des principaux articles de leur programme de *politique intérieure*; c'est, ensuite, parce que l'on a cru souvent que cette politique était chose nouvelle, les arguments présentés pour sa défense improvisés, superficiels.

Ce sont là de graves erreurs! La « politique coloniale » ne doit pas, ne peut pas être inscrite sur un programme de *politique intérieure*, car elle est bien au-dessus des disputes des coteries et des groupes; elle est indiscutablement une part de notre *politique extérieure*, de la *politique nationale*. La « politique coloniale » n'est pas non plus une chose nouvelle, car elle est aussi vieille que notre « politique européenne » même; l'histoire de la « France coloniale » se confond avec l'histoire de la « France continentale ».

Les pages qui suivent ont été écrites pour rallier et convaincre les esprits hésitants, leur donner une conception très nette des destinées de la France dans le monde.

Peut-être ce but sera-t-il atteint si, après avoir rappelé les grands faits de notre histoire, la double politique suivie par notre pays depuis quatre siècles, nous parvenons à convaincre le lecteur de la richesse présente et de l'avenir de nos établissements d'outre-mer, — de la grandeur des intérêts matériels et moraux que notre pays possède hors d'Europe.

Alors il n'hésitera plus : il jugera que la *politique nationale* est, en Europe, le « recueillement » et la dignité, — hors d'Europe, la mise en valeur de notre domaine colonial, la défense de notre commerce et de notre légitime autorité morale contre la concurrence universelle des peuples.

Avril 1892.

L'EXPANSION
DE LA FRANCE

CONSIDÉRATIONS PRÉLIMINAIRES

Politique continentale et coloniale de la France du XVIe au XIXe siècle.

La situation géographique de la France explique son histoire continentale et coloniale. — La France en Europe. — Sa double expansion sur le continent et sur les mers. — Premier Empire colonial. — Rivalité entre la France et l'Angleterre pour les colonies. — Fautes de la politique continentale. — Situation actuelle de la France. — Elle a fondé un second Empire colonial. — Plan général des chapitres suivants.

La France au lendemain du traité de Westphalie en 1648, puis, trente ans après, au lendemain du traité de Nimègue, tient en Europe le premier rang : elle a pris des provinces et des villes ; l'Empire et l'Espagne sont vaincus ; l'Angleterre a assisté aux succès de nos armes. Dans les dernières années du xviiie siècle, la Révolution, victorieuse de toutes les coalitions, porte notre drapeau sur le Rhin ; dans les premières années du xixe siècle, Napoléon, après avoir étendu son empire en Espagne, en Italie, en Allemagne et jusqu'à quelques lieues de Vienne, laisse notre pays vaincu et mutilé. Aujourd'hui, les traités de 1814 et de 1815 sont déchirés, mais la France a perdu, en 1871, deux anciennes provinces, conquêtes de la monarchie, et si elle est toujours une des grandes puissances du continent, la suprématie ne lui appartient plus.

La France, la même France, est à la fin du xviie siècle au premier rang des puissances coloniales; elle a sur le Portugal, l'Espagne, la Hollande, l'Angleterre même, une avance décidée. Au xviii° siècle et au commencement du xix°, elle perd dans des guerres continentales son « Empire colonial », que recueille l'Angleterre. Aujourd'hui, enfin, elle possède en Afrique, en Asie, en Amérique, en Océanie, d'importantes colonies, la plupart acquises ou agrandies dans ces soixante dernières années; elle a ainsi édifié un nouvel « Empire colonial ».

Comment expliquer ces événements européens et extra-européens? comment raconter leur histoire?

Nos historiens ont surtout insisté sur trois ou quatre idées dominantes qu'ils ont dégagées des faits principaux et auxquelles ils voudraient rattacher tous les événements : l'établissement, la grandeur, le déclin et la ruine de la monarchie absolue, — la Réforme et ses conséquences dans les relations entre les États, — la défense par la France contre la maison d'Autriche, puis par l'Europe contre la France, du « système d'équilibre ».

Ces événements principaux mis en lumière, développés dans leurs conséquences, suffisent-ils à expliquer les guerres européennes et les entreprises coloniales, les alliances, les succès, les revers, la *politique* de la France et des États européens en rapport avec elle? Cette *politique*, c'est-à-dire *notre histoire extérieure, notre expansion*, en Europe, en Amérique, en Afrique, en Asie, en Océanie pendant quatre siècles, — du xvi° siècle à l'époque actuelle, — ne paraîtrait-elle pas plus claire, ne serait-elle pas, à la fois, mieux expliquée dans son ensemble et dans chacune de ses manifestations si l'on avait toujours présente à l'esprit, dans l'étude de chaque événement et la recherche de ses causes, *la situation géographique de la France*, les conséquences « naturelles » de cette situation?

Regardons la carte. Voici dans l'Europe occidentale un pays dont les mers, les montagnes et les fleuves ont nettement indiqué les limites : il est compris entre la mer du Nord, la Manche, l'océan Atlantique, les Pyrénées, la Méditerranée, les Alpes, le Jura et le Rhin. Ce pays, qui, ainsi dessiné, semble un alvéole construit par la nature pour être occupé par un même peuple, c'est la Gaule de l'Empire romain et de l'Empire de Charlemagne, c'est la France de la Révolution au lendemain du traité de Campo Formio[1].

Le simple examen de la situation géographique que nous venons

LA GAULE.

de décrire ne fait-il pas pressentir quelle sera la *politique*, l'*expansion* de ce pays? N'est-il pas évident qu'elle sera double, qu'elle

---

1. L'Empire romain et l'Empire franc, dépassant même la limite du Jura, comprirent l'Helvétie.

L'Helvétie, c'est-à-dire les bassins du Haut-Rhône et du Haut-Rhin, appartient assurément à la « région française »; toutefois la ceinture de montagnes qui l'entoure, la constitue, en quelque sorte, à l'état d'unité géographique. Cette situation « naturelle », si devra être double : d'une part *maritime et coloniale*, de l'autre *continentale* ?

Les côtes de la mer du Nord, de la Manche et de l'Océan se développent sur une longueur de 2 500 kilomètres et regardent le Nouveau Monde. La nature, en les dessinant, y a ménagé de nombreux abris, creusé plusieurs ports ; les populations riveraines, habituées à la mer, sollicitées par le murmure des flots, seront braves sur les navires, habiles au commerce, audacieuses dans la découverte et la colonisation des terres lointaines. Trois fleuves, la Seine, la Loire et la Garonne, sont, en outre, des voies de tout temps ouvertes au commerce, des routes d'une navigation facile qui assurent la circulation des produits des rives de l'Océan au centre de la France ; à l'embouchure de ces fleuves se fonderont de grands ports où viendront s'échanger les marchandises de l'Amérique et de l'Afrique.

Sur la Méditerranée, du cap Cerbère à la Roya, nos côtes ont une étendue de 600 kilomètres. Six cents ans avant notre ère, les Phocéens ont fondé sur ces rivages, dans une heureuse situation, une colonie qui, depuis ces temps lointains, n'a cessé de se développer. Le Rhône et la Saône relient la vieille cité phocéenne au bassin de la Seine et font de cette ville le lieu de passage, l'entrepôt naturel des produits de notre pays et de ceux du Levant.

Ainsi, la France se trouve posséder une situation maritime privilégiée : elle entretiendra ses escadres à la fois sur l'Océan et la Méditerranée. Ses navires marchands, ses colons, pourront, en franchissant l'Océan, se rendre, d'un côté, dans les deux Amériques et aux Antilles, de l'autre en Afrique et aux Indes, par la route du Cap, à la suite des Portugais. En même temps les Provençaux atteindront, en traversant la Méditerranée, le Maghreb, l'Égypte, les Échelles du Levant, Constantinople, et plus tard, dans la seconde partie de ce siècle, les Indes par le canal de Suez.

---

nettement accusée, explique comment la Suisse put arriver à l'indépendance dès les premières années du xiv° siècle et comment depuis elle n'a jamais été conquise par ses voisins. Mais ce qui importe à la France, ce n'est point, ce n'a jamais été la possession de l'Helvétie, c'est seulement la neutralité de ce pays. Il faut qu'il tienne fermée à nos ennemis de l'est la trouée de Belfort et la route de Genève, deux portes par lesquelles peuvent entrer les armées envahissantes.

La Seine, la Saône et le Rhône, la Garonne et l'Aude constituent deux routes naturelles qui rendent facile le passage d'une mer à l'autre, plus facile même qu'il n'est à travers la péninsule Ibérique, coupée de nombreuses sierras.

L'Angleterre, rejetée à l'ouest de l'Europe entre la mer du Nord et l'Océan, l'Italie, enfermée dans le bassin de la Méditerranée, ne sont assurément pas aussi heureusement placées que la France pour leurs relations maritimes. « Il semble, avait remarqué Richelieu, que la nature ait voulu offrir l'empire de la mer à la France par l'avantageuse situation de ses deux côtes, également pourvues d'excellents ports, aux deux mers Océane et Méditerranée. »

Mais, en même temps que notre pays est baigné par deux mers, il tient au continent. Au midi, la barrière des Pyrénées sépare la France de l'Espagne; ses deux portes, le versant nord de la Navarre et le Roussillon, sont fermées depuis Henri IV et Louis XIV; — au sud-est, la ligne des Alpes, conquise d'abord par la Révolution, est définitivement assurée depuis 1860; — à l'est, la Franche-Comté, qui s'étend jusqu'au Jura, est une acquisition du traité de Nimègue; — enfin, à l'est et au nord-est coule le Rhin, limite naturelle, mais nous ne touchons plus à la rive gauche du Rhin. Cette rive n'a été d'ailleurs notre frontière, de Bâle jusqu'à la mer, que durant quelques années, entre 1797 et 1814, car l'ancienne monarchie, si elle possédait l'Alsace depuis le traité de Westphalie, n'avait jamais conquis les Pays Rhénans et la Belgique. Les Alliés nous laissèrent l'Alsace en 1815, la Prusse nous l'a arrachée en 1871.

Le Rhin est le point faible de cette frontière continentale; il n'est pas infranchissable, ce n'est pas un « mur » comme la chaîne des Pyrénées ou celle des Alpes; tout au contraire : tandis que les habitants des deux versants opposés d'une montagne se tournent le dos, les populations établies sur les rives d'un fleuve se regardent, et, « les fleuves sont des chemins non seulement dans le sens de leur longueur, mais aussi dans le sens de leur largeur[1] ». C'est par le Rhin que les Barbares ont envahi la Gaule; trois grands cours d'eau,

---

[1]. P. Foncin, *La formation territoriale des principaux États civilisés*. (*Revue de Géographie*, janvier 1887. Charles Delagrave, éditeur, Paris.)

la Moselle, la Meuse et l'Escaut, ouvrent à travers la France des routes naturelles aux armées envahissantes; les territoires de la rive gauche du Rhin, les vallées de la Moselle et de la Meuse forment une zone mixte où les races se sont rencontrées, confondues, souvent heurtées.

La constatation de ce fait géographique qu'entre le fleuve et la vallée de la Seine aucun obstacle ne s'élève, que les Vosges et les Ardennes ne forment pas une « barrière », ni même une frontière solide, amène à reconnaître que la France est une puissance continentale avant d'être une puissance maritime et coloniale. Si les flots de l'Océan et de la Méditerranée la sollicitent au commerce, à la colonisation, sa situation continentale ne lui permet pas, d'autre part, de se désintéresser des questions européennes. Elle a des intérêts vitaux au midi, au sud-est, à l'est, au nord-est, des frontières à conquérir et à garder; ouverte du côté du Rhin, il lui faut toujours craindre une attaque facile à ses voisins; enfin, elle doit avoir pour assurer son indépendance et sa liberté le constant souci du maintien d'un juste équilibre parmi les nations du continent.

La situation géographique qui vient d'être brièvement décrite a certainement apporté déjà dans l'esprit une vue plus nette des conditions dans lesquelles s'est développée notre histoire.

L'Angleterre, isolée par la « ceinture d'argent » qui l'entoure, n'appartenant à l'Europe qu'autant qu'il lui convient, peut, lorsque l'Irlande est vaincue, l'Écosse réunie, employer toute son activité, toutes ses forces au commerce et à la colonisation. L'Allemagne, placée au centre du continent, ne touchant ni à l'Océan ni à la Méditerranée, dont les côtes, sur leur plus grande longueur, sont baignées par une mer septentrionale, est une contrée beaucoup plus continentale que maritime; elle doit vivre exclusivement en Europe et y soutenir pendant longtemps mille luttes, au bout desquelles elle trouvera enfin son unité. La France, au contraire, possédant les limites maritimes que nous venons de rappeler, ayant de bonne heure conscience des frontières continentales qu'elle doit prétendre, *une* d'ailleurs sous la main de son roi, doit agir, se développer *naturellement*, fatalement même sur deux théâtres : sur les mers et sur le continent. On peut prétendre, sans aucun doute, en s'abandonnant aux hypothèses, que si tel fait ne s'était pas produit, si telle guerre n'avait pas été déclarée, la France n'aurait pas éprouvé tel échec, perdu telle colonie ou telle province. Mais la libre puissance d'action des individus et des peuples est limitée par la volonté supérieure de la nature, qui a écrit sur la carte du monde les aptitudes des habitants et les destinées des régions ; or il n'est pas possible de concevoir la France, puissance maritime, sans flottes ou sans colonies, la France, puissance continentale, sans armées, étrangère aux luttes entre les nations européennes.

Dès la seconde moitié du xiv° siècle, les Dieppois et les Rouennais visitent la côte occidentale d'Afrique ; au xv° siècle, Jehan de Béthencourt et Gadiffer de la Salle partent pour la conquête des Canaries, puis Jean Cousin parcourt l'Atlantique ; dans les premières années du xvi° siècle, Paulmier de Gonneville et Denis de Honfleur touchent au Brésil ; plus tard, Jacques Cartier entre dans le Saint-Laurent. Les voies sont désormais ouvertes : nos armateurs et nos émigrants des côtes de l'Océan abordent dans l'Amérique du Nord et aux Antilles, fondent des établissements, les développent, les rendent prospères ; au xvii° siècle et dans la première moitié du xviii°, ils doublent le cap de Bonne-Espérance, débarquent à Madagascar, à Bourbon, à l'île de France et aux Indes, où ils jettent les bases d'un empire. D'un autre côté, les Marseillais commercent avec toutes les contrées du bassin de la Méditerranée : jusque dans les premières années du xvi° siècle, — époque de la conquête du Maghreb par les frères Barberousse, — ils ont avec cette région un important mouvement d'affaires ; contrariés alors par les princes des États Barbaresques, ils portent au xvi°, au xvii° et au xviii° siècle leur activité commerciale dans la Méditerranée orientale, et fondent, à l'abri des Capitulations, des comptoirs, des « colonies franques », en Égypte, en Asie Mineure, et dans la Turquie d'Europe, de Constantinople à la pointe septentrionale de la Morée.

Dans ce grand mouvement d'expansion sur toutes les mers qui

atteint son plus large développement à la fin du xviie siècle, la France rencontre en pleine prospérité une rivale, une ennemie : l'Angleterre. L'Angleterre est une île ; sa situation géographique et l'amour du déplacement, qui est un des traits essentiels du caractère de ses habitants, la destinent au commerce et aux entreprises coloniales. Si elle n'a pas l'avantage d'être, comme la France, placée à la fois sur deux mers, elle en possède un autre beaucoup plus précieux : rejetée à l'ouest de l'Europe, appartenant, à volonté, à l'Ancien Monde ou au Nouveau, protégée par les flots contre toutes les tentatives d'invasion, elle est insaisissable, gardée contre toutes les attaques. Lorsque au xviiie siècle elle commence à prétendre à la domination universelle des mers, elle encourage en Europe les ennemis de la France, profite de ses fautes de puissance continentale, noue, sans jamais se lasser, des coalitions européennes, qu'elle soutient plus par ses subsides que par ses soldats. Alors, pendant que nos armées combattent sur le continent, les Anglais portent tous leurs efforts contre nos colonies, abandonnées à leurs seules ressources, et s'en emparent. C'est ainsi que de 1713 à 1814 la France perd son « Empire colonial[1] ».

Pourquoi subissons-nous, du fait de l'Angleterre, de pareils revers, une diminution aussi sensible ? C'est précisément parce que la France est une puissance continentale en même temps qu'une puissance coloniale, c'est qu'elle est surtout, ainsi que nous l'avons montré, une puissance continentale.

Faut-il rappeler l'histoire ? Lorsque la guerre de Cent Ans est terminée, la résistance des grands vassaux brisée, lorsque au commencement du xvie siècle « la France est faite », il faut aussitôt qu'elle défende sa liberté contre l'ambition de la puissante maison d'Autriche. Celle-ci vaincue, nos frontières des Pyrénées et du Jura assurées, la médiation de la France dans les affaires d'Allemagne acquise par le traité de Westphalie, Louis XIV, égaré par ses succès, fait alors la

---

1. Le présent ouvrage sur l'Expansion continentale et coloniale de la France se rencontre en plusieurs points avec les remarquables leçons de M. Seeley, professeur à l'Université de Cambridge, sur l'*Expansion de l'Angleterre*. Cela n'a d'ailleurs rien que de naturel, M. Seeley étudiant les causes qui ont amené la suprématie maritime et coloniale de son pays. — Traduction française chez Armand Colin, éditeur, Paris.

guerre pour établir sa suprématie en Europe. Il a élevé la France au premier rang des nations, mais il la laisse vaincue et déjà diminuée. Après lui, Louis XV est entraîné par ses courtisans dans des guerres impolitiques sur le continent, à l'heure où il faudrait défendre nos colonies contre l'Angleterre. Vingt-six ans plus tard éclate la Révolution française. Au siècle précédent, la Révolution d'Angleterre, — de la nation insulaire, — s'est accomplie sans être menacée d'aucune intervention ; la Révolution de la France continentale doit, au contraire, se défendre contre les monarchies européennes coalisées et conduites par l'Angleterre libérale. La République et l'Empire triomphent de ces coalitions ; mais, comme Louis XIV, Napoléon victorieux prétend rompre le « système d'équilibre » et dominer l'Europe : il est vaincu.

C'est ainsi qu'en 1715, 1763, 1814, la France, puissance continentale, perd ses colonies sur les champs de bataille européens sans avoir jamais fait une guerre coloniale.

Mais les traités de 1815, les désastres de cette année terrible ne laissent point la France longtemps abattue ; ses révolutions intérieures n'empêchent ni son relèvement, ni ses progrès. En 1860 elle recouvre le comté de Nice et la Savoie — la frontière des Alpes, — et malgré le traité de Francfort qui, en 1871, lui a enlevé deux provinces, la Lorraine et l'Alsace, elle est aujourd'hui une des grandes puissances militaires de l'Europe. Dans le même temps, la Fortune l'a mieux servie sur l'océan que sur le continent : ses escadres, ses navires de commerce promènent son pavillon sur toutes les mers ; l'Algérie, la Tunisie, le Sénégal, le Soudan, le Congo, Madagascar, l'Indo-Chine sont de riches colonies ou des pays d'avenir dont la possession nous rend moins sensible la perte du Canada et de l'Inde : nous avons acquis un nouvel « Empire colonial ». Un trait toutefois assombrit ce tableau : au moment où la France, puissance maritime et coloniale, s'établissait en Tunisie et en Indo-Chine, elle éprouvait, à la suite d'une faute politique qu'il était facile d'éviter, un grave échec en Égypte, — échec qui a affecté la grande situation que notre pays a conquise dans le Levant par son commerce et sa politique.

L'objet de cet ouvrage est de retracer, suivant les vues qui viennent d'être exposées, la politique continentale et coloniale de la France du xvie siècle à l'heure présente, de montrer l'*expansion* de notre pays en Europe et hors d'Europe durant quatre siècles.

Il ne s'agit pas toutefois de raconter les règnes, les guerres, les batailles et les traités. Un simple « catalogue chronologique » suffira pour dégager bien nettement le dessin général de notre histoire extérieure, la tendance invariable des affaires françaises depuis François Ier jusqu'à la troisième République. On verra par ce simple « catalogue » que tous les faits, nos guerres sur le continent aussi bien que nos entreprises sur les terres lointaines, trouvent leur cause et leur raison d'être dans la situation géographique de la France.

Mais, en même temps que les noms des plus fameuses batailles livrées sur le continent seront à peine cités, et seulement pour rappeler les grandes lignes de notre histoire européenne, l'expansion de notre pays en Amérique, en Afrique, en Asie, en Océanie, fournira matière à une étude détaillée. On verra François Ier et Henri IV encourager la fondation des premières colonies, Richelieu et Colbert doter la France, — grande sur le continent, — d'un Empire d'outre-mer, Louis XV perdre cet Empire et Napoléon le laisser plus réduit encore. En poursuivant l'histoire durant ce siècle, on assistera sous Charles X, Napoléon III et la République à la reconstitution d'un nouvel « Empire colonial ».

Enfin on apprendra, dans un dernier chapitre, que l'autorité morale, l'influence, le commerce, la langue de la vieille nation française ne se rencontrent point seulement dans ses colonies, mais aussi en plusieurs contrées du monde, comme des témoignages certains de la grandeur et de la vitalité de la patrie.

L'histoire de notre pays depuis François Ier jusqu'à nos jours se divise, — si l'on néglige, ainsi qu'il convient, les distributions arbitraires par « règnes » qui ne répondent à aucune vue logique, — en quatre grandes périodes, quatre grandes étapes :

1515-1688 : La France établit sa suprématie en Europe par des « guerres politiques » et fonde un « Empire colonial » ;

1688-1792 : La France fait en Europe des « guerres impolitiques » qui lui coûtent ses colonies ;

1792-1815 : La Révolution donne à la France ses frontières naturelles ; Napoléon les lui fait perdre, ainsi que ses dernières colonies ;

1815-1890 : La France, en Europe, remporte des succès et subit des revers ; par delà les mers, elle fonde un nouvel « Empire colonial ».

Ces quatre périodes font chacune l'objet d'un chapitre (chapitres I à IV). Les deux qui suivent (V et VI) sont consacrés, l'un à la description de notre « Empire colonial » actuel, l'autre aux « colonies libres » de la France en Amérique, en Orient et en Extrême Orient. Enfin un dernier chapitre (VII) dégage les conclusions de l'ouvrage.

I

Politique continentale et coloniale de 1515 à 1688.

La France en 1515. — François Ier commence la lutte avec la maison d'Autriche et fonde nos premières colonies. — Les Capitulations et le commerce de Marseille. — Règne de Henri IV. — Politique continentale de Richelieu. — Les traités de Westphalie et des Pyrénées. — La Ligue du Rhin. — Politique coloniale de Richelieu. — Acquisitions en Amérique et en Afrique. — Comment se peuplent nos colonies. — Les Compagnies privilégiées. — Le commerce de Marseille dans le Levant. — Développement parallèle des colonies anglaises. — Guerres d'ambition de Louis XIV en Europe. — Ministère de Colbert. — État des colonies françaises et anglaises lorsqu'il prend les affaires. — Sa politique coloniale. — Régime commercial de nos possessions. — Les grandes Compagnies des Indes Occidentales et des Indes Orientales. — Prospérité de nos colonies. — Étendue de notre premier Empire colonial. — Importance du commerce de Marseille dans le Levant, sa réglementation. — Influence politique de la France en Orient. — Grandeur de la France en Europe et sur les mers en 1688.

Le règne de François Ier (1515-1547) est le point de départ de la première des quatre périodes de l'histoire que nous voulons retracer ; c'est la plus glorieuse. De 1515 à 1688 la France, définitivement constituée, formant une nation, n'entreprend que des « guerres politiques », des « guerres nécessaires ». Toutes sont heureuses. Elle lutte, d'abord, pour défendre son indépendance contre la puissante maison d'Autriche, puis elle enlève successivement aux deux branches de cette maison, — la branche allemande et la branche espagnole, — les Trois-Évêchés de Lorraine, l'Alsace, l'Artois, le Hainaut, la Flandre, le Roussillon, la Franche-Comté, provinces indispensables à sa sécurité. Par une conséquence naturelle de ses victoires, elle acquiert en Europe le premier rang.

Dans le même temps, nos populations maritimes de l'Océan colonisent le Canada, les Antilles, prennent possession de territoires considérables dans l'Amérique du Nord, débarquent à Bourbon, à Madagascar et dans l'Inde, tandis que, d'un autre côté, les négociants marseillais augmentent chaque année le mouvement de leurs affaires avec les populations du bassin oriental de la Méditerranée.

En 1515 la guerre de Cent Ans est terminée depuis près d'un demi-siècle; Louis XI a brisé la résistance de ces grands qui « aiment tant le royaume de France qu'au lieu d'un seul ils en auraient voulu six »; les guerres d'Italie, — guerres de chevalerie entreprises sans raison, faites sans profit, — vont finir au traité de Noyon (1516). La France est loin de posséder ses limites naturelles. Le traité de Verdun les lui a enlevées en 843. Bien qu'elle se soit récemment agrandie de la Bourgogne, de la Provence et de la Bretagne (le roi est duc de Bretagne et l'incorporation définitive de cette province sera faite en 1532), sa superficie ne représente pas les quatre cinquièmes de ce qu'elle est aujourd'hui. Il lui manque : au nord, Calais, — au nord-est et à l'est, une bande comprenant l'Artois, la Flandre et le Hainaut, la Lorraine et l'Alsace, la Franche-Comté, la Bresse, le Bugey, la Savoie et Nice, — au sud, le versant nord de la Navarre, la Cerdagne, le Roussillon, et, dans la Méditerranée, la Corse. A l'intérieur, plusieurs petites principautés, dont la plus importante est le comtat d'Avignon, sont indépendantes.

Mais tel qu'il est ainsi, avec ses frontières ouvertes, notre pays est déjà une nation : il a sa langue, sa religion, son histoire, ses souvenirs; la résistance aux Anglais, l'épopée de Jeanne d'Arc ont éveillé le sentiment national; la politique royale a saisi la bourgeoisie et le peuple; — la nation est dans les mains de son roi, elle a une armée, elle est prête à faire face au péril extérieur, on peut dire que *la France existe*.

A ce moment même se constitue sur ses frontières une puissance formidable, faite d'une informe agglomération de royaumes réunis dans les mêmes mains : Charles Ier d'Espagne, fils de Philippe le

Beau, archiduc d'Autriche, et de Jeanne la Folle, fille de Ferdinand et d'Isabelle et héritière de Castille, est élu empereur d'Allemagne sous le nom de Charles-Quint (1519). Il possède l'Espagne et Naples,

LA FRANCE EN 1515.

les Pays-Bas et l'Autriche, il est empereur; Fernand Cortez et Pizarre font pour lui la conquête du Mexique et du Pérou; son ambition menace la France; il l'enserre : la prendra-t-il?

C'est alors qu'éclate une longue et sanglante guerre entre François Ier et Charles-Quint. Le roi de France, en chevalier qu'il est, a certes des vues sur l'Italie; cependant la vérité est qu'il fait œuvre nationale en défendant contre la maison d'Autriche l'indépendance de son royaume et ce que l'on a appelé le « système d'équilibre ». Dans cette lutte, la politique de sentiment s'efface, pour la première fois peut-être, devant la politique d'intérêt : pour arrêter l'Empereur, le Fils ainé de l'Église s'allie aux princes luthériens d'Allemagne et au Sultan de Constantinople. François Ier est plusieurs fois vaincu, mais son fils Henri II (1547-1559) reprend l'avantage. En 1556, Charles-Quint, abandonné par la fortune « qui n'aime pas les vieillards », laisse l'Empire à son frère Ferdinand, l'Espagne à son fils Philippe, faisant ainsi deux parts de son lourd héritage. Les hostilités continuent pendant trois ans entre Henri II et Philippe II.

Le premier acte de la longue rivalité entre la France et la maison d'Autriche se termine au traité de Cateau-Cambrésis (1559) : Philippe, vaincu, abandonne les Trois-Évêchés de Lorraine, Metz, Toul et Verdun, dont la possession ouvrira cette province à la France en même temps qu'elle couvrira la Bourgogne et la Champagne; les Anglais, alliés du roi d'Espagne, doivent renoncer à Calais, dernière place qu'ils tiennent dans notre pays.

En même temps qu'il luttait sur le continent pour assurer la liberté de son royaume, François Ier faisait de notre expansion au dehors une « affaire de roy ». Déjà nos hardis marins des ports de l'Océan visitaient la côte occidentale de l'Afrique depuis un siècle et demi et celle du Brésil depuis quelques années, tandis que les négociants marseillais commerçaient avec tout le bassin de la Méditerranée.

François Ier, en cela précurseur de Richelieu, s'intéresse à ces tentatives, assure aux entreprises privées l'appui de la couronne, adoptant ainsi le premier « une politique maritime, commerciale et coloniale ».

Il entretient une flotte sur l'Océan, commandée par l'amiral du Ponant, une autre sur la Méditerranée, aux ordres de l'amiral du Levant; il fonde le port du Havre. L'Italien Giovanni Verazzano est chargé par lui d'explorer les côtes de l'Amérique du Nord, de la Géorgie à Cap-Breton; il visite Terre-Neuve. Après Verazzano, un

FRANÇOIS Ier

Français, Jacques Cartier, entre dans le fleuve Saint-Laurent (1534-1535), fonde nos premiers établissements au Canada, région fertile et tempérée, que plus tard on appellera « la Nouvelle-France ».

L'alliance de François Ier avec Soliman dans ses guerres contre Charles-Quint, — « alliance impie et monstrueuse du croissant et des fleurs de lis » —, a, d'autre part, pour conséquence la signature d'un acte dont la portée sera considérable.

Depuis le moyen âge, les négociants marseillais entretenaient un important commerce avec les populations musulmanes de la Palestine, de la Syrie et de l'Égypte. Les Croisades (1095-1270) avaient eu, en effet, pour conséquence de faire naître un mouvement considérable d'échanges entre Venise. Pise, Gênes, Marseille, Montpellier, Narbonne et les ports de la Méditerranée orientale.

Les Français, qui avaient fourni aux Croisades le plus fort contingent de guerriers, qui avaient donné des rois à Jérusalem et à Chypre, des princes et des seigneurs à plusieurs villes de Syrie et de Grèce, avaient conservé dans tout l'Orient, même après l'échec total de la Chrétienté dans sa lutte contre les Infidèles, un prestige considérable. Ils étaient « les Francs » et tous les Européens devaient demeurer longtemps confondus, derrière eux, sous ce nom. Aux premières années du xvie siècle, les négociants provençaux jouissaient en Orient d'une situation privilégiée : ils possédaient des comptoirs ou « fondiques » à Tripoli de Syrie, Beyrouth, Chypre, Alexandrie, Alexandrette, Alep, Constantinople. D'autre part, ils commerçaient à cette époque, depuis longtemps, avec les royaumes arabes du Maghreb et possédaient notamment le privilège de la pêche sur la côte entre Tabarca et Bougie.

La conquête d'Alger et de Tunis par les frères Barberousse (1515-1535), qui allait faire de ces deux villes commerçantes des nids de pirates, — d'Alger « une République de larrons », — vint, tout à coup, obliger nos négociants à restreindre leurs affaires avec le Maghreb. C'est précisément à ce moment que François Ier traite avec la Sublime Porte, incitant ainsi les Marseillais à porter leur activité vers les riches provinces de l'Empire Ottoman. Les « Capitulations » de 1535, qui seront confirmées, étendues, à différentes dates, par des

« lettres patentes » ou de nouvelles « Capitulations » accordées par les successeurs de Soliman, fondent la situation toute privilégiée de notre pays dans les provinces musulmanes. Elles assurent aux rois de France le protectorat des chrétiens d'Orient et des Lieux Saints, transforment les comptoirs de nos marchands en « colonies franques » placées sous l'autorité et la juridiction de leurs consuls, les déclarent indépendantes des fonctionnaires turcs, enfin elles obligent toutes les puissances chrétiennes à ne naviguer dans les mers ottomanes que sous pavillon français, ce qui constitue, en quelque sorte, notre nation comme l'intermédiaire unique entre l'islamisme et l'Europe trafiquante. Les Génois et les Vénitiens avaient obtenu avant le règne de François Ier des Capitulations, mais elles étaient loin d'avoir l'importance qu'eurent les nôtres.

C'est à l'abri de ces actes, dont le respect sera constamment exigé par nos ambassadeurs à Constantinople, que les Marseillais fonderont dans le Levant des colonies d'une nature particulière.

Lorsque nos compatriotes des rives de la Manche, les Dieppois, les Rouennais, les Bretons, les Saintongeais, les Rochelais, débarquent dans l'Amérique du Nord, aux Antilles, ils ne trouvent devant eux que des peuplades clairsemées, sauvages et misérables; ils les refoulent, les soumettent ou en font des alliés, puis arrivent en nombre dans le but de peupler et de cultiver les régions nouvelles : les établissements qu'ils forment sont ce que l'on pourrait appeler des « colonies d'État », ils représentent une propriété nouvelle, un accroissement de la nation colonisatrice. Les établissements des Provençaux dans les Échelles ont un caractère tout autre, parce qu'ils sont établis dans un milieu bien différent. Les Marseillais rencontrent, en effet, dans le bassin de la Méditerranée orientale, non des tribus sauvages, mais un État organisé, puissant même, capable d'attaquer et plus encore de résister si on tentait de lui enlever quelque province; il est d'ailleurs suffisamment fort et policé pour qu'il soit possible de nouer avec lui des relations politiques et commerciales. En présence d'un pareil état de choses, les Marseillais ne sauraient songer, comme leurs compatriotes des rives de l'Océan, à conquérir les lieux où ils débarquent; ils ne fondent point des « colonies d'État » sur une terre devenue propriété française, mais des « colonies libres » sur une terre demeurée étrangère.

Faut-il à cette distinction entre les « colonies d'État » et les « colonies libres » ajouter une définition au moment où nous montrons l'expansion de la France à ses débuts ? Nous définirons alors une « colonie », une réunion d'hommes qui ont quitté leur pays pour aller s'établir au loin sur un territoire étranger, une communauté qui tire son origine d'une mère patrie, et qui tantôt reste avec elle dans une relation de dépendance — c'est la colonie d'État, — tantôt, au contraire, n'est tenue que par un sentiment de parenté, — c'est la colonie libre.

Les guerres de religion qui ensanglantent les règnes de François II, Charles IX et Henri III (1559-1589) arrêtent pour un temps le développement de la France moderne. C'est une époque de luttes civiles et de haines, au milieu desquelles la politique nationale, les intérêts du pays sont oubliés : Charles IX n'ose soutenir en Europe les Pays-Bas révoltés (parti protestant) contre Philippe II (parti catholique); Henri III doit, pour obéir aux volontés de la Sainte-Ligue, éconduire les ambassadeurs hollandais qui viennent lui offrir la souveraineté de provinces dont la possession étendrait le royaume de France jusqu'aux bouches du Rhin; enfin, honte dernière, le parti catholique des Ligueurs appelle un souverain étranger, Philippe II, à son secours.

Dans cette même époque, la royauté est impuissante à soutenir les tentatives coloniales de Coligny au Brésil et en Floride. Elles méritaient pourtant de l'être ! L'amiral de Coligny poursuivit, par deux fois, au milieu des soucis des guerres religieuses, l'idée de donner à son pays une colonie dans les « terres chaudes » de l'Amérique. En 1555 d'abord, il envoya Villegagnon au Brésil, où il rêvait de fonder une « France antarctique ». L'expédition, mal commandée, divisée par des querelles religieuses, attaquée par les Portugais qui se prétendaient les maîtres de la contrée, échoua bientôt. Quelques années plus tard, en 1562, l'amiral dirigea Jean Ribaud et Laudonnière vers la Floride. Ils baptisèrent la colonie nouvelle du nom de Caroline en l'honneur du roi et établirent quelques colons; mais, bientôt ils se virent attaqués par les Espagnols, qui sur cette terre, comme les Portugais au Brésil, réclamaient un droit de priorité. En 1565, alors que les cours de Madrid et de Paris étaient en paix, les Espagnols massacrèrent les Français de Caroline ou les chassèrent. Charles IX demeura indifférent devant cet affront.

Henri IV (1589-1610) triomphe enfin des luttes religieuses et délivre à la fois le royaume du péril intérieur et du péril extérieur. En 1598, il assure par l'édit de Nantes la paix des consciences et refait l'unité morale du pays. La même année, il contraint Philippe à renoncer à ses prétentions au trône de France et à signer le traité de Vervins, confirmation de celui de Cateau-Cambrésis. Peut-être ferait-il plus, si la mort ne le surprenait pas, car il a, en même temps que la haine de la maison d'Autriche, la sensation de la frontière et le désir de « rendre le Rhin la borne de la France ».

Cependant, tandis que la France renaît, l'Espagne demeure épuisée, amoindrie : les guerres malheureuses de Charles-Quint et de Philippe II, la destruction de l'Invincible Armada (1588), la séparation des Provinces-Unies (1609) sont des désastres dont la branche espagnole de la maison d'Autriche ne se relèvera pas. D'autre part, la Réforme a rompu depuis un demi-siècle déjà l'unité nominale de l'Empire germanique. Les princes luthériens ont obligé l'empereur à signer la paix d'Augsbourg (1555), où il a reconnu officiellement la division de l'Allemagne en deux groupes, le groupe catholique et le groupe protestant.

Pendant qu'il défendait victorieusement son royaume sur le continent, qu'il l'étendait même vers les Pyrénées et le Jura par l'annexion du versant nord de la Navarre, de la Bresse et du Bugey, Henri IV poursuivait en Amérique la politique coloniale inaugurée par François Ier. Il entretenait un lieutenant général au Canada et donnait comme limite sud à cette possession le 40e degré de latitude, revendiquant ainsi pour la « Nouvelle-France » les territoires qui forment aujourd'hui l'Amérique Anglaise et la partie septentrionale des États-Unis jusqu'à Philadelphie. Sous son règne, les côtes et le fleuve Saint-Laurent sont explorés, Poutrincourt et de Mons fondent Port-Royal en Acadie (1605), Champlain élève les premières construc-

DÉCOUVERTES ET COLONIES A LA FIN DU XVIe SIÈCLE.

tions de Québec sur la rive gauche du Saint-Laurent (1608), découvre les Grands Lacs; des colons s'établissent, des relations commerciales se nouent. Enfin, dans l'Amérique du Sud, un cadet de Gascogne, Adalbert de la Ravardière, prend possession de la Guyane, — « la France équinoxiale », — au nom du roi.

A ce moment où les premières colonies de la France se développent, où les Marseillais commercent presque seuls avec les Vénitiens et les Génois en Orient, où le Portugal, l'Espagne, la Hollande sont des puissances coloniales et maritimes, l'Angleterre paraît bien éloignée des destinées qui l'attendent. Jusqu'au règne de la grande Élisabeth, contemporaine de Henri IV, les Anglais sont, en effet, demeurés sans entendre, dans le murmure des flots qui battent leurs rivages, les voix qui leur promettent l'empire des mers. C'est seulement en 1584 que Walter Raleigh conduit quelques émigrants en Virginie, et à cette époque la marine anglaise est encore dans l'enfance. Il est vrai que nous verrons dans peu d'années la puissance dernière venue dans les affaires coloniales progresser rapidement et tirer de nombreux avantages de sa situation insulaire.

Sous le règne de Louis XIII (1610-1643) et l'administration de Richelieu (1624-1642), la double politique continentale et coloniale de la France se dessine plus nettement encore qu'à l'époque précédente. Notre pays arrive d'ailleurs à la conscience de ses destinées : le proverbe dit :

> Quand Paris boira le Rhin,
> Toute la Gaule aura sa fin ;

les géographes ajoutent : « de la Belgique, le roi de France ne tient que la seule Picardie, et c'est ici que gît une des principales pertes de nos rois sur la possession de leur ancien héritage[1]; » enfin, Richelieu observe que « la nature a voulu offrir l'empire de la mer à la France par l'avantageuse situation de ses deux côtes égale-

---

1. Cité par Gabriel Hanotaux, *La France en 1614.* (*Revue des Deux Mondes*, 15 juillet 1890.)

ment pourvues d'excellents ports aux deux mers Océane et Méditerranée ».

Une compréhension aussi claire de notre situation géographique, de ses exigences et de ses avantages sera récompensée par de grands résultats.

Tandis qu'à l'intérieur le premier ministre affermit l'autorité royale et brise la résistance du parti calviniste pour consolider l'unité nationale, au dehors il poursuit à la fois l'abaissement de la maison d'Autriche, le développement de notre commerce et de nos colonies. Cette politique aura pour conséquence l'expansion de notre pays en Europe et par delà les mers.

A ce moment, la maison d'Autriche tenait encore l'héritage presque entier de Charles-Quint. La branche espagnole, bien que déjà vaincue et amoindrie, possédait l'Espagne et ses colonies (auxquelles furent unis pendant soixante années le Portugal et les colonies portugaises de 1580 à 1640), Naples, le Milanais, la Valteline — par où se touchaient les possessions italiennes et allemandes des deux branches de la maison d'Autriche, — la Franche-Comté, les Pays-Bas. La branche allemande avait l'Autriche, la Carinthie, le Tyrol, la Hongrie, la Bohème, la Moravie, l'Alsace et la couronne impériale. Son chef, l'empereur Ferdinand, venait de triompher à la tête du parti catholique des princes luthériens et rêvait de faire de l'Allemagne unifiée une monarchie absolue héréditaire.

Richelieu était imbu de l'idée que la France devait être grande en Europe, et, pour cela, il lui fallait affaiblir ses voisins. Sa politique servit donc un système. Il ruina d'abord l'influence autrichienne en Italie, puis la fit attaquer dans l'Empire par Gustave-Adolphe; — c'est la « période suédoise » de la guerre de Trente Ans. Lorsque, enfin, le cardinal jugea le moment venu, la France intervint directement dans la guerre d'Allemagne (1635). La même année, la guerre fut déclarée à l'Espagne. Quatre armées sont alors envoyées sur l'Escault, le Rhin, les Alpes, les Pyrénées. Nos soldats remportent de glorieuses victoires sur les Impériaux et les Espagnols, nos flottes triomphent dans plusieurs combats des marins de la péninsule. Condé, Turenne sont nos premiers généraux; l'archevêque de Bor-

RICHELIEU.

deaux, Sourdis, notre premier amiral ; les victoires de Rocroi, de Fribourg, de Nordlingen, de Sommershausen et de Lens ont raison de nos ennemis. La mort de Richelieu et celle de Louis XIII n'interrompent point les hostilités, et c'est ainsi que les traités de Westphalie (1659), consécration de la politique du « cardinal d'État », appartiennent par leurs dates au règne de Louis XIV enfant et à l'administration de Mazarin.

Le premier de ces traités, signé par l'empereur, confirme la France dans la possession des Trois-Évêchés et lui donne l'Alsace, moins Strasbourg. Mais il fait plus encore que de nous assurer la rive gauche du Rhin moyen : il donne au « Saint Empire Romain » une constitution qui met fin pour toujours aux tentatives de restauration du pouvoir monarchique dans l'Empire, il annule l'autorité de l'empereur en sa qualité de roi de Germanie, il ouvre officiellement l'Allemagne aux influences et aux intrigues de l'étranger ; la souveraineté des divers États de l'Allemagne, dans l'étendue de leurs territoires, est sanctionnée, ainsi que leurs droits, aux Diètes générales de l'Empire ; ces droits sont garantis, à l'intérieur, par la composition de la Chambre impériale et du Conseil aulique, où les protestants et les catholiques entrent désormais en nombre égal (c'est la paix, mais aussi la division religieuse), à l'extérieur par la médiation de la France et de la Suède, notre alliée, qui obtient une partie de la Poméranie, Brême, etc. L'ingérence de l'étranger dans les affaires de l'Empire est donc reconnue légitime, le droit accordé aux États de s'allier avec l'étranger l'est également. Ainsi, la France, si elle ne peut atteindre vers l'est sa frontière naturelle, n'aura du moins de ce côté qu'un voisin affaibli et chez lequel elle pourra toujours intervenir.

Le traité de Westphalie contient encore d'autres stipulations. C'est ainsi qu'il reconnaît indépendantes de l'Espagne les Provinces-Unies qui s'étaient séparées de la monarchie espagnole en 1609, — de l'Empire les mêmes provinces et les treize cantons suisses qui, depuis longtemps, s'étaient soustraits à la souveraineté impériale sans qu'un acte public eût régularisé cet état de choses. Cette dernière disposition, si importante, et la précieuse alliance qui devait longtemps exister entre la Confédération et la monarchie française, allaient couvrir notre pays en un point où la trouée de Belfort ouvre à une armée d'invasion, venue d'Allemagne, une large route vers la vallée de la Seine.

On peut juger des effets du traité de Westphalie. Il enlevait l'Alsace à l'Empire, l'obligeait à renoncer à ses prétentions sur les Provinces-Unies et les cantons helvétiques, et surtout ruinait, au profit de la France, l'autorité de l'Empereur en Allemagne. L'Empereur, c'était la maison d'Autriche, puisque la dignité impériale était, bien qu'en droit élective, en fait héréditaire dans cette maison. Grâce à ce traité, notre pays sera jusqu'à la Révolution, et surtout pendant les deux longs règnes de Louis XIV et de Louis XV, le protecteur de l'Empire affaibli; il ne s'élèvera aucun embarras dans la conduite des affaires du corps germanique sans qu'on recoure à la médiation du roi de France. Vauban a ainsi résumé la politique française de cette époque : « Assister l'*empire* contre les entreprises de l'Empereur en cas d'attentats sur la liberté des États qui le composent; le maintenir à l'état qu'il est sans souffrir de guerre intestine et qu'aucun de ses membres s'élève sur les ruines des autres. » — On a pu dire avec raison que le traité de Westphalie commençait un nouveau monde.

Mazarin voulut accentuer encore les avantages que cet acte diplomatique assurait à notre pays. Dans ce but, il forma avec les trois électeurs ecclésiastiques dont les États étaient sur la rive gauche du Rhin et avec les maisons de Bavière, de Hesse, de Brunswick une « Ligue » dite « du Rhin », dirigée en réalité contre l'Empereur et dont le but avoué était de « conserver la liberté germanique et de faire observer la paix de Westphalie ». Cette ligue mettait les princes signataires dans la dépendance et à la solde de Louis XIV, étendait militairement la frontière française sur les rives du Rhin ; son armée s'appelait « armée de Sa Majesté Très Chrétienne et des électeurs et princes ses alliés » (1658). Les intrigues de l'Empereur amenèrent sa dissolution après quelques années, mais la France n'en continua pas moins à entretenir des relations d'amitié, qu'elle reconnaissait par des pensions, avec plusieurs des princes rhénans.

Le traité de Westphalie avait assuré notre pays du côté de l'est ; celui des Pyrénées, conclu onze ans après avec le roi d'Espagne, étendit ses frontières au nord, les compléta au midi. Philippe IV cédait

MAZARIN.

à la France, au nord, l'Artois, une partie du Hainaut, ainsi que plusieurs places importantes de la Flandre et du Luxembourg, qui devaient désormais garder les routes naturelles ouvertes aux invasions espagnoles, — au midi, le Roussillon et le versant septentrional de la Cerdagne, « les monts Pyrénéens qui ont anciennement divisé les Gaules des Espagnes devant faire dorénavant la division des deux mêmes royaumes ».

Un fait bien digne de remarque témoigne, à ce moment, que notre pays est une puissance continentale plus encore qu'une puissance coloniale : les négociateurs de l'île des Faisans ne réclament à l'Espagne que des provinces ou des villes; Mazarin a vu les Hollandais et les Anglais enlever à la monarchie espagnole Curaçao (1634) et la Jamaïque (1655), mais il ne songe point, à leur exemple, à obtenir du vaincu quelqu'une de ses possessions d'outre-mer : c'est qu'il est plus utile pour nous de gagner une place du côté des Flandres qu'une île dans les Antilles!

L'abaissement des deux branches de la maison d'Autriche n'est qu'une des grandes préoccupations de Richelieu. « Chef et surintendant général de la navigation et du commerce de France », en même temps que premier ministre, il veut que notre pays profite de son avantageuse situation maritime, qu'il possède des ports, des vaisseaux, que ses colonies « se dressent en face des possessions de l'Angleterre », qu'elles soient assez fortes même pour soutenir la lutte contre les colonies espagnoles. C'est ainsi que, sous son administration, les travaux des ports reçoivent une énergique impulsion : le Havre, Rouen, Brest sont améliorés et armés; la flotte royale, que le cardinal trouve impuissante, presque inexistante, est créée : dix ans après son arrivée aux affaires, elle comptera 64 navires sur l'Océan, 13 vaisseaux ronds et 12 galères sur la Méditerranée; bientôt après, elle prouvera qu'elle peut tenir tête aux escadres de l'Espagne et de l'Angleterre. Pour ce qui concerne la colonisation, l'expansion de notre pays, Richelieu ne cessa d'encourager, de seconder toutes les initiatives : dans la mer des Antilles, des Français prennent possession, entre 1625 et 1635, de Saint-Christophe, de la Martinique, de la Guadeloupe, de Marie-Galante, des Saintes, de la Désirade; nos « boucaniers[1] » débarquent à Saint-Domingue:

---

1. Aventuriers, normands pour la plupart, qui passaient leur vie à la chasse et reçurent le nom de « boucaniers » parce qu'ils avaient l'habitude de « boucaner », c'est-à-dire faire sécher à la fumée, à la manière des indigènes, les bœufs qu'ils avaient tués.

Cayenne est fondée ; sur la côte d'Afrique, les Rouennais s'établissent à Saint-Louis du Sénégal vers 1620 ; dans la mer des Indes, enfin, l'île de la Réunion est occupée et, bientôt après, Madagascar, qu'on appellera « la France orientale ».

C'est un fait digne de remarque que Richelieu n'est pas seul à souhaiter pour notre pays des établissements coloniaux. Déjà, au siècle précédent, Coligny avait compris leur importance ; après lui, la « politique coloniale » a des partisans. Le premier en autorité est Montchrétien, qui, dans son *Traité d'Économie politique* de 1615, supplie Louis XIII de « planter et provigner de nouvelles Frances » en Amérique pour « l'accroissement de la richesse de l'État », « sa fortification sur mer » ; les deux mers qui bordent le royaume, ajoute Montchrétien, sont d'ailleurs « comme deux larges portes pour saillir sur les deux bouts du monde ».

L'accroissement de la richesse du pays, la plantation de nouvelles Frances, tel est précisément le but à atteindre : il ne suffit pas que de hardis marins plantent le drapeau royal sur des terres lointaines, il importe que les territoires de l'Amérique du Nord, les Antilles, la Réunion reçoivent une population européenne indispensable à leur développement, que ces colonies, ainsi que les rivages de l'Afrique occidentale, nouent avec la métropole des relations commerciales.

Quels sont les émigrants qui se rendront dans les régions nouvelles ? Comment s'installeront-ils ? Comment notre domaine colonial sera-t-il mis en valeur ?

L'historien de notre première province canadienne, l'Acadie[1], a donné une idée très exacte du mode de colonisation suivi, non seulement par la France, mais par tous les peuples, en Amérique, il y a trois et quatre siècles. « La colonisation, dit-il, fut entreprise au XVIIe siècle à peu près comme la colonisation antique, qui amenait avec elle la cité tout entière, avec sa hiérarchie, ses formes, son personnel organisé ; il n'y avait point de rupture de tradition, mais développement de société. »

1. Rameau de Saint-Père, *Une colonie féodale en Amérique, l'Acadie.* Plon, éditeur, Paris.

C'est ainsi que nos pères transportèrent en Amérique le régime féodal dans son organisation rurale : la noblesse trouvait au Canada et aux Antilles de nouveaux fiefs pour établir ses cadets ; la bourgeoisie riche y recherchait des concessions seigneuriales, un titre ; les familles d'artisans et de cultivateurs partaient, à la suite de leurs chefs, animés de l'espérance de devenir tenanciers censitaires, inféodés à la seigneurie nouvelle ; ils avaient pour eux et leurs enfants la perspective d'une existence plus large et plus aisée. En même temps, un certain nombre d'individus appartenant aux différentes classes sociales s'embarquaient sur l'appât d'une prime une fois reçue (c'étaient des « engagés ») ou sollicités par la vie d'aventures, par les récits qu'ils entendaient touchant les terres nouvelles. Enfin, le clergé s'associait à ce mouvement, dans le dessein de convertir les populations indigènes. Il faut encore ajouter que ce n'était ni un surcroît de population, ni la misère, ni la passion de l'or qui poussait nos émigrants : la majorité des colonisateurs français de ce temps obéissait à l'idée de l'agrandissement de la patrie (Nouvelle-France, France équinoxiale, France orientale), ou à l'esprit d'aventure, ou encore au désir de convertir les sauvages à la religion du Christ.

Mais une entreprise coloniale était au commencement du xviie siècle, bien plus encore qu'aujourd'hui, une affaire de longue haleine. Le peuplement, le défrichement, la mise en culture des régions nouvelles, l'établissement de relations commerciales entre ces provinces et la métropole, exigeaient de puissants efforts, de grands capitaux, de nombreux navires, une longue continuité de vues. Sur les côtes d'Afrique et dans l'Inde, là où les individus de race blanche ne peuvent supporter le climat, il n'était pas nécessaire d'introduire des colons comme en Amérique ou aux Antilles, mais il convenait que quelques négociants allassent fonder des comptoirs, nouassent des relations d'échange avec les indigènes, fussent reliés par des navires de commerce à la métropole[1]. Les initiatives individuelles laissées seules et libres auraient-elles entrepris d'aussi lourdes tâches ? Si elles les avaient tentées, combien de temps se serait-il

---

1. Voir plus loin, dans les premières pages du chapitre v, ce qui est dit des différentes sortes de colonies et des caractères propres à chacune d'elles.

écoulé avant qu'une population suffisante se fût installée en Amérique et eût mis les terres en rapport ? avant qu'un échange régulier de produits se fût établi entre l'Europe et les rivages de l'Afrique ou de l'Inde ?

Une semblable question se présentait à toutes les nations européennes possédant des colonies, et toutes la résolurent de même, quoique sous des apparences différentes, en Amérique, en Afrique, dans l'Inde, dans l'Archipel de la Sonde. Les initiatives privées, jugées trop faibles, furent partout ou exclues ou réglementées, et le soin de fonder les colonies, de créer les nouveaux courants commerciaux fut réservé soit à l'État lui-même, soit, par lui, à des sociétés privilégiées.

Le roi de France, jugeant qu'il était suffisamment occupé en Europe, que ses charges étaient assez lourdes, confia le peuplement et l'exploitation des terres et des îles découvertes en Amérique, le commerce de l'Afrique et de l'Inde à des sociétés privilégiées. Henri IV le premier favorisa la formation de compagnies, composées de gentilshommes et de marchands de Rouen, de Dieppe, de La Rochelle, qui commencèrent la colonisation de l'Acadie et du Canada. Richelieu, après Henri IV, entrant plus avant dans ces vues, fit de la constitution de compagnies privilégiées chargées de la mise en valeur de notre domaine extra-européen la base de son système colonial. Lui-même, d'ailleurs, a exposé son plan dans ses *Mémoires* : « Il faut voir, dit-il lorsqu'il examine les divers modes de coloniser, comment nos voisins s'y gouvernent, faire de grandes compagnies, obliger les marchands d'y entrer, leur donner de grands privilèges, comme ils font. Faute de ces compagnies, et pour ce que chaque petit marchand trafique à part et de son bien, ils partent pour la plupart en de petits vaisseaux assez mal équipés, ils sont la proie des corsaires et des princes nos alliés, parce qu'ils n'ont pas les reins assez forts, comme aurait une grande compagnie, de poursuivre leur justice jusqu'au bout. Ces compagnies seules ne seraient pas néanmoins suffisantes si le roi, de son côté, n'était armé d'un bon nombre de vaisseaux pour les maintenir puissamment en cas qu'on s'opposât par force ouverte à leurs desseins. »

Tous les « chartes royales » accordées aux compagnies qui se fondent sous l'administration du cardinal contiennent les mêmes dispositions principales : d'une part les privilèges, de l'autre les obligations.

Privilèges : la seigneurie et la propriété de la contrée appartiennent à la compagnie, elle y jouit des droits de haute et basse justice, du droit de l'armer et de la fortifier ; les terres lui appartiennent, elle les vend ou les cultive à son profit ; le monopole du commerce lui est assuré, aucun Français ne pouvant venir trafiquer sans son consentement ; enfin, elle bénéficie pendant un certain nombre d'années de l'exemption « de tous impôts et subsides » pour les marchandises qu'elle exporte du royaume à destination de la colonie ainsi que pour les produits de celle-ci qu'elle débarque dans les ports de la métropole. — Obligations : les représentants de la compagnie doivent au roi foi et hommage ; celui-ci se réserve d'entretenir dans la colonie un gouverneur général, représentant de la couronne ; la compagnie s'engage à mettre dans un temps donné une étendue déterminée de terres en culture, à élever des villages et des églises, à faire passer dans les contrées qui lui sont remises un certain nombre d'individus des deux sexes de nationalité française et de religion catholique, — car nos possessions d'outre-mer sont interdites aux protestants.

Dans le but d'aider à la formation des compagnies, Richelieu accorde des lettres de noblesse aux principaux souscripteurs, fait décider par le roi que « les prélats et autres ecclésiastiques, les seigneurs et gentilshommes et les officiers, soit du conseil de Sa Majesté, cours souveraines ou autres, qui seront associés, ne diminueront en rien de ce qui est de leur noblesse, qualités, privilèges et immunités ». En même temps, plusieurs mesures sont prises pour stimuler l'émigration : la noblesse est promise aux bourgeois qui se rendent aux colonies et y achètent des terres, la « maîtrise » aux « compagnons » qui y portent leur industrie [1], etc....

Ce système colonial, élevé sur le privilège et le monopole, n'était

---

1. Pauliat, *La Politique coloniale sous l'ancien régime*. Calmann Lévy, éditeur, Paris, *passim*.

point conforme assurément aux sages doctrines économiques ; quelquefois même il souleva des protestations. Il est curieux de relever, à ce sujet, une phrase des cahiers des États généraux de 1614. « Soit permis, y est-il écrit, à tous marchands de faire trafic en la nouvelle France de Canada, et par toute l'étendue du pays..., nonobstant tous privilèges concédés à aucuns ou partis faits sur le trafic et manufacture des castors. » La constitution des compagnies privilégiées était cependant une nécessité pour la France dans la première moitié du xviie siècle. A cette époque, où — sous l'administration même du cardinal — la marine française était impuissante à défendre notre commerce, même sur nos côtes, contre les corsaires rochelais, dunkerquois, anglais, espagnols, barbaresques, comment des marchands livrés à leurs seules forces auraient-ils pu nouer des relations commerciales avec l'Amérique, l'Afrique, — et plus au loin encore, avec les Indes ? Il faut ajouter que la conception de Richelieu présentait un avantage financier : les compagnies devant supporter toutes les dépenses, le trésor royal ne subissait, sauf dans certains cas exceptionnels, aucune charge du fait de ses colonies. Plus tard, au xviiie siècle notamment, on vit davantage les inconvénients des compagnies ; on souffrit de leur mauvaise administration, de leurs vues étroites, de leur esprit de lucre.

Durant le règne de Louis XIII de nombreuses sociétés furent fondées, sur les bases qui viennent d'être indiquées, sous le patronage du roi et du cardinal, pour l'exploitation de toutes les parties de notre domaine ; ce sont : les Compagnies « de la Nouvelle-France dite Canada » ou des « cent associés » (1628), « du Sénégal », de « la Guyane » (1638), des « isles d'Amérique », « de Guinée » (1635), de « Madagascar et d'Orient » ou des « Indes Orientales » (1642), d'autres encore.

Au Canada, malgré l'énergie et la persévérance de Champlain, qui meurt à Québec en 1635, les progrès sont très lents. Sur la côte occidentale d'Afrique, les Dieppois et les Rouennais entretiennent des relations commerciales. Mais c'est assurément dans les Antilles que les succès sont le plus rapides ; les émigrants s'y rendent, les plantations s'y développent : en 1642 on évalue à 7 000 habitants d'origine française, sans compter les esclaves noirs et les indigènes, la population de nos îles.

Pendant que les compagnies privilégiées se constituaient et entreprenaient, avec plus ou moins de bonheur, la colonisation et les échanges, les négociants marseillais continuaient à commercer dans le bassin de la Méditerranée. Toutefois les changements ou les nécessités de la politique française n'étaient pas sans nuire à leurs entreprises. François Ier, Henri II, Henri IV avaient entretenu avec la Porte Ottomane une alliance où des rapports d'amitié favorables au développement du commerce. Mais sous le règne de Louis XIII les relations entre la France et le Divan perdirent le caractère qu'elles avaient eu jusque-là et même s'altérèrent sensiblement; aussi, bien que toujours protégé par les Capitulations, le commerce de Marseille éprouva quelque dommage de ce nouvel état de choses. D'autre part, les pirates barbaresques inquiétaient les côtes de France et d'Italie, poursuivaient les navires marchands et souvent les emmenaient prisonniers dans les ports de Tunis ou d'Alger. Nos flottes, obligées de tenir la mer contre les vaisseaux espagnols, ne pouvaient venger ces injures et assurer la liberté de la mer.

Richelieu cependant n'oubliait pas les intérêts de la France dans la Méditerranée. Il défendait nos négociants et nos religieux contre le mauvais vouloir des fonctionnaires turcs, établissait des consuls dans plusieurs villes, envoyait en Perse un hardi voyageur, Deshayes de Courmesvin, pour obtenir du Chah la protection de la religion catholique et du commerce français. Une compagnie de marchands fut même établie à Ispahan par les soins de Deshayes, mais elle ne réussit pas dans ses opérations; on espérait faire suivre aux marchandises le chemin de la Caspienne, du Volga, de la Moscovie jusqu'à un port de la Baltique où elles auraient été embarquées. Le cardinal formait encore un projet qu'il ne put malheureusement réaliser : il entama des négociations avec les chevaliers de Malte pour faire de cette île une possession française et assurer ainsi à notre pays une situation stratégique de premier ordre dans le grand lac européen. Malte à la France! quelle magnifique situation stratégique assurée à notre pays!

En 1633, alors que Marseille se plaignait des ravages des corsaires et de la diminution de ses affaires, elle envoyait annuellement 78 navires à Alexandrette (port d'Alep), Alexandrie, Smyrne, Constantinople, Saïde (ancienne Sidon), Chypre, Tunis, Alger, etc., et l'on évaluait son commerce à 5 064 090 livres[1]. A la même époque, la

CHAMPLAIN.

Compagnie marseillaise qui pêchait le corail et commerçait à la côte barbaresque avait une flottille de 3 tartanes et de 21 bateaux corailleurs.

En même temps qu'il encourageait avec tant d'habileté et de clairvoyance l'expansion de notre pays au dehors, Richelieu assistait aux premiers progrès de nos voisins les Anglais dans leurs entreprises coloniales.

[1]. Théophile Lavallée, *Des relations de la France avec l'Orient.* (*Revue indépendante*, novembre 1843. Paris, *passim.*)

En Amérique l'établissement de Virginie fondé par Walter Raleigh se développait, la Nouvelle-Angleterre, le Maryland étaient fondés, l'île de la Barbade occupée et mise en culture. Toutes les classes de la société contribuaient, dans les possessions anglaises comme dans les nôtres, au développement des colonies nouvelles, mais les persécutions religieuses exercées dans la mère patrie (schisme de Henri VIII et ses suites) hâtaient considérablement le peuplement des territoires britanniques de l'Amérique du Nord. Les colonies anglaises, respectueuses de la liberté de conscience, accueillaient les puritains, alors que les nôtres — fait regrettable pour leur avenir — demeuraient fermées aux protestants. Dans l'Indoustan, la grande Compagnie des Indes élevait ses premiers comptoirs.

Quelques années après la mort de Richelieu, sous le « protectorat » de Cromwell, l'Angleterre avancera plus encore dans la voie où elle est entrée ; en 1651 sera voté le fameux « acte de navigation », qui causera à la marine hollandaise un préjudice considérable et assurera le merveilleux développement de la marine britannique ; en 1652 et 1653 les flottes anglaises anéantiront les flottes hollandaises ; en 1655, enfin, les Anglais enlèveront à l'Espagne la Jamaïque, une des plus riches des Antilles. Un historien anglais, envisageant cette période de l'histoire de son pays, a écrit : « A ce moment l'Angleterre s'éveilla à une conscience plus claire qu'auparavant de l'avantage que lui donnait sa position géographique et à la conviction que la vocation maritime était celle que lui destinait la nature. »

Les traités de Westphalie et des Pyrénées laissaient la France forte et agrandie. Depuis le règne de François Ier, c'est-à-dire depuis un siècle et demi, elle luttait en Europe pour « l'équilibre » ; elle va maintenant combattre, de par la volonté de Louis XIV, pour « la suprématie ». Deux puissances portent ombrage au grand roi : l'Espagne, souvent vaincue, mais qui tient encore des territoires considérables et attend sa ruine avec dignité ; la Hollande, ancienne province de la monarchie espagnole, riche en capitaux et en navires, rivale heureuse de la France dans le commerce maritime et dont les bourgeois républicains ont un esprit trop indépendant.

En 1665, à la mort de Philippe IV d'Espagne, Louis XIV prétend tenir du chef de sa femme, Marie-Thérèse d'Autriche, fille ainée du défunt, des droits sur une partie de la succession. Il envahit la Flandre et la garde (traité d'Aix-la-Chapelle, 1667). Bientôt après une nouvelle guerre éclate : le roi de France veut châtier le peuple hollandais qui a osé s'interposer entre lui et l'Espagne vaincue, il veut aussi ruiner les « rouliers des mers » qui nuisent au commerce de ses sujets. Cent mille hommes, organisés par Louvois, armés pour la première fois de la baïonnette, s'ébranlent de la Flandre vers la Hollande; des flottes, créées par Colbert, prennent la mer. L'Espagne, l'électeur de Brandebourg et l'Empereur viennent aussitôt au secours des Provinces-Unies. Mais Condé, Turenne, Créquy. Luxembourg battent les Hollandais, les Impériaux, les Espagnols, tandis que Duquesne, d'Estrées, Château-Renaud ruinent la marine hollandaise. Louis XIV dicte aux alliés vaincus la paix de Nimègue. Elle donne à la France la Franche-Comté, ce qui l'amène au pied du Jura, et douze places des Pays-Bas espagnols (1678).

C'est ici l'apogée de Louis XIV : depuis qu'il est monté sur le trône, la France s'est agrandie, au nord, de l'Artois, d'une partie de la Flandre et du Hainaut, à l'est, de l'Alsace et de la Franche-Comté, au midi, du Roussillon. Ainsi, les frontières de notre pays, en comprenant la Lorraine, militairement occupée depuis longtemps, sont à peu près en 1678 celles qu'il possédera un siècle plus tard, en 1792.

Louis le Grand règne alors sur l'Europe, qui croit voir ressusciter Philippe II. Les « chambres de réunion », interprétant le traité de Nimègue, « réunissent » Strasbourg, principale défense de la frontière de l'Est; les flottes royales bombardent Alger, Tunis, Tripoli, Gênes; le grand roi intervient dans les affaires de l'Empire; il résiste à la puissance pontificale; il révoque l'édit de Nantes.

A ce moment la France n'est pas seulement une grande puissance continentale, elle est aussi une grande puissance maritime et coloniale. Colbert est le ministre du règne (officiellement depuis 1669, en réalité depuis 1661 jusqu'à sa mort, 1683). Son activité embrasse tout : à l'intérieur, il poursuit les progrès de l'industrie et du commerce ; au dehors, il donne une impulsion puissante à la marine militaire, à la marine marchande, aux colonies.

Par ses soins, la France, obligée naguère d'emprunter des vaisseaux à la Hollande, en eut 100 en 1672, et 276 (y compris 68 navires en construction) en 1683; deux ans plus tard, on recensait près de 78 000 matelots. Cinq arsenaux de marine furent bâtis : Brest, Rochefort, Toulon, Dunkerque, le Havre. Les fortifications de Dunkerque devaient malheureusement être rasées plus tard, en vertu d'une clause du traité d'Utrecht imposée par les Anglais, clause qui sera elle-même abrogée par le traité de Versailles.

Le développement de notre « Empire colonial » préoccupe le ministre au moins autant que le relèvement de notre marine. Les questions qu'il faut résoudre sont d'ailleurs singulièrement délicates, et plus d'années sont nécessaires pour fonder la prospérité de nos établissements d'outre-mer que pour élever des arsenaux ou construire une flotte.

Lorsque Colbert arriva en 1661 à la direction des affaires, la situation de nos colonies n'était qu'à demi satisfaisante. Les compagnies fondées par Richelieu languissaient ou se montraient, par-dessus toute chose, préoccupées de s'enrichir en réalisant de gros bénéfices. Dirigées par des marchands ou des financiers, elles se souciaient bien plus de leurs intérêts que de la prospérité des pays qui leur étaient confiés. C'est ainsi qu'on les voyait acheter à bas prix les produits des colons et vendre très cher à ceux-ci les marchandises de France; elles négligeaient souvent, d'autre part, de remplir les obligations qui leur étaient imposées quant à l'introduction des émigrants ou au défrichement des terres.

Au Canada surtout, les progrès de la colonisation paraissaient insensibles : la rudesse du climat, la constitution toute féodale de la propriété avec les charges qu'elle comportait pour le petit agriculteur, le manque de libertés publiques, la négligence de la Compagnie à remplir ses obligations, peut-être aussi le développement des ordres et des couvents, étaient autant de causes qui retardaient le peuplement. En 1666, on ne comptait dans la Nouvelle-France que

3 400 colons : encore tous n'étaient-ils pas attachés à la culture ou à l'élève du bétail : beaucoup vivaient de chasse et de pêche au milieu des tribus indigènes (on les nommait « coureurs des bois »).

Dans les Antilles l'état général était plus satisfaisant. L'excellence du climat, la facilité de la vie, les bénéfices rémunérateurs des cultures tropicales avaient sollicité l'émigration bien plus que le Canada. Des cadets de noblesse, des bourgeois, des paysans, s'étaient établis sur des terres où ils cultivaient le roucou, le tabac, l'indigo, le coton, puis la canne à sucre, introduite dans les îles vers 1644 ; pour se faire aider, ils recrutaient en France des « engagés », liés par un contrat de trois ans.

Vers cette époque, c'est-à-dire dans les premières années de la seconde partie du XVIIe siècle, les possessions anglaises voisines des nôtres étaient en grand progrès.

Les colonies de l'Amérique du Nord étaient de deux sortes : les « colonies de propriétaires », établies par de riches particuliers qui avaient obtenu de la Couronne l'exercice des droits de souveraineté, et les « colonies à charte », concédées à des compagnies privilégiées de marchands. Les unes et les autres, situées dans des régions fertiles et plus tempérées que le Canada, dotées d'institutions qui assuraient au colon une liberté suffisante sur son champ en même temps que certaines libertés locales, se trouvaient déjà, par ces seules conditions premières, plus avantagées que la Nouvelle-France. C'est, toutefois, moins à ces conditions qu'à un fait particulier à l'état économique et politique de l'Angleterre au XVIe et au XVIIe siècle qu'elles devaient leur peuplement, beaucoup plus rapide que celui du Canada. Tandis qu'en France aucun événement ne se produit qui vienne aider les seigneurs possesseurs de fiefs coloniaux ou les compagnies privilégiées dans le recrutement des émigrants, tandis même que des mesures malheureuses interdisent nos établissements d'outre-mer aux protestants, en Angleterre deux faits considérables font de l'émigration une nécessité pour des milliers de citoyens. D'une part, le pâturage se substitue au labourage dans toute l'étendue du royaume au XVIe siècle, et laisse sans emploi une population rurale importante : « où il y avait eu un grand nombre d'habitants

et de ménages l'on ne voyait plus qu'un berger et son chien. »
D'autre part, à la même époque, la Réforme de Henri VIII, les persécutions et les luttes dont elle est la cause sous les successeurs de ce prince, contraignent les persécutés, désireux de conserver leur foi, à quitter le pays. Par une conséquence naturelle de cet état de choses, les colonies d'Amérique qui offrent aux immigrants des terres à cultiver et la liberté de conscience reçoivent des milliers de « réfugiés ». Plus tard, au xviie siècle, la Révolution d'Angleterre (1649) leur assurera encore de nouveaux habitants. Dès 1640, le Massachusetts a 20 000 colons, en grande majorité « puritains »; dix ans plus tard, la Virginie est peuplée de 38 000 colons, parmi lesquels de nombreux « royalistes ». C'est ainsi qu'entre les années 1650 et 1660 le peuplement et la culture des colonies anglaises sont déjà très avancés ; on y compte peut-être 100 000 colons, alors que le Canada n'en possède pas 3 200.

Dans la mer des Antilles, des différentes îles sur lesquelles les Anglais ont débarqué, la Barbade est, à la même époque, la plus riche. Cette richesse va bientôt disparaître, à la vérité, sous l'influence de plusieurs causes, tandis que les îles françaises ne cesseront de prospérer; mais l'acquisition de la Jamaïque, faite à ce moment, est pour la Grande-Bretagne un précieux avantage.

Colbert ne fut pas seulement frappé par la situation qui vient d'être décrite, par les comparaisons qu'il pouvait faire entre le développement des colonies françaises et anglaises. Il observa encore que le commerce de nos possessions était aux mains des Hollandais et des Anglais. Sur 25 000 navires environ qui représentaient alors la flotte marchande de l'Europe, notre marine en comptait à peine 2 300, dont seulement 600 navires au long cours, tandis que la Hollande possédait à elle seule plus de 15 000 bâtiments, et l'Angleterre, dotée de l'Acte de navigation, près de 6 000.

Colbert jugea, en présence de pareils faits, que des mesures devaient être prises, sans retard, pour hâter la mise en valeur de notre empire colonial et pour augmenter notre marine.

Quel système serait le meilleur? Quelle ligne convenait-il de suivre? Après avoir longtemps réfléchi et consulté, le ministre de

Louis XIV adopta la même politique que Richelieu, mais il en accentua le caractère[1]. Pour lui, la « politique coloniale » doit être avant tout « commerciale » : il faut qu'un mouvement actif d'échanges, servi par les seuls navires français, s'établisse entre la métropole et ses colonies, que les étrangers demeurent également exclus du com-

COLBERT.

merce et de la navigation. Pour atteindre un pareil résultat, pour obtenir la rapide prospérité de tous nos établissements — colonies de peuplement et d'exploitation d'Amérique, aussi bien que colonies de commerce d'Afrique et d'Inde, — le concours de puissantes compagnies privilégiées est indispensable. Ainsi pense Colbert, et, ce système arrêté, il ne cessera de le poursuivre.

1. Pigeonneau, *La politique coloniale de Colbert*. (*Annales de l'École libre des Sciences politiques*, année 1886. Félix Alcan, éditeur, Paris.)

Les compagnies organisées sous le règne de Louis XIII, ne disposant que de modestes capitaux, étaient incapables d'un effort, trop faibles pour remplir les obligations qu'elles avaient assumées, pour exclure les Anglais et les Hollandais du commerce de nos colonies. Le premier acte de Colbert fut donc de hâter leur liquidation, pour partager notre domaine colonial entre les deux grandes Compagnies nouvelles des « Indes Occidentales » et des « Indes Orientales », qui, elles, devaient être suffisamment riches et puissantes (1664). Rien ne fut négligé pour assurer leur succès : des arrêts du Conseil leur accordèrent le monopole exclusif du commerce, des primes de sortie, des exemptions de droits; le roi et les courtisans figurèrent en tête des listes de souscription; pour la seconde de ces compagnies surtout, Colbert voulut faire contribuer toute la France : les magistrats, les nobles, les villes furent sollicités. En 1665 le capital versé à la Compagnie des Indes Occidentales dépassait 4 millions de livres et ses armements s'élevaient à 50 vaisseaux; la Compagnie des Indes Orientales disposait d'un capital de 10 millions et de 50 navires.

Mais le plan arrêté par le ministre souleva au Canada et aux Antilles de violentes protestations. Les colons qui, devant la faiblesse des anciennes compagnies, avaient pris des habitudes de liberté, firent mauvais accueil aux agents de la Compagnie des Indes Occidentales, protestèrent contre ses privilèges. Colbert persista d'abord, puis, reconnaissant qu'il s'était trompé en voulant paralyser l'initiative individuelle, il prépara la dissolution de la Compagnie, en rendant peu à peu la liberté au commerce; son privilège fut enfin révoqué en 1674.

La Guyane, les Antilles, le Canada, l'Acadie, c'est-à-dire toutes les possessions d'Amérique, deviennent alors des « colonies royales ». administrées par des fonctionnaires royaux, délivrées du monopole, placées sous un régime libéral : liberté de culture, liberté d'industrie, liberté de commerce, — sauf pour les étrangers, — liberté de conscience pour les protestants et les juifs. A ce régime de liberté il y a toutefois une exception capitale : pas de navires, pas de marchandises, pas de négociants étrangers aux colonies, pas de marchandises coloniales vendues directement aux étrangers. C'est là ce que l'on a appelé le « Pacte colonial », conception des meilleurs esprits du xviie et du xviiie siècle, qui n'est point particulière à la France, — dont les colonies espagnoles et anglaises ont souffert plus que les nôtres, — et qui se résume en ceci : la mère patrie veut que ses colonies consomment ses seuls produits; les colonies, en revanche, ont pour les leurs le monopole exclusif du marché de la mère patrie.

Sous ce régime nouveau, aujourd'hui unanimement condamné, mais qui alors était assurément un progrès sur le système du monopole des compagnies, nos possessions d'Amérique se développent rapidement. Le Canada, qui depuis la mort de Champlain est demeuré presque stationnaire, vient à la vie sous l'administration de Talon; les colons s'y rendent nombreux : ils étaient 3 215 en 1665, ils seront 11 249 en 1688. Les rapports envoyés en France constatent l'extension des cultures (céréales, lin, chanvre), l'élevage du bétail, l'exploitation des forêts, des mines, l'installation d'usines métallurgiques, de manufactures de drap et d'autres industries. Aux Antilles le mouvement ascensionnel est plus rapide encore : la population blanche augmente, l'importation des noirs est favorisée par Colbert, qui croit que la substitution sur les plantations de l'esclave au « petit blanc » sera d'un heureux effet; les cultures sont encouragées (canne à sucre, coton, cacao, indigo, tabac, poivre, gingembre); des manufactures de tabac, des fabriques de cotonnades, des raffineries sont établies. En 1700 on comptera 10 600 blancs à la Martinique, 3 825 à la Guadeloupe, 30 000 à Saint-Domingue.

En même temps qu'il se développait ainsi, notre domaine colonial d'Occident, — cette « France Transatlantique » que Colbert rêvait de fonder, — augmentait en étendue. Des établissements étaient faits à Terre-Neuve[1], des forts élevés dans la région de la baie d'Hudson. Louis Jolliet découvrait la route entre les bassins des

---

1. L'île de Terre-Neuve était fréquentée depuis la fin du xve siècle par des navires pêcheurs anglais, français, espagnols et portugais. Sous l'administration de Colbert nos compatriotes y fondèrent quelques postes, dont le plus important était le village de Plaisance ; mais ils rencontrèrent à côté d'eux les Anglais, établis à Saint-Jean.

grands lacs et celui du Mississippi (1673); Cavelier de la Salle descendait le fleuve et prenait possession de ses rives « au nom de Louis XIV, roi de France et de Navarre », le 9 avril 1682. Dans la mer des Antilles, des îles nouvelles étaient occupées : Grenade, Sainte-Lucie, Saint-Martin, Saint-Barthélemy, Sainte-Croix, la Dominique, Tabago ; les « boucaniers » français établis à Saint-Domingue étaient mis sous la protection du roi. A ce moment, ainsi que l'observe Seeley, si un prophète politique avait comparé les chances d'avenir de la France qui possédait les immenses régions du Canada, de la baie d'Hudson, et venait de planter son drapeau dans la vallée du Mississipi, avec celles de l'Angleterre, dont les colonies étaient resserrées entre la côte orientale et les monts Alleghanys, il aurait été certainement induit à prédire que l'empire de l'Amérique du Nord était réservé à la première de ces puissances.

Colbert avait consenti à révoquer le privilège de la Compagnie des Indes Occidentales ; jamais, au contraire, il n'abandonna la Compagnie des Indes Orientales. Il la soutint par des subventions qui furent parfois une vraie reconstitution du capital, par des primes à l'importation ou à l'exportation de certaines marchandises, par des dons ou des prêts de navires, des privilèges, des monopoles. Il estimait que le Sénégal, la côte de Guinée, Madagascar, Bourbon et surtout l'Inde étaient, non des colonies de peuplement ou de culture capables de prospérer sous un régime de liberté, mais des comptoirs, dont seule une compagnie privilégiée, riche en capitaux et en navires, pourrait tirer parti. Toutefois, le premier ministre fit fléchir la rigueur première de son programme, en autorisant tous les négociants français à commercer aux Indes, sous la seule condition que leurs marchandises seraient transportées par la flotte de la Compagnie. Le commerce de l'Inde surtout le préoccupait. « Vous ne devez point, écrivait-il à un agent, avoir d'autre vue en ce pays-là que le commerce, vous appliquer tout de bon à bien connaître les marchandises qui peuvent être d'un bon débit en Europe, chercher tous les moyens possibles de les avoir à bon marché et de les bien rassortir, faire les mêmes réflexions sur celles que vous pouvez tirer d'icy, et qui peuvent être de débit dans les Indes, bien establir vos comptoirs dans tous les lieux qui peuvent vous apporter du profit, bien establir le commerce d'Inde en Inde, en un mot prendre en tout le véritable et seul esprit du commerce. »

Notre domaine colonial s'étend dans cet hémisphère comme dans l'autre : la France acquit des droits sur la côte occidentale d'Afrique, de la baie d'Arguin à la rivière de Sierra Leone, Bourbon se développa, des essais de colonisation furent faits à Madagascar — « l'île Dauphine », — des comptoirs établis dans l'Indoustan, à Surate, à Pondichéry, à Chandernagor (1668-1673-1674). La Compagnie des Indes envoya des marchandises jusqu'à Bassora, au fond du golfe Persique, et par delà le détroit de Malacca, jusqu'en Chine. Une Compagnie de Chine fut en outre fondée.

D'un autre côté, Colbert donne au commerce de Marseille avec le Levant une grande impulsion et le dote d'une organisation particulière. Lorsqu'il prend la direction des affaires, les relations entre la France et la Porte sont aussi peu cordiales qu'au temps de Richelieu ; les rapports se tendent même à ce point, — les Français secourant les Vénitiens assiégés par les Turcs dans Candie, et les Turcs outrageant nos ambassadeurs à Constantinople, — que vers 1670 on projette en France une « nouvelle croisade » contre les « infidèles ». Mais les succès du roi en Hollande effrayent le Divan, qui consent à signer de nouvelles Capitulations, présentées par notre ambassadeur, le marquis de Nointel (1673). Cet acte confirme les privilèges accordés aux religieux, aux consuls, aux marchands français par les Capitulations précédentes et leur en assure de nouveaux : nos missionnaires, établis dans les ports ouverts au commerce, sont reconnus ; nos marchands acquièrent le droit « d'enlever » les cuirs, la cire, le coton, dont l'exportation était interdite ; les droits d'importation, de 5 pour 100 qu'ils étaient jusqu'alors, sont abaissés à 3 pour 100.

La France n'est plus cependant la seule puissance ayant le droit de commercer en Turquie, les Anglais, les Hollandais, les Vénitiens, les Génois ayant obtenu successivement des Capitulations de la Porte.

Mais, si notre pays ne jouit plus d'un monopole, il bénéficie encore d'une situation particulièrement avantageuse, plus favorisée que celle des autres nations : son ambassadeur, ses consuls ont la préséance sur les ambassadeurs et les consuls de toutes les puissances ; il a l'honneur et la charge de la protection des religieux français et étrangers ; enfin, son commerce occupe la première place dans les Échelles, et même dans plusieurs il ne rencontre pas de concurrents.

Colbert, — inventeur du « pacte colonial » dans sa conception la plus parfaite, — prétend diriger le commerce aussi bien dans les « colonies libres » que dans les « colonies d'État ». S'il ne fonde pas une compagnie privilégiée, il réglemente le négoce entre Marseille et le Levant, l'enserre dans mille prescriptions[1] : dans chaque Échelle la France entretient un consul nommé par le roi ; les Français qui y sont établis forment sous son autorité une communauté, « la nation » ; la chambre de commerce de Marseille exerce sur les « nations » une sorte de tutelle administrative et financière ; nul n'est admis à résider dans le Levant sans une autorisation spéciale et le nombre des marchands doit rester peu élevé (il ne dépasse pas 500 ou 600), afin que la concurrence ne diminue pas les profits du commerce ; la balle de drap qui sort des ateliers de la Provence ou du Languedoc à destination des Échelles est examinée, estampillée, d'abord à la porte de la fabrique, puis une seconde fois sur les quais de Marseille, en garantie de sa bonne qualité ; le navire qui la transporte ne doit partir qu'à son tour et pour une Échelle déterminée, car il faut éviter une trop grande affluence de marchandises sur un point, ce qui amènerait une baisse de prix de vente ; enfin, lorsque des pirates barbaresques sont signalés au large, des bâtiments de guerre accompagnent les navires marchands[2].

Ces curieuses prescriptions, si contraires à l'esprit de notre temps, n'empêchent pas le commerce, à la fois gêné et soutenu, de se déve-

---

1. On sait d'ailleurs que la *protection* et la *réglementation* étaient la base première de toutes les conceptions de Colbert. En France même, l'industrie et le commerce, qui durent au grand ministre une impulsion énergique et profitable, ne furent pas moins réglementés que dans les « colonies d'État » et les « colonies libres ».

2. Albert Vandal, *La France en Orient au commencement du* xviiie *siècle*. (*Annales re l'École libre des Sciences politiques*, année 1886.)

COLONIES FRANÇAISES A LA VEILLE DU TRAITÉ D'UTRECHT.

lopper graduellement : nos marchandises se répandent dans toute l'étendue de l'empire, et « les Provençaux regardent le Levant comme leurs Indes ».

Le premier ministre eut l'ambition de faire dépasser à notre commerce les bornes de la Méditerranée du côté de l'Orient. C'est ainsi, d'une part, qu'il tenta d'ouvrir la mer Rouge aux Marseillais et de leur assurer la faculté de transit entre Suez et Alexandrie, afin d'amener dans leurs mains le riche commerce des Indes. « Il faudrait tâcher, écrivait-il à notre ambassadeur auprès de la Porte, de faire un traité avec le Grand Seigneur par lequel il nous fût permis d'avoir à Alexandrie ou au grand Caire des vaisseaux qui reçussent les marchandises que d'autres vaisseaux amèneraient par la mer Rouge d'Aden à Suez, ce qui abrégerait la navigation des Indes Orientales de plus de deux cents lieues. » Les résistances du mufti et de l'iman de la Mecque firent malheureusement échouer ce grand projet. Louis XVI devait, un siècle plus tard, reprendre sous une autre forme l'idée de Colbert : en 1776 il enverra un officier en Égypte avec la mission de rechercher les moyens de creuser un canal entre les deux mers. Colbert, d'un autre côté, fit étudier l'établissement d'une route commerciale entre Alep et le golfe Persique, favorisa l'établissement de comptoirs à Bassora, à Bagdad, et obtint même l'entrée de la Perse pour nos marchands. Les troubles qui éclatèrent dans ce royaume empêchèrent l'exécution de cette convention, et ainsi ce second projet, comme le premier, ne put être réalisé.

Le mouvement des affaires entre Marseille et l'Orient continua à se développer longtemps après la mort de Colbert. Les principaux objets d'échange étaient, à l'exportation de la France vers le Levant, les draps, les serges, le papier, la quincaillerie, le sucre et l'indigo (ces dernières denrées venant des Indes Occidentales), — à l'importation du Levant en France, les soies, les laines, le coton, la cire, les cuirs, le safran, le tabac, le blé, le café, l'huile. En 1728 le commerce des Échelles employait une flotte de 400 vaisseaux, sans compter une infinité de bâtiments légers, et le chiffre de nos exportations s'élevait à environ 15 millions de livres par an.

Vers la même époque, la France jouissait à Smyrne, le port le plus fréquenté de la côte asiatique, d'une incontestable suprématie. Sa « nation » l'emportait par le nombre et la richesse de ses membres, son commerce soutenait sans désavantage la concurrence anglaise et « avait coupé la gorge à celui des Hollandais ». Dans la Turquie d'Europe, Salonique était une des Échelles les plus prospères ; la Morée paraissait à nos marchands « le Pérou du Levant » ; aux îles de l'Archipel, ainsi qu'à Chypre et à Candie, étaient établis des négociants français.

Un fait témoigne d'ailleurs du degré où était parvenue l'influence de notre pays en Orient au milieu du xviiie siècle, influence qui soutenait chaque jour nos négociants et nos missionnaires[1]. En 1739, le marquis de Villeneuve, ambassadeur du roi à Constantinople, fit signer la paix à l'Autriche et à la Russie alliées contre la Turquie, affirmant ainsi le rôle que la France avait déjà revendiqué de protectrice de l'Empire Ottoman (traité de Belgrade). L'année suivante, les Turcs, en reconnaissance du précieux concours que nous venions de leur donner, nous accordèrent de nouvelles Capitulations. L'acte de 1740 confirmait, étendait nos privilèges et les définissait avec une si heureuse précision, qu'il demeure encore aujourd'hui la loi des Français dans le Levant.

Les traités d'Aix-la-Chapelle et de Nimègue, l'administration de Colbert, terminent la première des quatre périodes de notre histoire, — période glorieuse, tachée seulement par les guerres de religion, — où pendant près de deux siècles la France ne cesse de grandir dans la paix et dans la guerre, en suivant toujours, sans aucun écart, une politique conforme à sa situation géographique. En Europe, les deux branches de la maison d'Autriche sont vaincues, la Hollande est diminuée, des provinces ont été acquises qui nous assurent, au midi et à l'est, une part de nos frontières naturelles ; une ligne de places fortes élevées par Vauban couvre notre frontière ouverte du Nord et forme une « barrière de fer » capable d'arrêter une armée d'inva-

---

1. Voir plus loin au chapitre V ce qui est dit du protectorat catholique exercé par la France en Orient.

sion; enfin, un traité a été signé qui fait l'Allemagne divisée, l'Empereur impuissant : ainsi, la France, puissance continentale, a établi sa suprématie sur le continent. Hors de l'Europe, un Empire colonial est fondé en Amérique, aux Antilles, en Afrique, dans l'océan Indien, aux Indes, qui fait de la France, nation maritime, une des plus grandes puissances coloniales et semble lui promettre le premier rang.

II

Politique continentale et politique coloniale de 1688 à 1792.

Caractère propre de cette seconde période de notre histoire. — Une nouvelle guerre de Cent Ans entre la France et l'Angleterre. — Traité de Ryswick. — Guerre de succession d'Espagne et traité d'Utrecht. — Guerre de succession d'Autriche et traité d'Aix-la-Chapelle. — Situation de nos colonies des Antilles, de la Louisiane et du Canada. — Comparaison entre les colonies françaises et les colonies anglaises d'Amérique. — Dupleix fonde un empire dans l'Inde. — Sa lutte avec la Compagnie anglaise. — Guerre de Sept Ans. — Traité de Paris. — Ruine du premier Empire colonial de la France. — Triomphe de l'Angleterre sur les mers. — Administration coloniale de Choiseul. — L'expédition du Kourou. — Fin de la Compagnie des Indes Orientales. — Guerre d'Amérique. — Traité de Versailles.

La seconde période de notre histoire moderne présente un caractère tout différent de la première. Louis XIV, enorgueilli par ses succès, puis Louis XV, livré à de funestes influences, perdent le sentiment des véritables intérêts du pays, abandonnent les vues suivies par Richelieu, Mazarin et Colbert; leurs guerres ne seront plus des « guerres politiques », des « guerres nécessaires », mais des « guerres d'ambition » ou « d'intrigues de cour ». Au momens même où la France cesse d'être dirigée conformément à ses intérêts géographiques, un pays voisin, avec lequel elle vit en paix depuis plus de deux siècles, va intervenir dans ses affaires, apportant dans cette intervention le sentiment très net de ses propres intérêts et du but qu'il doit poursuivre. Ce pays, c'est l'Angleterre.

De 1453, année où se termine la guerre de Cent Ans, à 1688,

année où éclate la guerre de la Ligue d'Augsbourg, l'Angleterre a vécu dans une paix constante avec la France. Les secours donnés aux Protestants de la Rochelle sous Louis XIII, l'attaque vers la même époque de notre établissement du Canada par les colonies anglaises d'Amérique, sont des incidents plutôt qu'une guerre entre les deux nations. Pendant le xviie siècle les cours de France et d'Angleterre entretiennent presque continuellement de bons rapports : Élisabeth et Henri IV sont alliés, Charles Ier a pour femme une Française, Cromwell agit de concert avec Mazarin, Charles II et Jacques II se mettent sous la dépendance de Louis XIV[1]. Mais lorsque en 1688 les Anglais chassent Jacques II et appellent pour lui donner la couronne Guillaume, stathouder de Hollande, Louis accueille magnifiquement le roi détrôné, prend sa cause en main et déclare la guerre à l'Angleterre (la révolution de 1688 était en partie un soulèvement des Anglais contre l'influence française).

Cette guerre, dite de la Ligue d'Augsbourg ou de la succession d'Angleterre, est la première des sept grandes guerres dans lesquelles l'Angleterre et la France vont combattre directement ou indirectement l'une contre l'autre : guerre de succession d'Angleterre (1688-1697), guerre de succession d'Espagne (1701-1713), guerre de succession d'Autriche (1740-1748), guerre de Sept Ans (1756-1763), guerre d'Amérique (1778-1783), guerres contre la Révolution (1793-1802 et 1808-1815). Ainsi que l'a remarqué avec raison Seeley, ces guerres ne doivent pas être considérées comme des événements séparés ; il existe un lien, une ressemblance entre elles : c'est en quelque sorte une nouvelle guerre de Cent Ans entre la France et l'Angleterre. En outre, ces guerres ont toutes un même caractère : ce sont pour l'Angleterre, puissance maritime, des « guerres d'affaires » où elle

---

1. De 1454 à 1688, les traits principaux de l'histoire d'Angleterre sont :

La guerre des Deux-Roses (1455-1485), — les guerres d'Irlande (en partie conquise dès le xviie siècle) et d'Écosse (1487-1503), — le règne d'Henri VIII et la Réforme (1509-1547), — l'époque troublée d'Édouard VI et de Marie Tudor (1547-1558), — le règne glorieux d'Élisabeth (1558-1603), — la réunion de l'Écosse à l'Angleterre sous la dynastie des Stuarts (1603-1649), — la Révolution d'Angleterre et l'exécution de Charles Ier (1649), — la République anglaise (1649-1660), — la guerre heureuse de Cromwell contre la Hollande, l'acquisition de la Jamaïque enlevée à l'Espagne, la restauration des Stuarts (Charles II, 1660), deux nouvelles guerres contre la Hollande. — le règne de Jacques II et le mécontentement de la nation contre son roi (1685-1688).

ne poursuit le plus souvent qu'un seul but, la ruine de la marine française, l'acquisition des colonies françaises, tandis que la France, puissance continentale en même temps que puissance maritime, tantôt contrainte par la force des événements, tantôt dirigée à l'encontre de ses intérêts, poursuit toujours à la fois (sauf durant la guerre d'Amérique) deux buts et disperse ses forces sur terre et sur mer.

La guerre de succession d'Angleterre faite par Louis XIV n'est ni une « guerre d'équilibre », ni même une « guerre de suprématie ». C'est une « guerre d'ambition », — et combien imprudente, à l'heure où, forts et respectés en Europe, couverts par de solides frontières, nous devrions diriger tous nos efforts, toute notre activité vers la mer et les entreprises coloniales !

En décembre 1688 les Anglais chassent Jacques II et appellent pour lui succéder Guillaume de Hollande. A ce moment la Hollande, l'Empire, l'Autriche, la Bavière, l'Espagne, la Savoie, effrayés de la situation prise par le Grand Roi, ont déjà formé contre lui la Ligue d'Ausgbourg. Louis, que l'ambition seule dirige, qu'aucune coalition ne saurait effrayer, prend en main la cause du roi détrôné et jette le gant à l'Europe. Nos troupes, commandées par Luxembourg et Catinat, sont victorieuses à Fleurus, à Steinkerque, à la Marsaille; nos corsaires, parmi lesquels Jean Bart et Duguay-Trouin, ruinent le commerce anglais et hollandais. Mais la flotte alliée inflige à la nôtre un grand désastre : Tourville est vaincu à la Hougue après avoir lutté tout un jour avec 44 bâtiments contre les flottes réunies de la Hollande et de l'Angleterre, fortes de 99 vaisseaux. Au traité de Ryswick (1697), la France garde Strasbourg, mais restitue toutes les provinces ou les villes conquises pendant la guerre et reconnaît Guillaume pour roi d'Angleterre. C'est presque une défaite.

La paix de Ryswick n'était qu'une trêve. A la mort de Charles II d'Espagne, Louis XIV accepte pour son petit-fils la monarchie espagnole, avec Naples, Milan, les Pays-Bas et ses colonies, dans la grande mais trop ambitieuse pensée d'unir deux peuples de même race par les liens d'une même famille royale. Aussitôt l'Empereur, l'Angleterre, la Hollande, qui craignent la réunion des couronnes de France et d'Espagne sur la tête de Philippe V, — l'Angleterre surtout, qui redoute notre expansion dans le Nouveau-Monde, — se liguent contre le Grand Roi ; le Portugal et la Savoie se joignent à eux. La France fait alors une nouvelle « guerre d'ambition », tandis que les alliés prennent contre elle la défense du « système d'équilibre », de « la cause des libertés de l'Europe », comme le dit leur manifeste. Ainsi se trouve renversée la situation que nous observions dans la période précédente, lorsque la France luttait contre la prédominance de la maison d'Autriche.

Les traités d'Utrecht et de Rastatt mettent fin à cette guerre de succession d'Espagne, la plus vaste qu'eût vue l'Europe depuis les Croisades (1701-1713, défaites de Ramillies et de Malplaquet, victoire de Villars à Denain, épuisement de la France). Ils règlent à nouveau la distribution territoriale des États. La France garde la Flandre, moins plusieurs villes, ainsi que l'Alsace, Strasbourg et Landau, mais elle doit consentir à la démolition des fortifications de Dunkerque exigée par les Anglais ; — la monarchie espagnole est démembrée et la maison d'Autriche agrandie : Philippe V demeure en Espagne, mais l'Espagne ne conserve que ses colonies, tandis que l'Autriche reçoit les Pays-Bas, Naples et le Milanais ; — le duc de Savoie reste en possession de Nice et de la Sicile (il échangera bientôt cette île pour la Sardaigne et deviendra « roi de Sardaigne » ; — l'Angleterre, enfin, acquiert Minorque et Gibraltar. Mais c'est notre pays qui a été vaincu et il lui faut payer sa défaite ; il la paye en Amérique aux mains de l'Angleterre, à laquelle il cède les territoires de la baie d'Hudson, ses établissements de Terre-Neuve y compris les îles adjacentes, une partie de l'Acadie, — position avancée du Canada, — et, dans les Antilles, l'île de Saint-Christophe. Derrière l'Angleterre est le Portugal ; aussi devons-nous renoncer au profit du Brésil, sa grande colonie de l'Amérique du Sud, à tout droit de navigation sur l'Amazone ; cette stipulation, aggravée par une indication de limites, enlève à la Guyane la plus riche partie de son territoier.

BATAILLE DE LA HOUGUE.

Tel est le traité d'Utrecht, telles sont pour nous les conséquences d'une « guerre d'ambition européenne ».

Nous laissons à la nation qui s'est révélée notre rivale sur les mers, qui a infligé à notre marine un grave échec, une partie de notre « Empire colonial ». Déjà la « plus grande France » est entamée. Mais l'avenir nous réserve encore d'autres désastres : depuis six ans les royaumes d'Angleterre et d'Écosse sont réunis en un seul État, dit « royaume de Grande-Bretagne »; la longue résistance de l'Irlande a, d'autre part, été domptée. La Grande-Bretagne, ayant ainsi réalisé son « unité géographique », se trouve, plus qu'auparavant, libre d'agir sur le continent et sur les mers.

Le règne de Louis XV (1715-1774) est l'époque la plus triste de notre histoire : en Europe, la France entreprend des guerres inutiles et malheureuses; hors d'Europe, l'Angleterre, profitant de ses fautes sur le continent, ruine sa marine et lui enlève les plus belles provinces de son « Empire colonial ».

La première de ces guerres, la guerre de succession de Pologne (1733-1735), que termine le traité de Vienne, nous vaut cependant une province : la Lorraine, importante acquisition, indispensable aux communications entre la Champagne et l'Alsace. Elle fera retour à la France après la mort de Stanislas Leczinski (1776), le beau-père de Louis XV.

Mais en 1740 éclate la guerre de succession d'Autriche (1740-1748), entreprise par la Prusse, la Bavière, l'Espagne et le roi de Sardaigne pour dépouiller Marie-Thérèse d'Autriche. Frédéric II, qui a rêvé de mettre le royaume de Prusse au rang des premiers États de l'Europe et veut, suivant sa propre expression, « décider » l'être indécis de la Prusse, projette d'abaisser l'Autriche et de lui enlever la Silésie. Il cherche partout des alliés. La France, bien qu'elle ait intérêt à affaiblir une puissance qui la menace de ses possessions du Milanais et des Pays-Bas, pourrait rester neutre dans cette querelle; sa frontière du nord est solide, la politique coloniale l'appelle. Mais le parti de la guerre l'emporte auprès de Louis XV. Alors l'Angleterre embrasse la cause de Marie-Thérèse pour atteindre la France, et tandis que nos troupes combattent en Allemagne, en Autriche, en Italie, elle attaque notre marine mal commandée, nos colonies insuffisamment défendues. Macaulay donne une physionomie très exacte de cette guerre lorsqu'il écrit en parlant de l'invasion de la Silésie par Frédéric : « Afin que ce roi pût dépouiller un voisin qu'il avait promis de défendre (l'Autriche), des hommes noirs se battirent sur la côte de Coromandel et des hommes rouges se scalpèrent mutuellement auprès des grands lacs de l'Amérique du Nord. »

La guerre n'avait été ni bien comprise ni bien dirigée ; nos succès nous permettaient cependant d'en tirer profit : vaincus au Canada, nous étions vainqueurs aux Indes et en Europe (victoires de Fontenoy, de Raucoux et de Lawfeld). Mais Louis XV ne voulut pas « traiter en marchand ». Au traité d'Aix-la-Chapelle il rendit aux Autrichiens les Pays-Bas conquis en entier, aux Anglais Madras que leur avaient enlevé La Bourdonnais et Dupleix, se contentant de la restitution du Canada. Ainsi la France ne gagnait rien, la supériorité maritime de l'Angleterre s'établissait, la Prusse acquérait la Silésie, l'Autriche subsistait.

Cette guerre entre la France et l'Angleterre put retarder un instant le développement de nos colonies ; elle ne l'arrêta point. L'esprit d'entreprise, la hardiesse de nos compatriotes ne faiblissaient pas, mais grandissaient au contraire ; parmi les successeurs de Colbert plusieurs étaient d'habiles ministres qui continuaient son œuvre. Les années qui suivirent le traité d'Aix-la-Chapelle furent d'ailleurs parmi les plus heureuses du xviiie siècle : le commerce florissait de Saint-Pétersbourg à Cadix et de l'autre côté des mers.

Les Antilles étaient alors en pleine prospérité. Depuis qu'elles avaient été occupées, 40 000 Français environ s'y étaient rendus, appartenant à toutes les classes de la société. On cultivait aux îles la canne à sucre, le tabac, l'indigo, le coton, et le café, qui y était introduit depuis 1728. Fait digne de remarque, les membres du clergé, dominicains et jésuites établis aux Antilles, n'apportaient pas moins de zèle que les laïques à la culture et au commerce : ils étaient ingénieurs, architectes, planteurs, commerçants, spéculateurs même comme le Père Lavalette. A partir de 1717 plusieurs dispositions du « pacte colonial » avaient été heureusement modifiées, ce qui laissait au mouvement des échanges quelque liberté. La Martinique, qui n'avait pas 15 000 noirs en 1600, en comptait 72 000 en 1736 ; le numéraire y abondait, ainsi que les marchandises ; elle recevait, chaque année, dans ses ports 200 vaisseaux de France et 30 du Canada. La Guadeloupe, quoique dans une proportion moindre, suivait le même mouvement ascensionnel ; les caféières y couvraient de vastes espaces et le coton récolté dans l'île alimentait les manufactures de l'Alsace et de la Flandre. Saint-Domingue devenait, d'un autre côté, le plus grand producteur de sucre du monde ; son exportation était de 11 millions de livres tournois en 1711, et, par une marche toujours ascendante, devait atteindre 193 millions de livres (200 millions de francs environ) en 1788 ; son commerce employait 1000 navires et 15 000 marins français. Nantes, Marseille et surtout Bordeaux participaient largement à cette prospérité.

La France possédait encore en Amérique après le traité d'Utrecht, qui lui avait coûté l'Acadie, les deux magnifiques vallées du Mississipi et du Saint-Laurent.

Dans les dernières années du xviie siècle, Louis XIV avait encouragé la colonisation de la Louisiane. Un peu plus tard, en 1717, le Régent et Law avaient créé pour hâter le développement de ce pays la « Compagnie d'Occident ». Ils avaient même songé à peupler les rives du Mississipi avec des vagabonds et des filles embarqués de force dans les ports métropolitains. Ce lamentable expédient avait dû bientôt être abandonné devant les mauvais résultats qu'il donnait et les plaintes des colons. Cependant la Louisiane se développait : les colons, n'y trouvant point les mines d'or promises, y avaient planté le riz, le maïs, le coton, le tabac ; en 1724, la Nouvelle-Orléans, fondée depuis huit ans, comptait environ un millier d'habitants, la colonie entière 5700 blancs. Saint-Louis du Mississipi devait être fondé en 1762 par les « trappeurs » qui couraient les prairies durant l'été. Cette colonie nouvelle n'était d'ailleurs pas isolée ; une ligne de forts avait été construite sur les rives de l'Ohio, dont le bassin met en communication les vallées du Mississipi et du Saint-Laurent, de telle sorte que la Louisiane et le Canada étaient reliés. Les deux territoires qui constituaient l'Amérique française formaient ainsi un même bloc, mais ils avaient à se défendre contre les colons anglais, qui auraient voulu franchir la chaîne des monts Alleghanys pour descendre dans la vallée du Mississipi.

Au Canada les progrès sont, comme par le passé, bien moins sensibles qu'aux Antilles. Les colons — familles venues de France, « engagés » appelés par un contrat de cinq ans, soldats restés dans le pays après libération, — s'y sont établis beaucoup moins nombreux. Dans les dernières années du xviie siècle le courant de l'émigration est très faible, et Louis XIV, qui n'entend plus les avis de Colbert, mort en 1683, a cessé de s'intéresser à une colonie qui, à son gré, ne se développe pas assez vite[1]. Les habitants ont un esprit aventureux, ils se dispersent sur une immense étendue de terre, s'affaiblissent quelquefois par des rivalités entre eux ou des luttes avec les sauvages; souvent aussi ils guerroient contre les Anglais de la « Nouvelle-Angleterre » ; les profits de l'agriculture sont médiocres, les produits d'une région tempérée moins « riches » que ceux des terres intertropicales. En 1753, le mouvement commercial est encore bien faible : l'exportation du Canada ne dépasse pas 1 700 000 francs et l'importation n'atteint 5 200 000 francs qu'à cause des envois du gouvernement. Cependant cette Nouvelle-France à laquelle on n'envoie ni soldats pendant la guerre ni colons pendant la paix[2], ne dépérit pas, bien au contraire. Les colons, transformés en soldats, résistent vigoureusement aux troupes supérieures des colonies anglaises voisines, tandis que les femmes élèvent de nombreuses familles, témoignant ainsi de l'extrême fécondité de la race française implantée sur la terre canadienne. En 1706, on recense 19 000 habitants ; en 1721, 25 000 ; en 1744, 54 000 ; en 1759, 82 000 : la population double en moins de vingt-cinq ans.

1. Rameau de Saint-Père, *loc. cit., passim.*
2. La garnison du Canada tout entier variait entre 700 et 1400 hommes. — L'Acadie, avant son abandon au traité d'Utrecht, n'était gardée que par 100 ou 200 soldats.
De 1700 à 1750, le Canada ne reçut que 4 000 colons.

A la même époque, c'est-à-dire vers le milieu du xvɪɪɪ⁰ siècle, les Antilles anglaises ne se trouvent pas toutes dans un état égal de prospérité; la Barbade, autrefois riche, est ruinée, tandis que la Jamaïque exporte de grosses quantités de sucre. Les unes et les autres souffrent d'une application extrêmement rigoureuse des principes du « pacte colonial ». Quant aux colonies de l'Amérique du Nord, elles sont également contrariées par le système mercantile, et quelques esprits prévoient déjà qu'elles se soulèveront un jour contre le régime économique auquel les soumet la métropole. Mais le chiffre de la population européenne, sa croissance rapide, la fertilité du sol, où les cultures du tabac, du coton, de l'indigo se joignent à celles des céréales, font les provinces anglaises plus riches que les provinces françaises voisines. C'est au nombre bien plus qu'à l'intelligence, à l'activité, au travail ou à la fécondité des familles que les Anglo-Américains doivent leur supériorité sur les Franco-Canadiens [1] : ils sont 260 000 en 1706 et 386 000 en 1713, alors que leurs voisins ne sont guère plus de 20 000. Au moment où en France les ministres se désintéressent, malgré les appels énergiques des gouverneurs, du peuplement du Canada, les ministres anglais et plus encore les colonies elles-mêmes ne cessent de recruter par mille moyens de nouveaux colons pour l'Amérique. C'est ainsi que de 1700 à 1750 les colonies de la Grande-Bretagne reçurent plus de 100 000 émigrants, alors que seulement 4 000 s'établissaient au Canada.

Au moment où nous écrivons ces chiffres, il convient d'en chercher l'explication. Pourquoi l'émigration française est-elle si faible? l'émigration anglaise si considérable? Nous avons déjà noté qu'une crise économique, puis une crise politique et religieuse contraignirent à l'expatriation des milliers d'Anglais ; nous pouvons ajouter encore que les Treize Colonies avaient un sol plus riche, des cultures plus rémunératrices que le Canada, que l'émigration fut beaucoup plus encouragée en Angleterre qu'en France. A ces causes certaines d'autres viennent-elles s'ajouter ? La question est douteuse. Nous observons au xɪx⁰ siècle en Angleterre un excé-

---

[1]. Rameau de Saint-Père, *loc. cit.*, *passim*.

dent des naissances sur les décès bien plus considérable qu'en France et nous voyons dans ce fait la cause de l'importante émigration anglaise et de la faible émigration française. Mais au xviii⁰ et au xvii⁰ siècle les mouvements de la population étaient-ils déjà ceux d'aujourd'hui ? Il ne semble pas. Nous voyons, en effet, que si la correspondance de Colbert, les mémoires des Intendants, la *Dîme royale* de Vauban, signalent la faiblesse de la natalité française, notre pays avait cependant plus de 19 millions d'habitants vers l'année 1700, alors que la population de l'Angleterre (sans l'Écosse et l'Irlande) ne devait guère dépasser 6 à 7 millions[1]. Il faut, il est vrai, ajouter qu'à cette époque la culture était médiocrement développée chez nos voisins et peut-être, mais ceci est une hypothèse, 6 à 7 millions d'Anglais avaient-ils peine à vivre sur leur sol. Il faudrait alors conclure que la misère a été au xvii⁰ siècle et au xviii⁰ parmi les causes de l'émigration anglaise.

Il convient à propos de l'Amérique d'ajouter encore un mot qui est le résumé de la situation, l'image de la vérité : en 1750, 1755, les Anglo-Américains, resserrés entre les monts Alleghanys et la mer, inquiétés au nord par les colons canadiens, limités à l'est par nos postes de la vallée du Mississipi et de la vallée de l'Ohio, sont impatients d'être ainsi enfermés dans des limites qu'ils jugent trop étroites[2].

Dans l'autre hémisphère, la Compagnie des Indes traverse une glorieuse période. Le Régent et Law, s'inspirant de ce qu'ils croyaient être la pensée de Colbert, l'ont d'ailleurs fortifiée en 1719. La Compagnie d'Occident, la Compagnie de Chine lui ont été réunies ; elle a obtenu des droits spéciaux quant au commerce du Sénégal, de la Guinée et des Antilles. Un édit de 1725 a fixé définitivement ses

---

1. Vauban, dans la *Dîme royale*, évaluait en 1699, d'après les Mémoires des Intendants, la population de la France à plus de 19 millions d'habitants.
Macaulay, dans son *Histoire d'Angleterre*, estime que la population de l'Angleterre en 1685 ne dépassait pas 5 millions ou 5 millions et demi.
Pigeonneau, *la France économique vers le milieu du* xvii⁰ *siècle*. (*Annales de l'École libre des sciences politiques*, année 1892. Félix Alcan, éditeur, Paris.)
2. La Nouvelle-Amsterdam, colonie agricole insignifiante, fondée par les Hollandais en 1612, tombera bientôt aux mains des Anglais au milieu des territoires de qui elle est enclavée. La Nouvelle-Amsterdam deviendra New York (1674).

privilèges et ses concessions. Mais ce sont moins ces avantages que la valeur de deux de ses agents qui font, pour un temps, sa puissance et sa renommée. Les noms de Mahé de la Bourdonnais et de Dupleix sont restés justement célèbres dans notre histoire coloniale. Le premier, gouverneur de l'île Maurice (ou « île de France », occupée

DUPLEIX.

en 1721, concédée à la Compagnie l'année suivante), fait de ce point la station militaire de la France dans l'océan Indien. Le second, gouverneur général des comptoirs de l'Inde, entreprend la conquête d'un immense empire qu'il rêve de donner à son pays. Pour contraindre à l'obéissance des populations aussi nombreuses que celles de l'Inde, habitant un pays aussi étendu, quelles armées d'invasion et d'occupation n'auraient pas été nécessaires? quelle nation européenne aurait été assez puissante? Mais Dupleix découvre, avec une sûreté de jugement remarquable, les raisons qui rendent les mille peuples de l'Inde incapables de résistance devant l'étranger. C'est, d'abord, la faiblesse des armées indigènes les plus nombreuses contre la discipline d'une petite troupe européenne, la facilité de communiquer cette discipline aux indigènes enrôlés dans le service européen et qu'aucun sentiment de patriotisme n'empêche de porter les armes contre d'autres Indous ; c'est, ensuite, l'état de guerre chronique existant entre les souverains indous, la possibilité pour l'étranger d'intervenir dans ces querelles et, partout, d'établir son autorité sur ceux qu'il protège, d'affaiblir et d'abattre leurs ennemis.

Dupleix agit d'après ces vues. Les succès qu'il remporte sur les troupes de la Compagnie anglaise des Indes pendant la guerre de succession d'Autriche, en lui enlevant Madras et en repoussant ses attaques contre Pondichéry, affermissent son influence sur les princes indiens. Après la signature de la paix entre la France et l'Angleterre, il établit le protectorat de la Compagnie française sur les deux souverains du Carnatic et du Dekkan, fait alliance avec les Mahrattes et devient ainsi le maître de presque toute la partie péninsulaire de l'Inde. Notre Compagnie des Indes tient à ce moment sous son administration directe, outre les comptoirs de Mahé (côte de Malabar) et de Chandernagor (dans le Bengale) : 1° Pondichéry, dont le territoire occupe un littoral de 10 lieues, sur une profondeur à peu près égale, compte environ 500 000 habitants et dont les revenus s'élèvent à 5 millions ; 2° Karikal, dont le domaine est à peu près égal en étendue ; 3° Masulipatam et Yanaon, avec le Condovir, l'île de Divy et les quatre provinces du Moutfanagar, d'Ellore, de Rajamundry et de Chicakol, c'est-à-dire une étendue de pays de 130 lieues de longueur sur 15, 20 et 25 lieues de largeur, dont les revenus s'élèvent en totalité à 10 247 350 livres (chiffre de 1757) ; 4° l'île de Seringam, formée de deux bras du Godavery, que sa situation et sa fertilité rendent extrêmement précieuse. Ces différents établissements, qu'une armée nombreuse et bien disciplinée faisait respecter, donnaient annuellement un revenu total de 18 millions[1]. Au milieu de

---

1. *Notices statistiques sur les colonies françaises* t. III Imprimerie royale, 1839.

ces vastes provinces, Madras restituée aux Anglais, Calcutta et quelques autres comptoirs semblent peu de chose.

Ainsi, au lendemain du traité d'Aix-la-Chapelle, les Anglais et les

INDE A LA VEILLE DU TRAITÉ GODOHEU.
POSSESSIONS FRANÇAISES ET ANGLAISES.

Français sont en présence, sont ennemis, en Asie et en Amérique — En Asie, effrayée des succès de Dupleix, l'Angleterre exige son rappel et l'obtient de la faiblesse de Louis XV (1754). Alors elle fait signer à son successeur Godohen un traité qui est un renoncement à toutes les conquêtes de Dupleix, l'abandon de l'empire dont il avait jeté les fondements, et elle-même entreprend, sous le nom de sa Compagnie, la conquête du Bengale. — En Amérique, les colonies anglaises sont impatientes du voisinage des colons canadiens et attaquent nos forts de la vallée de l'Ohio, dans le dessein de couper nos possessions du Canada et du Mississipi. « Tant que le Canada ne sera pas conquis, dit Franklin, il n'y aura ni repos ni sécurité pour nos treize colonies. » Aux Antilles, enfin, les Anglais disputent à nos colons Sainte-Lucie, Tabago, la Dominique, Saint-Vincent.

Les capitulations successives consenties par le cabinet de Versailles, qui veut à tout prix conserver la paix, ne suffisent bientôt plus à l'Angleterre. Nos colonies se développent, notre marine commerciale est dans un état florissant, notre marine militaire reconstituée compte déjà 63 vaisseaux ; en un mot, la France se trouve dans les Indes Orientales et dans les Indes Occidentales en compétition directe avec l'Angleterre « pour un prix d'une valeur absolument incalculable ».

Au milieu de l'année 1755, sans déclaration de guerre préalable, les ministres anglais envoient quatre corps d'armée contre le Canada et font saisir par leur flotte 300 navires français, montés par 12 000 matelots qui naviguent sur la foi des traités. « Si nous voulions être justes avec les Français, dit-on à Londres, nous n'aurions pas trente ans d'existence. »

Louis XV devant cette nouvelle insulte accepte la guerre (guerre de Sept Ans, 1756-1763).

Cette guerre, à laquelle l'Angleterre nous provoque, doit être, à n'en point douter, une guerre maritime et coloniale. Lorsque la France, puissance continentale, a voulu abaisser la puissante maison d'Autriche et conquérir ses frontières, elle a fait la guerre en Europe ; lorsque la France, puissance coloniale, est attaquée dans ses colonies et pour ses colonies par l'Angleterre, elle doit se défendre sur mer et dans ses colonies. Malheureusement cette politique si simple ne sera pas adoptée, parce qu'elle ne satisferait point les intrigues de la cour, les caprices de Mme de Pompadour. Notre pays se laisse encore une fois entraîner à intervenir dans les affaires d'Allemagne ; mais il y a plus : la France, qui en 1740 s'était alliée à Frédéric contre Marie-Thérèse dans le but d'affaiblir la maison d'Autriche et de lui enlever quelque province pendant que Frédéric ferait la conquête de la Silésie, la France épouse en 1756 la querelle de Marie-Thérèse contre Frédéric à qui elle veut enlever la Silésie, s'alliant ainsi à l'ennemi qu'elle combat depuis François Ier, à la dangereuse voisine qui, de ses possessions de Flandre, menace Paris.

« Cette nouvelle alliance, dit Choiseul, *fit négliger la guerre de mer et d'Amérique qui était la véritable guerre*. Tous les moyens se portèrent avec enthousiasme et sans réflexion à une guerre de terre *dont le but était d'élever la maison d'Autriche.* » L'Angleterre voit cette faute avec joie et se hâte d'en profiter : en 1740 elle soutenait Marie-Thérèse contre Frédéric, en 1756 elle soutiendra Frédéric contre Marie-Thérèse ; elle fera passer au roi de Prusse des soldats et des subsides, poussera la France à s'engager en Allemagne, afin de pouvoir porter plus librement elle-même tous ses efforts contre nos flottes et contre nos colonies abandonnées. Chatham, alors premier ministre, disait très justement, pour montrer la faute que commettait notre pays en divisant ses forces, qu'il allait conquérir l'Amérique en Allemagne.

La guerre est désastreuse : nos armées sont vaincues en Allemagne (Rosbach), nos flottes détruites (64 vaisseaux perdus en moins de quatre ans, bataille de Belle-Isle), un projet de descente en Angleterre échoue ; le Sénégal, le Canada, plusieurs des Antilles, l'Inde sont perdus. Et cependant combien est vaillante, courageuse notre résistance, au Canada surtout ! Au lendemain de la déclaration de guerre, une armée anglaise forte de 2 000 hommes de troupes européennes est entièrement détruite par 500 sauvages soutenus par 250 Canadiens, à la bataille de la Malengueulée ; Montcalm résiste pendant quatre ans aux forces anglaises, très supérieures aux nôtres. et, lorsqu'il est vaincu à la bataille d'Abraham, il n'a que 4 500 hommes à opposer aux 20 000 soldats du général Wolf.

Le traité de Paris, signé en 1763, met fin aux hostilités ; c'est assurément le plus triste et le plus honteux de notre histoire.

En Europe la France conserve ses frontières, mais hors d'Europe elle perd ses colonies. Le Canada tout entier, avec la partie de l'Acadie restée française, le Cap-Breton, le golfe et le fleuve Saint-Laurent, est abandonné aux Anglais; la rive gauche du Mississipi devient la limite de leurs possessions, jusque-là bornées par la chaîne des monts Alleghanys. En même temps, Louis XV a la faiblesse de céder la Louisiane à l'Espagne, notre alliée en vertu du « pacte de famille », pour l'indemniser de l'abandon qu'elle fait de la Floride à l'Angleterre. Mais ce n'est point seulement sur le continent américain que la France paye ses défaites : aux Antilles, les Anglais gardent la Grenade, la Dominique, Tabago, Saint-Vincent ; sur la côte d'Afrique, le Sénégal; aux Indes, enfin, ils ne nous restituent cinq comptoirs, sans territoire, que sous la condition qu'ils resteront désarmés[1].

Le traité d'Utrecht avait imposé à notre « Empire colonial » une diminution ; le traité de Paris consacre sa ruine. La France, qui était à la fin du XVIIe siècle une des grandes puissances coloniales, à qui les destinées semblaient promettre le premier rang, voit son Empire détruit, sa situation à jamais perdue. Il ne lui reste plus un pouce de terrain dans cette Amérique du Nord qu'à la veille du traité d'Utrecht elle paraissait appelée à posséder tout entière. L'Angleterre a pris partout sa place : son autorité s'étend sans interruption depuis la mer d'Hudson et le Labrador jusqu'à l'embouchure du Mississipi; aux Indes, l'empire rêvé par Dupleix sera réalisé par lord Clive. Les historiens anglais n'hésitent d'ailleurs pas à reconnaître qu'à Dupleix revient l'honneur d'avoir vu le premier la politique que les Européens devaient suivre dans l'Inde. C'est en adoptant cette politique que lord Clive et ses successeurs établiront, avec des armées composées presque exclusivement d'Indous et payées par les gouvernements indigènes, l'autorité de la Grande-Bretagne sur une immense région, peuplée de plus de 250 millions d'individus.

Ainsi est perdu sur les champs de bataille européens, dans une guerre faite pour l'Autriche, notre ennemie séculaire, l'Empire colonial dû à Henri IV, à Richelieu et à Colbert! Et cet Empire, on l'a vu, n'était point une œuvre artificielle : l'énergie, l'intelligence, l'esprit d'aventure, le patriotisme et aussi la foi de Français appartenant à

---

1. Pendant que la France, l'Espagne, l'Angleterre signaient le traité de Paris, l'Autriche, la Prusse et la Saxe (alliée de l'Autriche) rétablissaient le *statu quo ante bellum* en Allemagne ; Frédéric gardait ainsi la Silésie. (Traité d'Hubertsbourg.)

toutes les classes de la société, gentilshommes, religieux, bourgeois, gens du peuple, l'avaient fondé et ne cessaient d'en assurer le développement. Travailleurs pendant la paix, nos colons étaient soldats ou corsaires pendant la guerre et portaient à l'Angleterre dans les plaines de l'Amérique du Nord et sur les mers des coups redou-

MONTCALM.

tables. Mais Louis XV était incapable de prévoir l'avenir et, comme Voltaire, ne faisait aucun cas des « quelques arpents de neige » du Canada !

Et cependant quelles n'eussent pas été les destinées de la France si elle avait conservé son empire colonial ? Elle aurait colonisé le Canada, bien que son émigration fût lente, grâce surtout à la prodigieuse multiplication de la population franco-canadienne[1]; elle aurait

[1]. Ainsi qu'on le verra plus loin, les Canadiens-Français, qui étaient environ 80 000 en

conquis l'Inde et trouvé dans l'exploitation de cette immense colonie une somme considérable de richesses; son industrie, obligée d'approvisionner ces grands marchés d'outre-mer, se serait largement développée (l'Angleterre n'est devenue un pays industriel que grâce à la possession de ses colonies, en subvenant à leurs besoins); sa flotte marchande, intermédiaire d'un important mouvement d'échanges, n'aurait cessé de s'accroître; des escadres nombreuses auraient protégé ses colonies et leur commerce.

Le sort des batailles a voulu que l' « Empire » conquis par la France passât à l'Angleterre. C'est elle qui régnera sur les mers, qui deviendra, du fait de ses colonies, la première nation industrielle et commerciale; elle possédera les territoires extra-européens les plus vastes et les plus riches; « la Plus Grande-Bretagne » est faite de nos dépouilles. Pour nous, nous ne conservons de « la Plus Grande France » que des débris et des souvenirs; les colonies que nous acquerrons au XIXe siècle, l'Algérie, la Tunisie, l'Indo-Chine, augmenteront assurément l'importance et la richesse de nos établissements d'outre-mer, mais la maîtresse du Canada et des Indes restera la première puissance coloniale, commerciale et maritime du monde.

Au lendemain du traité de Paris il restait à la France : dans l'Amérique du Nord, les deux îlots de Saint-Pierre et Miquelon (rendus par l'Angleterre, qui les avait acquis au traité d'Utrecht); dans la mer des Antilles, la Guadeloupe et ses dépendances, la Martinique, Sainte-Lucie, la partie ouest de Saint-Domingue (l'autre était aux Espagnols); dans l'Amérique du Sud, la Guyane; sur la côte d'Afrique, l'île de Gorée; dans la mer des Indes, Bourbon, l'île de France, les établissements de la côte est de Madagascar; dans l'Inde, cinq comptoirs.

Rendre à ces possessions leur ancienne prospérité, hâter leur développement, les mettre en état de résister à de nouvelles attaques, approvisionner nos arsenaux, construire une flotte en vue d'une guerre de représailles qu'il juge inévitable, telle est la tâche que

1763, sont aujourd'hui au nombre de 2 200 000, dont 700 000 dans le nord des États-Unis.

s'impose Choiseul dès que la paix est rétablie (il administre de 1750 à 1770). Ainsi, malgré nos désastres, « la politique coloniale » n'est pas abandonnée.

Les colonies d'Amérique attirent surtout l'attention du premier ministre. « Ce sont, avait écrit Montesquieu, les plus admirables de

CHOISEUL.

toutes », car « elles ont des objets de commerce que nous n'avons ni ne pouvons avoir, et elles manquent de ce qui fait l'objet du nôtre. » La remarque de Montesquieu devient le principe de Choiseul et le conduit à maintenir soigneusement les prescriptions du « pacte colonial ». Il veut continuer le système économique de Colbert; obliger les colons à entretenir toutes leurs relations commerciales avec la seule métropole. Mais les colonies, devenues fortes, se plaignent et en 1767 il faut apporter quelques atténuations à la rigueur des principes. Plus tard en 1784, Louis XVI devra consentir davantage : il autorisera le libre commerce des étrangers avec les

Antilles pour un certain nombre d'articles, tels que les bois, le bétail, la morue à l'importation, les sirops, les tafias à l'exportation.

Si, par une erreur de système, Choiseul commet la faute de gêner le libre commerce des Antilles, du moins il prend de nombreuses mesures pour augmenter leur population blanche par l'immigration, approvisionner les planteurs en esclaves, assurer une bonne administration.

Le ministre, malheureusement, ne voulut pas seulement rendre à nos possessions d'Amérique, par de sages mesures, leur ancienne prospérité; il eut une ambition plus haute, irréalisable : il voulut en un jour fonder et peupler une colonie nouvelle. Nous venions d'abandonner le Canada aux Anglais : n'était-il pas possible de fonder sur quelques rivages une autre Nouvelle-France qui rendrait moins sensible la perte du bassin du Saint-Laurent? La Guyane était dans une situation misérable; jamais elle n'avait connu la prospérité. Choiseul pense qu'une intervention directe de l'État la transformerait, et aussitôt il arrête un projet de colonisation, désigne l'emplacement des centres à créer, embarque des milliers de colons, recrutés dans toutes les provinces.... On connaît le lamentable échec de cette tentative de « colonisation officielle » : « l'expédition du Kourou », ainsi appelée du nom de la rivière sur les rives de laquelle furent débarqués les colons, coûta la vie à près de 15 000 personnes, 25 à 30 millions y furent dissipés. C'est le plus grave échec que nous ayons éprouvé dans notre expansion coloniale.

Dans l'océan Indien et aux Indes, la Compagnie des Indes Orientales, que Colbert, puis ensuite le Régent, avaient toujours soutenue, agonisait : une mauvaise administration, aussi bien que nos défaites dans la péninsule asiatique, étaient les causes de sa ruine ; elle avait perdu de 1725 à 1769 un capital de 169 millions de livres, ses bénéfices sur le commerce de l'Inde étaient tombés de 50 à 5 millions, sur le commerce de la Chine de 22 à 2 millions ; il lui était impossible de gager un nouvel emprunt. Devant ces tristes résultats, Choiseul suspendit en 1769 le privilège de la Compagnie. L'année suivante, il fut aboli. Dès lors le commerce des Indes devint libre; il n'y eut d'autres entraves que celles qui résultaient du système d'impôts, des douanes, des prohibitions ou des réglementations. Dans les mêmes mers, les îles de France et de Bourbon, rendues à l'administration royale, parvinrent, sous l'impulsion d'un gouverneur habile, Poivre, à une réelle prospérité. Ces deux îles, qui en 1764 avaient produit 80 000 livres de blé et 2 535 000 livres de café, récoltèrent, en 1773, 400 000 livres de blé et 4 millions de livres de café. La suppression de la Compagnie des Indes eut naturellement pour conséquence de placer nos établissements sous l'autorité directe du roi, comme l'étaient déjà les Antilles et la Guyane.

La sollicitude de Choiseul ne se bornait pas à nos colonies d'Amérique et de la mer des Indes. Dans l'océan Pacifique il encourageait l'expédition de Bougainville (quelques années plus tard, Louis XVI devait favoriser le voyage de La Pérouse dans les mers d'Océanie et de Chine); dans la Méditerranée orientale il se préoccupait de notre situation politique et commerciale.

Là nos fautes d'Europe durant la seconde moitié du xviiie siècle avaient porté à notre crédit une irrémédiable atteinte. Au lendemain de la guerre de Sept Ans, l'ambassade de France à Constantinople ne jouissait plus de l'autorité qui avait permis au marquis de Villeneuve, en 1739, de protéger l'Empire Ottoman contre la Russie et l'Autriche; l'influence russe grandissait aux dépens de la nôtre. Dans quelques années le tsar imposera aux Turcs le traité de Kaïnardji, dont certains articles fourniront à la Russie un prétexte permanent pour intervenir dans les rapports du sultan avec ses sujets orthodoxes (1774 ; c'est le protectorat religieux de la Russie qui va s'exercer à côté du nôtre, — presque en concurrence).

Notre commerce n'était pas plus heureux que notre politique. La période de grande prospérité qui, commencée sous Colbert, s'était continuée longtemps après lui, avait pris fin. Sous l'influence de causes diverses, notamment les progrès de la Russie, la concurrence de nos rivaux, les fautes de nos négociants, notre mouvement d'affaires fléchissait, tandis qu'augmentait celui des Anglais et des Hollandais. Après Choiseul, Louis XVI, animé comme lui du désir de relever le commerce de Marseille, rappellera les principales prescriptions de Colbert, tombées en désuétude, en édictera de nouvelles:

nécessité d'une autorisation spéciale pour aller commercer en Orient, estampillage des étoffes exportées, obligation pour les négociants d'une place de délibérer en commun sur les arrangements à prendre pour la sûreté du commerce, la vente et l'achat des marchandises, traitement de faveur accordé dans nos ports aux importations faites par navires français. A la veille des guerres de la Révolution et de l'Empire, qui doivent achever la ruine de notre situation privilégiée dans la Méditerranée orientale, le commerce de Marseille aura retrouvé son ancienne prospérité. Il atteindra même des chiffres plus élevés que ceux obtenus jusqu'alors : c'est ainsi qu'en 1789 le négoce de notre grand port avec le Levant emploie 500 vaisseaux, sans compter un grand nombre de bâtiments légers qui font des opérations de cabotage entre les ports turcs, ce que l'on appelait la « caravane » ; la même année le chiffre total du commerce entre Marseille et l'Orient dépasse 52 millions et demi de livres, soit 20 356 000 à l'exportation de France et 32 219 000 à l'importation[1]. A la même époque, le chiffre des affaires entre les Marseillais et les Algériens est très élevé : nos comptoirs d'Afrique expédient en France, dans certaines années, jusqu'à 200 000 hectolitres de blé ; le chiffre total des échanges atteint 4 millions et demi de francs.

L'administration de Choiseul n'est pas sans avoir donné de précieux résultats, bien que des fautes aient été commises (expédition du Kourou), des erreurs suivies (pacte colonial). En même temps qu'il hâtait le développement commercial de nos colonies, il y organisait des forces militaires locales, dans lesquelles d'Estaing et le bailli de Suffren devaient trouver, quelques années plus tard, un sérieux appui pendant la guerre d'Amérique ; il poussait, d'autre part, avec une grande activité nos constructions navales : en 1763 notre flotte ne comptait que 44 vaisseaux de ligne et 10 frégates ; en 1770 ces forces étaient plus que doublées : 64 vaisseaux et 50 frégates étaient à flot.

C'est enfin à Choiseul que l'on doit l'acquisition de la Corse, cédée par les Génois en 1768, au grand déplaisir des Anglais, qui auraient voulu s'établir dans cette île, d'où ils auraient menacé Toulon.

1. *Archives du Ministère des affaires étrangères. Fonds Turquie, Mémoires et documents*, vol. VIII.

Le ministre de Louis XV avait préparé à son pays un retour de fortune. Louis XVI en montant sur le trône (1774) trouva un pays remis de ses défaites, des colonies et un commerce prospères, une marine assez forte pour lutter avec celle de l'Angleterre. Bientôt il lui fut donné d'atténuer par une guerre heureuse les tristes souvenirs laissés par son prédécesseur et, à la veille de la Révolution, de rendre quelque gloire à la monarchie qui tombait.

Lorsque les colonies anglaises d'Amérique se soulevèrent en 1775 contre la métropole, il se produisit en France, dans toutes les classes de la population, un mouvement de sympathie en faveur des « insurgents ». A la vérité ce furent plutôt les idées nouvelles qu'un désir de revanche qui obligèrent le cabinet de Versailles à intervenir en faveur des Américains (1778). La noblesse française s'embarquait pour « les croisades de la Liberté ». « Dès que je connus la querelle, écrit Lafayette, mon cœur fut enrôlé, et je ne songeai plus qu'à joindre mes drapeaux. »

L'occasion était favorable pour accabler l'Angleterre, reconquérir nos colonies perdues. Pour la première fois, en effet, la France, ayant à combattre sur mer, avait évité de s'engager en Europe, malgré les efforts tentés dans ce but par les ministres anglais. Mais la guerre d'Amérique est pour la France bien plus une « guerre de sentiment » qu'une « guerre d'affaires ». Deux fautes sont commises : d'une part, nous n'envoyons dans l'Inde que des forces insuffisantes (sous les ordres du bailli de Suffren) pour soutenir le sultan de Mysore dans sa lutte contre la Compagnie des Indes et nous manquons ainsi la conquête de la péninsule ; — de l'autre, nous abandonnons un projet de descente en Angleterre, qui, s'il eût réussi, aurait pu avoir des conséquences considérables. Toutefois, tandis qu'une armée envoyée en Amérique aide les États-Unis à conquérir leur indépendance, nos flottes battent les flottes anglaises, s'emparent de plusieurs des Antilles et du Sénégal. Les victoires navales de d'Estaing et de Lamotte-Piquet, de Suffren et de Grasse témoignent que la France peut, lorsqu'elle n'est pas engagée sur le continent, résister victorieusement sur les mers à sa rivale.

L'Angleterre vaincue dut engager des négociations qui aboutirent au traité de Versailles (1783). Elle reconnaissait l'indépendance des États-Unis et perdait ainsi la moitié de l'Amérique ; mais elle gardait l'Inde, que nous aurions pu lui arracher. La France avait beaucoup de gloire, mais peu de profit : elle ne recouvrait de toutes ses colonies perdues que Tabago et le Sénégal. L'Espagne, notre alliée, recevait Minorque et la Floride.

Le traité de Versailles est le dernier qui appartienne à la seconde période de notre histoire.

De 1688 à 1783, en moins d'un siècle, la France a fait six guerres, dont quatre particulièrement terribles et sanglantes. Elles ont duré ensemble quarante-trois ans. Sa dette, pour la plus grande partie contractée à la suite de ces guerres, s'élève à la somme considérable de 1 646 millions.

Quel est le résultat de ces grands efforts, de ces grands sacrifices ?

En Europe, la France n'a gagné, avec la Corse, qu'une province, la Lorraine, où d'ailleurs depuis Henri II elle possédait Metz, Toul et Verdun. Ses limites sont les mêmes qu'au lendemain de la paix de Nimègue ; le traité d'Utrecht lui a même coûté la restitution de quelques villes de Flandre, et de ce côté, bien que « la barrière de fer » élevée par Vauban puisse arrêter une armée d'invasion, les Autrichiens menacent toujours la capitale.

Pendant ce temps la Prusse a grandi en Allemagne, et, dans le nord, la Russie est sortie de son immobilité (règne de Pierre le Grand, partage de la Pologne).

Hors d'Europe, l'Empire colonial fondé par Richelieu et Colbert est perdu. La France a payé ses guerres impolitiques sur le continent avec ses colonies. La possession de Terre-Neuve, du Canada, de plusieurs des îles du golfe du Mexique et de l'Inde, fait de l'Angleterre, — même après la guerre d'Amérique, — la première puissance maritime et coloniale. Les Américains du Nord, pour s'être séparés d'elle, n'ont d'ailleurs point cessé d'être de son sang et de sa langue : ils entretiendront avec leur ancienne métropole un commerce considérable, source pour elle de grands profits.

III

Politique continentale et politique coloniale de 1792 à 1815.

Action de la France sur l'Europe. — Continuation de la seconde guerre de Cent Ans entre la France et l'Angleterre pendant la Révolution et l'Empire. — La situation continentale de la France expose la Révolution aux attaques de l'Europe. — Première coalition. — Traité de Bâle. — Traité de Paris. — Traité de Campo-Formio. — La France atteint la rive gauche du Rhin. — Expédition d'Égypte. — Seconde coalition. — Paix de Lunéville. — Traité d'Amiens. — Grande situation de la France en Europe. — Politique que Bonaparte veut suivre aux colonies. — Troisième coalition. — Traité de Presbourg. — Confédération du Rhin. — Quatrième coalition. — Blocus continental. — Traité de Tilsit. — Hégémonie de l'Empire français. — Guerre d'Espagne. — Cinquième coalition. — Traité de Vienne. — La lutte entre la France et l'Angleterre ne cesse point. — Expédition de Russie. — Revers. — Premier traité de Paris. — Waterloo. — Second traité de Paris. — La France perd les frontières acquises par la Révolution. — Nouvelle carte de l'Europe dressée au Congrès de Vienne. — Constitution de la « Confédération germanique » sur notre frontière de l'Est. — La France sort vaincue de la seconde guerre de Cent Ans, l'Angleterre victorieuse. — Situation comparative des colonies des deux pays.

Des quatre périodes de notre histoire, la troisième, avec laquelle nous entrons dans l'histoire contemporaine, est la plus courte. Elle dure vingt-trois ans. Mais jamais pays n'a autant agi sur l'Europe que la France de 1792 à 1815. Elle est presque exclusivement puissance continentale : « guerres de défense », « guerres contre les rois pour les peuples », « guerres d'ambition », puis bouleversement de l'ordre établi en Europe et propagation d'idées nouvelles d'où sortiront des révolutions, le principe des nationalités, la liberté politique.

En même temps se poursuit la seconde guerre de Cent Ans entre la France et l'Angleterre, aussi bien pendant les « guerres de défense » de la République que pendant les « guerres d'ambition » de l'Empire, qui conduisent nos soldats en Espagne et jusqu'en Russie. C'est l'Angleterre libérale qui dirige et soutient les puissances monarchiques du continent dans leurs attaques contre la France révolutionnaire, poursuivant un seul but, toujours le même : la ruine de notre marine et de nos colonies, l'établissement de son « empire »; c'est l'Angleterre qui organise de nouvelles coalitions contre Napoléon, moins peut-être pour défendre le « système d'équilibre » brisé par la France que pour combattre une ennemie, une rivale, qui menace son commerce, sa marine, ses colonies; c'est l'Angleterre, enfin, que Napoléon veut atteindre lorsqu'il fait les expéditions d'Espagne et de Russie.

En 1789 éclate la Révolution. En 1792 Louis XVI, gardé aux Tuileries comme un prisonnier depuis son arrestation à Varennes, est contraint de déclarer la guerre à l'Autriche qui menace la Révolution. Quelques semaines plus tard, la Prusse se joint à l'Autriche et le duc de Brunswick lance, en entrant en campagne, un manifeste où il déclare que l'empereur et le roi ne sont armés « que pour faire cesser l'anarchie dans l'intérieur de la France, arrêter les attaques portées au trône et à l'autel, rendre au roi sa liberté et le mettre en état d'exercer son autorité légitime ». A ce même moment les autres souverains se préparent à entrer dans la lutte.

Ainsi, l'Europe qui, un siècle et demi plus tôt, avait laissé s'accomplir la Révolution d'Angleterre, se levait contre la Révolution française et prétendait défendre contre elle le principe monarchique.

Certes, l'Europe de 1792 n'est plus l'Europe de 1649. D'une part, de nouveaux États se sont constitués, tels le royaume de Prusse, qui a grandi dans la guerre de Sept Ans ; la Russie, qui est entrée dans le mouvement européen; la Hollande, les royaumes de Portugal, de Naples et de Sardaigne; parmi les anciens États, les uns ont joui d'une longue paix et sont prêts à la guerre, comme l'Autriche, qui, au contraire, venait en 1648 de subir le traité de Westphalie ; les autres, n'étant engagés dans aucune lutte, sont libres de tout entreprendre : ainsi l'Espagne, qui en 1649 soutenait une longue guerre contre la France; enfin, une des premières puissances de l'Europe, l'Angleterre, qui poursuit la ruine de la France en tant que puissance maritime et coloniale, sera constamment préoccupée de nouer et d'entretenir des coalitions contre son ennemie. Cette situation est bien différente de celle observée en 1649, où ni la France ni aucune autre nation ne songea à nouer une coalition européenne dirigée contre le gouvernement de Cromwell. A ces observations sur l'état de l'Europe il convient d'ajouter une importante remarque, à savoir que la Révolution française se présente avec un caractère que n'a jamais eu la Révolution d'Angleterre : elle menace les trônes, elle offre « secours et fraternité à tous les peuples qui voudraient recouvrer leur liberté », — elle est une provocation.

N'est-il pas cependant permis de penser que, malgré ces différences entre 1649 et 1789, la situation géographique de la France, puissance continentale, doit être mise au nombre des raisons qui ont amené la coalition de l'Europe contre la Révolution? que cette situation explique, dans une certaine part, l'intervention des puissances européennes en faveur de la dynastie des Bourbons, alors qu'aucune puissance continentale n'avait songé à passer la mer pour intervenir en faveur de la dynastie des Stuarts? L'intervention de Louis XIV en 1668 en faveur de Jacques II détrôné ne peut être invoquée à l'encontre de cette opinion. Il convient, en effet, de remarquer que, si Louis XIV envoie une expédition contre l'Irlande, c'est cependant bien plus en Belgique, en Hollande et en Allemagne que dans la « verte Erin » qu'il tente de ravir à Guillaume III la couronne que celui-ci a « usurpée ». L'échec de l'expédition d'Irlande est d'ailleurs une preuve, — et elle a été renouvelée, — que la Grande-Bretagne est rendue inattaquable par sa situation insulaire.

Fait bien digne de remarque, c'est l'Angleterre, puissance libérale, l'Angleterre, pays où est tombée la tête de Charles Ier, l'Angleterre dont le peuple a applaudi à la prise de la Bastille, qui au lendemain de la mort de Louis XVI arme l'Espagne (rompant l'alliance française), le Portugal, la Hollande, le roi de Sardaigne, le roi de Naples, les princes allemands contre la France révolutionnaire (première coalition, 1793-1797). Pitt ne déclare pas la guerre, mais a l'habileté de se la faire déclarer[1].

L'Autriche et la Prusse étaient intervenues en faveur de Louis XVI pour défendre le principe monarchique; l'Angleterre, dirigée par William Pitt, se joignit à elles dans un esprit différent, car elle poursuivait moins le but de vaincre la Révolution que celui de se venger de la guerre d'Amérique et d'enlever à la France ses dernières colonies.

La Révolution fit face à toutes les attaques, à tous les dangers, sur ses frontières comme à l'intérieur, où elle devait soutenir la guerre de Vendée.

Dès le lendemain de la déclaration de guerre, en 1792, Dumouriez

1. Au moment où commence entre la France et l'Angleterre une longue et terrible guerre qui ne prendra fin qu'en 1815, il n'est pas sans intérêt de noter que nos colonies étaient alors dans une situation florissante, la plupart en voie de développement.

Les données suivantes sont empruntées aux *Notices statistiques* déjà citées (4 vol., Imprimerie royale, 1837, 1838, 1839, 1840).

Martinique : population 10 000 blancs, 5 200 affranchis, 83 000 esclaves ; — commerce total en 1790, 44 millions de livres, dont 31 465 000 livres à l'exportation en France et 12 536 000 livres à l'importation dans la colonie.

Guadeloupe : population 13 000 blancs, 3000 affranchis, 90 000 esclaves ; — commerce total en 1790, 31 865 000 francs, dont 20 667 000 francs à l'exportation et 11 198 000 francs à l'importation.

Bourbon : population 10 000 blancs, 1200 affranchis, 50 000 esclaves ; — production en 1789, 40 000 balles de café, soit 4 millions de livres, 100 000 livres de coton.

Guyane : population 2000 blancs, 12 000 esclaves ; — commerce total en 1790, 1 202 000 francs, dont seulement 531 000 francs d'exportation. — L'état de la Guyane a toujours été misérable.

Sénégal : en 1789, exportation du Sénégal en France 2 697 000 livres, importations de la France sur toute la côte d'Afrique 20 988 000 livres. — L'énorme différence entre la valeur des importations de la France et la valeur des retours du Sénégal s'explique par les achats de noirs qui se faisaient alors à la côte d'Afrique et par le transport direct de ces noirs dans les colonies d'Amérique, où leur prix était soldé en denrées coloniales et revenait ainsi par voie indirecte en France.

Saint-Pierre et Miquelon : de 1785 à 1792 les produits de la pêche faite sur les côtes et sur le grand banc de Terre-Neuve par les navires expédiés directement de France atteignirent dans les bonnes années 40 000 quintaux de morue, évalués à 13 millions de francs, y compris les huiles et autres produits secondaires de la pêche. Le nombre des navires occupés à cette pêche s'élevait à environ 400, montés par 10 000 matelots et pêcheurs.

Les *Notices* ne fournissent aucun renseignement sur Sainte-Lucie, Tabago, Saint-Domingue, l'île de France et les comptoirs de l'Inde.

avait vaincu les Prussiens à Valmy, les Autrichiens à Jemmapes. A la fin de la campagne de 1794, « campagne sans exemple dans les annales du monde », nos armées, commandées par Pichegru, Jourdan, Dugommier, Moncey, avaient conquis la Belgique (victoire de Fleurus), la Hollande, la rive gauche du Rhin, la Savoie, une partie du Piémont, de la Catalogne et de la Navarre. En même temps Hoche pacifiait la Vendée. Ces succès étaient, à la vérité, compensés par des revers en Asie, en Amérique et sur l'Océan. Nos armées étant occupées en Europe, nous ne pouvions défendre nos colonies. Cependant combien d'actions d'éclat, combien de résistances glorieuses! De 1793 à 1794, nos corsaires, au premier rang desquels est Surcouf, ne capturent pas moins de 788 navires au commerce britannique, alors que les flottes anglaises, quatre ou cinq fois plus fortes par le nombre des navires, des équipages et des canons, n'effectuent, dans la même période, que 151 prises; les Antilles, Maurice, la Réunion, les établissements de Madagascar, les comptoirs de l'Inde se défendent contre des forces bien supérieures. Les Anglais, cependant, s'emparent des comptoirs de l'Inde, de Saint-Louis, du Sénégal, de la Guadeloupe, de plusieurs autres îles des Antilles. Saint-Domingue leur échappe, mais la brusque abolition de l'esclavage va malheureusement y déchaîner une épouvantable guerre civile entre les noirs et les blancs. Enfin, et c'est peut-être le coup le plus sensible qui nous soit porté par nos ennemis, l'amiral Howe gagne sur Villaret-Joyeuse, dans les eaux de Brest, la plus terrible bataille navale qui eût encore été livrée.

Les succès de nos armées sur toutes les frontières ne tardèrent pas à obliger la Hollande, la Prusse, l'Espagne, le roi de Sardaigne à déposer les armes (paix de Bâle, 1795; de Paris, 1796). Le Portugal, le roi de Naples, les princes allemands suivirent cet exemple. Mais l'Angleterre, « qui, suivant une parole de Pitt, avait pris des vaisseaux et des colonies qui lui assuraient à jamais l'empire des mers », voulait nous chasser de la Belgique. Elle augmenta ses armées et fit passer des subsides à l'Autriche. La guerre continua donc, en Vendée avec le secours des Anglais et des émigrés, sur le Rhin, sur le Danube, en Italie. Les victoires de Bonaparte dans la péninsule, à

Castiglione, Arcole, Rivoli, sa marche sur Vienne, décidèrent l'Autriche à demander la paix. Elle fut signée à Campo-Formio (1797).

La Hollande et la Prusse avaient cédé à la France, par le traité de Bâle, la première, la Flandre septentrionale; la seconde, ses possessions de la rive gauche du Rhin; le roi de Sardaigne avait renoncé, par le traité de Paris, à la possession de la Savoie et du comté de Nice. L'Autriche, contrainte à son tour à signer la paix, nous abandonnait, à Campo-Formio, les Pays-Bas autrichiens et les possessions de l'Empire sur la rive gauche du Rhin. Ainsi ce traité, complétant les deux précédents, donnait à la France ses limites naturelles, les frontières que la Gaule avait perdues en 843 au traité de Verdun lors du partage de l'Empire de Charlemagne entre les fils de Louis le Débonnaire, le Rhin et les Alpes. La rive gauche du grand fleuve, tant désirée par Richelieu, et que Louis XIV victorieux n'avait pu atteindre que sur une partie de son cours, en Alsace, devenait française depuis Bâle jusqu'à la mer. Les Pays-Bas étaient heureux de secouer la domination autrichienne pour entrer dans l'unité française; les provinces rhénanes, qui, depuis le traité de Westphalie, vivaient sous des princes alliés et pensionnés de nos rois, qui s'appelaient eux-mêmes « les Allemands de France », acceptaient notre domination : elles n'avaient d'ailleurs, comme les peuples de la Belgique, ni traditions, ni gouvernement national; la Savoie, enfin, française de langue, était déjà réunie à la République et formée en départements depuis près de quatre ans. Jamais la France n'avait eu une position si grande et si nette : ses limites naturelles étaient elles-mêmes couvertes par la neutralité de la Suisse et la fondation, en Italie, de la République Cisalpine, formée en grande partie de provinces enlevées à l'Autriche (celle-ci avait reçu en compensation la Vénétie, jusque-là indépendante).

Au lendemain du traité de Campo-Formio toute l'Europe a désarmé et reconnu la Révolution. Seul le cabinet de Londres a refusé la paix. L'Angleterre, inattaquable au milieu des flots, qui a vu échouer une expédition entreprise pour seconder les Irlandais soulevés contre sa domination (1796), cherche encore des alliés sur le continent.

LE VENGEUR.

Alors Bonaparte persuade le Directoire que le meilleur moyen d'atteindre notre irréconciliable ennemie est d'occuper l'Égypte, et, par l'Égypte, de secourir Tippo Saïb, sultan de Mysore, dans sa lutte contre le gouvernement de Calcutta. Malte est emportée, l'Égypte con-

LA FRANCE APRÈS LE TRAITÉ DE CAMPO-FORMIO.

quise aux Pyramides (1798), par une armée que son général appelait « une des ailes de l'armée d'Angleterre ». Mais notre flotte est ruinée par Nelson auprès d'Aboukir (1798), Tippo meurt délaissé, Bonaparte échoue en Syrie, tandis que la Russie, Naples et l'Autriche, répondant aux sollicitations de Pitt, forment une seconde coalition

(1798-1801). — C'est alors des deux côtés un suprême effort : la ligne de défense de la France s'étend du Zuyderzée au golfe de Gênes. Les victoires de Masséna à Zurich, du premier consul à Marengo, de Moreau à Hohenlinden, nous assurent la paix de Lunéville, établie sur les bases du traité de Campio-Formio (1801).

L'Angleterre, qui n'avait pas signé le premier de ces traités, ne voulut pas non plus signer le second. Elle ne céda que l'année suivante, devant les apprêts du camp de Boulogne et la menace d'une invasion. Le traité d'Amiens fut pour elle une cruelle humiliation (1802). Elle avait contraint l'armée française à évacuer l'Égypte (capitulation du Caire et d'Alexandrie) qui était rendue aux Turcs, elle nous avait enlevé Malte qu'elle promettait de remettre aux Chevaliers, elle conservait la Trinité et Ceylan enlevées à l'Espagne et à la Hollande nos alliées. Malgré ces demi-succès ou ces acquisitions, l'Angleterre, ses ministres le reconnaissaient eux-mêmes, était vaincue.

Après une lutte de dix années, elle rendait à la France ses colonies et laissait la République maîtresse de la Belgique, des provinces du Rhin, protectrice de l'Italie du Nord (Bonaparte venait d'accepter la présidence de la République Cisalpine), ayant sous son patronage la Hollande, l'Allemagne, la Suisse, l'Espagne.

La Révolution sortait ainsi triomphante des « guerres de défense » qu'elle avait dû soutenir contre toute l'Europe; elle avait vaincu les monarchies, gagné les frontières géographiques de notre pays, étendu son influence sur les nations voisines. Ses conquêtes n'étaient point l'effet d'un hasard heureux, d'une surprise; aussi témoignaient-elles de la puissance d'action de notre pays en tant que nation continentale. Il avait atteint ses limites naturelles, il était certainement assez fort pour les défendre et il les aurait défendues, même contre les coalitions les plus redoutables, si le signataire du traité de Campo-Formio, parvenu à l'Empire, ne s'était jeté à la poursuite de rêves trop ambitieux.

Le projet sur « l'intérêt de la France » que Vauban avait écrit dans une heure de méditation, près d'un siècle auparavant, se trouvait réalisé. Les termes en sont si justes, les vues si exactes, qu'il est intéressant de le citer ici ; — c'est l'approbation des traités de Campo-Formio, de Lunéville, d'Amiens, — c'est la critique de la politique impériale. « Toutes les ambitions de la France, disait Vauban, doivent se renfermer entre les sommets des Alpes et des Pyrénées, des Suisses et des deux mers : c'est là où elle doit se proposer d'établir ses bornes par des voies légitimes selon le temps et les occasions; et par conséquent *Genève* et la *Savoie* et le comté de *Nice* sont de sa convenance, de même que la *Lorraine*, le *Duché des Deux-Ponts*, la principauté de *Montbéliard*, le *Palatinat*, l'archevêché de *Trèves*, celui de *Mayence et de Cologne en deçà du Rhin*, les duchés de *Clèves* et de *Juliers*, le pays de *Liège* et le reste des *Pays-Bas* catholiques, y compris la *Flandre* et le *Brabant hollandais*. Voilà à quoi doit se terminer toute l'ambition de la France, et quand le surplus de la chrétienté devrait se donner à elle, comme il lui serait plus à charge qu'autrement, elle ne le doit jamais accepter si elle aime son repos et sûreté, car il ne lui convient pas de posséder un pouce de terre en Italie ni au delà du Rhin, ni des Pyrénées »[1].

Au lendemain du traité d'Amiens le premier consul voulut poursuivre dans la paix la grande œuvre accomplie par la guerre. Il ne suffisait point que la France dominât en Europe; il fallait encore qu'elle reprît sur mer et aux colonies la situation qu'elle avait perdue : les échanges de Marseille avec le Levant avaient diminué, ceux des nations rivales progressé : le colonel Sébastiani fut envoyé en Égypte, en Syrie, dans les îles Ioniennes pour étudier l'état de notre commerce, renouer les relations rompues ; — les deys d'Alger inquiétaient notre établissement du Bastion de France : ils furent rappelés au respect de notre pavillon ; — le traité de Paris nous avait fait perdre tous les territoires que nous possédions dans l'Amérique du Nord : des négociations furent engagées avec l'Espagne, qui nous rendit la Louisiane; — nos possessions de l'Inde étaient ruinées : le général Decaen, qui croyait possible d'arracher l'Inde aux Anglais, fut envoyé à Pondichéry ; — la guerre civile continuait à Saint-Domingue : des troupes y furent débarquées pour rétablir l'ordre. Déjà notre commerce

---

1. *Revue de Géographie*, septembre 1891. Delagrave, éditeur. Paris.

renaissait, 1 500 vaisseaux battant notre pavillon couvraient les mers, Anvers, place commerciale de premier ordre, était port français, une flotte nouvelle se construisait.

Mais l'Angleterre ne pouvait assister à un semblable relèvement, ni consentir à l'affermissement de la situation prépondérante prise par notre pays en Europe. Elle refusa de rendre Malte aux Chevaliers, ainsi qu'elle s'y était engagée par le traité d'Amiens, confisqua dans ses ports et sur les mers 1 200 navires français ou bataves, envoya des renforts aux insurgés de Saint-Domingue (1803).

C'était la guerre ; Napoléon, — car Bonaparte venait d'être proclamé empereur, — dut l'accepter. Aussitôt on prépare dans les ports de la Manche l'invasion de l'Angleterre. Mais les flottes britanniques tiennent en échec les flottes françaises, tandis que Pitt noue une troisième coalition avec l'Autriche, la Russie, la Prusse (1805). Napoléon, obligé d'abandonner le camp de Boulogne pour défendre le Rhin, franchit le fleuve, traverse l'Allemagne, entre victorieux dans Vienne et, après Austerlitz, impose aux alliés le traité de Presbourg. Toutefois les nouvelles acquisitions de l'Empire en Europe, l'Istrie, la Dalmatie, d'ailleurs beaucoup plus dangereuses qu'utiles, — ce sont, ainsi qu'on les a nommées, des « excroissances malsaines », — ne compensent pas la ruine de notre marine à Trafalgar. La France reste, après cette écrasante défaite navale, sans moyens d'action contre l'Angleterre, qui, désormais unique maîtresse de l'Océan, n'a plus à craindre ni coalition maritime, ni invasion. Nous subissons, outre cet échec, deux diminutions considérables : en Amérique, Saint-Domingue demeure aux insurgés, qui font la république d'Haïti ; la Louisiane, que Napoléon juge ne pouvoir défendre, est vendue aux États-Unis.

Au lendemain de la paix de Presbourg, Napoléon, devinant la persistance de l'hostilité des vaincus, jugea que rien n'était plus nécessaire que de couvrir la France du côté du Rhin : là était toujours, malgré les acquisitions territoriales de la République, le point faible de notre frontière. En 1658, Mazarin, alors que la France n'atteignait la rive gauche du fleuve qu'en Alsace, avait voulu compléter le traité de Westphalie en formant une Ligue entre plusieurs des princes

NAPOLÉON 1er.

dont les possessions étaient situées sur les deux rives du Rhin. En 1806, Napoléon, maître de toute la rive gauche, reprenant la pensée du ministre de Louis XIV, éleva sur la rive droite « une barrière » d'États qui devait protéger la France contre les attaques de la Prusse, de l'Autriche et de la Russie. La « Confédération du Rhin » fut créée avec les rois de Bavière, de Wurtemberg, l'électeur de Ratisbonne, le grand-duc de Bade et douze princes qui se déclarèrent indépendants de toute puissance étrangère et se séparèrent de l'Empire germanique. L'empereur des Français fut choisi comme protecteur de la Confédération ; un traité d'alliance stipula que toute guerre serait commune à la France et à la Confédération. La politique de Napoléon rappelait ici celle des Romains, qui, à la fin du 1er siècle, passèrent sur la rive droite du Rhin et construisirent un retranchement continu depuis Coblentz jusqu'à l'embouchure de l'Altmühl dans la région du Danube pour mieux se préserver de l'invasion des Germains. — François II ne put répondre à la constitution de la Confédération du Rhin qu'en renonçant à son titre d'Empereur d'Allemagne ; il y substitua celui d'empereur d'Autriche.

Dans le même temps où se signe le traité de la Confédération du Rhin, Napoléon, las de la guerre, engage des négociations pour la conclusion de la paix avec l'Angleterre. Malheureusement, les disciples de Pitt revenant au pouvoir (Pitt vient de mourir), les propositions de l'Empereur sont repoussées.

Il faut donc que la lutte continue, — et l'on peut dès maintenant prévoir qu'elle ne cessera que par la ruine d'un des deux adversaires. On a dit avec raison que chacune des campagnes de Napoléon n'est pas une action distincte et séparée après laquelle il eût pu poser les bornes de sa domination et fermer l'ère sanglante ; ce sont les parties indissolublement unies d'un seul tout, d'une guerre unique.

La Prusse, qui veut opposer à la « Confédération du Rhin » une « Confédération des États du Nord », est prête à la guerre ; l'Angleterre lui fait passer des subsides ; en même temps elle entraîne de nouveau la Russie. C'est une quatrième coalition (1806-1807). Napoléon triomphe une fois encore des alliés de l'Angleterre à Iéna, Eylau et Friedland. Mais que ne ferait-il pas pour atteindre son insaisissable ennemie elle-même? Après Iéna, il déclare les Iles-Britanniques en état de blocus : c'est le Blocus continental; après Friedland, il cherche dans Alexandre, son ennemi de la veille, un allié contre l'Angleterre : c'est le traité de Tilsit.

La paix de Tilsit, où la monarchie prussienne a été démembrée, laisse Napoléon ébloui de la gloire de ses armes; son ambition, augmentant avec ses succès, va l'entraîner désormais sur une pente où il ne pourra s'arrêter. L'équilibre de l'Europe est rompu : l'Empire français est couvert du côté de l'est par la Confédération du Rhin, — Confédération à laquelle adhèrent successivement presque tous les États de l'Allemagne, — et les peuples qui nous entourent ont été partagés, distribués comme butin, à des souverains étrangers : Louis est roi de Hollande, Joseph de Naples (la Hollande et Naples, grands postes maritimes contre l'Angleterre), Jérôme de Westphalie. Il y a plus encore : la Prusse et l'Autriche sont diminuées et humiliées; la Grande-Bretagne menacée de ruine si le Blocus continental est exécuté pendant quelques mois. Ainsi, devant la France toute-puissante, la Russie demeure seule en Europe : le tsar, dont l'empereur a voulu gagner l'amitié à Tilsit est libre, sous la condition de fermer ses ports à l'Angleterre, de poursuivre ses ambitions contre la Pologne, contre la Suède, contre la Turquie elle-même, notre alliée, notre « protégée » séculaire.

Le système de Napoléon consistant à former autour de son empire une ceinture d'États placés sous l'influence des idées françaises était plus que grandiose; il était aussi impolitique que barbare : les États et les nations furent déchirés, cousus et recousus par morceaux au gré du maître; la France continentale fut jetée hors de ses limites naturelles, et, ces limites franchies, quelles barrières pouvaient arrêter l'ambition de l'Empereur? quelles aventures n'étaient pas à craindre?

C'est ainsi, précisément, qu'au lendemain de Tilsit Napoléon juge que la France n'aura pas ses derrières assurés lorsqu'elle se portera en Allemagne tant que l'Espagne ne sera pas entrée dans son système fédératif d'États. Alors il intervient dans les affaires de la Péninsule, envahit le Portugal et l'Espagne : la famille de Bragance fuit au

Brésil, les Bourbons abdiquent en faveur des Bonapartes, Joseph est couronné à Madrid, tandis que Murat le remplace à Naples (1808). C'est la politique de Louis XIV poursuivie avec violence.

La guerre d'Espagne, « qui a été une véritable plaie et la cause première des malheurs de la France, qui perdit Napoléon » (Las Cases), doit être considérée assurément comme une « guerre d'ambition ». On a observé cependant qu'elle fut entreprise en partie dans un sentiment de « défense » contre l'Angleterre : le Portugal était dans l'alliance de cette puissance; l'Espagne et le Portugal possédaient des flottes et des colonies dont on pouvait se servir contre la Grande-Bretagne; enfin il fallait, pour ruiner cette ennemie que nous ne pouvions atteindre, fermer à ses produits les marchés de la Péninsule. Mais ce sentiment de « défense » n'était-il pas mal placé, égaré? La guerre d'Espagne, en effet, entrava l'effort suprême qui, soit par une descente en Angleterre, soit par une expédition aux Indes, aurait dompté l'orgueil britannique et rendu la paix aux deux mondes.

Les Espagnols et les Portugais se soulevèrent contre les envahisseurs, l'Angleterre leur fit passer de l'argent, des armes, des secours, puis leur donna une alliée en décidant l'Autriche à reprendre la lutte (cinquième coalition, 1809) Napoléon, vainqueur à Wagram, imposa la paix à François II. Le traité de Vienne porta la frontière de l'Empire français à 50 lieues de la capitale de l'Autriche!

Ainsi Napoléon était condamné à « conquérir pour conserver ». Les perpétuelles attaques de l'Europe coalisée contre la Révolution et l'Empire, puis l'ambition de l'Empereur, nous avaient conduits à dépasser les limites naturelles de notre pays conquises depuis 1797 La France s'étendait en Italie jusqu'au Garigliano, en Allemagne jusqu'aux bouches de l'Elbe, en Illyrie jusqu'à la Save et aux bouches de Cattaro; elle comprenait 130 départements, sans compter les 24 de la vice-royauté d'Italie (sous le prince Eugène); elle avait en outre pour vassaux ou pour alliés les royaumes de Naples, d'Espagne, de Westphalie, de Bavière, de Saxe (le royaume de Hollande avait été réuni à l'Empire). Toutes les fautes qu'il est possible à une nation continentale de commettre, la France les avait commises. Les provinces conquises ne veulent pas être françaises, les guerres de la

Prusse et de l'Autriche deviennent, comme la résistance de l'Espagne, des « guerres d'indépendance » !

Victorieux sur le continent, Napoléon ne cesse pas d'être vaincu sur les mers. Il ne peut atteindre que dans ses alliés son irréconciliable ennemie. L'Angleterre elle-même demeure insaisissable; nos flottes n'ont d'ailleurs jamais été reconstituées depuis le désastre de Trafalgar; les escadres britanniques s'emparent de la Martinique, de la Guadeloupe, de la Guyane, du Sénégal, de Saint-Pierre-Miquelon, de la Réunion, de Maurice, brûlent nos vaisseaux sur les côtes de France, tentent même de surprendre Anvers.

Cependant, malgré ses succès, la Grande-Bretagne est épuisée : elle soutient depuis dix-sept ans une guerre formidable, entretenant sur ses flottes plus de 100 000 matelots, fournissant à ses alliés du continent des subsides et des troupes; nos corsaires qui poursuivent ses navires sur toutes les mers ont infligé de grandes pertes à son commerce; le Blocus continental réduit ses habitants à la misère, le peuple demande la paix. Mais l'aristocratie anglaise ne saurait consentir à reconnaître les conquêtes de la Révolution et de l'Empire : la France possède les bouches de l'Escaut, du Rhin et de l'Elbe, Anvers, qui avec son arsenal « est un pistolet chargé au sein de l'Angleterre », Gênes, la Spezzia, où de grands travaux sont entrepris pour créer un port militaire; enfin, elle pourrait, à la faveur de la paix, trouver dans la possession des colonies espagnoles et hollandaises un Empire colonial qui remplacerait celui qu'elle a perdu au traité de Paris. Dans le but de prévenir la consolidation d'une semblable puissance, le cabinet de Londres tente un suprême effort et parvient à détacher le tsar de l'alliance française. Napoléon prépare alors une entreprise qui « fera pâlir celle d'Égypte » : la Russie vaincue, son système européen sera définitivement fondé, l'Angleterre certainement brisée; s'il le veut, il pourra atteindre les Indes par la voie de terre.... Mais le Dieu des batailles doit être désormais contraire aux aigles impériales : 1812, entrée de la Grande Armée dans Moscou, retraite de Russie; — 1813, coalition formidable, préparée par l'Angleterre, où la Prusse, l'Autriche, la Suède, une partie des États de l'Allemagne se joignent à la Russie, —

désastre de Leipzig, que les Allemands ont appelé la « victoire des nations »; — 1814, attaque de toutes nos frontières, campagne de France, capitulation de Paris, abdication de Napoléon, restauration des Bourbons (Louis XVIII), premier traité de Paris.

EMPIRE FRANÇAIS EN 1810.

La France, par ce traité, est ramenée à ses limites de 1792 avec quelques annexes : elle abandonne Nice, la Savoie, moins Chambéry et Annecy, les provinces Rhénanes, la Belgique, — ses « limites naturelles » acquises au traité de Campo-Formio et payées de trois siècles de guerre. Sur les mers il ne suffit pas à notre ennemi que notre marine soit ruinée; l'Angleterre veut conserver, parmi nos colonies, Tabago, Sainte-Lucie, l'île de France et ses dépendances, parachevant ainsi l'œuvre de destruction de notre « Empire colonial » accomplie par les traités de 1713 et de 1763 (30 mai 1814).

Les souverains alliés sont encore réunis à Vienne, où ils se partagent les dépouilles enlevées à la France, lorsque Napoléon débarque au golfe Juan. A cette nouvelle ils lancent un million d'hommes sur notre pays. L'empereur prend aussitôt l'offensive, mais il est vaincu et la grande aventure des Cent Jours finit à Waterloo (1815; — abdication, seconde restauration).

Le second traité de Paris (20 novembre 1815), « monument de haine et d'effroi » élevé par les vainqueurs, aggrava les stipulations du premier. La France, qui venait de perdre ses limites naturelles, dut consentir à l'ouverture de cinq brèches dans la frontière stratégique construite par Vauban : Philippeville, Marienbourg, Sarrelouis et Landau, conquêtes de Louis XIV, lui furent enlevées, les fortifications d'Huningue démolies. Notre pays s'engageait, en outre, à rendre Chambéry et Annecy, à payer une contribution de guerre de 700 millions, à subir pendant cinq ans l'occupation des armées alliées.

Des conventions spéciales, signées entre les puissances alliées, complètent le traité de Paris[1] et confirment les stipulations du Congrès de Vienne. L'Acte final de ce Congrès, signé pendant les Cent Jours (9 juin 1815), a dressé une nouvelle carte d'Europe sur les débris semés par la chute de l'Empire français : la Hollande et la Belgique, que nous possédions depuis près de vingt ans, sont réunies et constituent le royaume des Pays-Bas ; pour rendre possible cette combinaison, l'Autriche renonce à la possession de la Belgique, qui l'a mise pendant un siècle en guerre avec la France ; — l'Allemagne n'a plus d'empereur : elle forme sous la présidence de l'Autriche une « Confédération germanique », composée de 39 États souverains ; — la Prusse, considérablement agrandie dans l'Allemagne orientale, obtient, en outre, plusieurs États sur les deux rives du Rhin ; —

---

1. C'est l'ensemble formé par le traité et ces conventions que l'on appelle ordinairement « les traités de 1815 ».

Deux mois après la signature du second traité de Paris, François, Frédéric-Guillaume et Alexandre avaient conclu dans cette ville, « au nom de la Très-Sainte et indivisible Trinité », le fameux traité dit de « la Sainte-Alliance » (26 septembre).

l'Autriche redevient maîtresse de la Lombardie et de la Vénétie dans l'Italie du Nord ; le reste de la Péninsule est divisé entre des États souverains : royaume de Sardaigne (Sardaigne, Savoie, Nice. Piémont, Gênes), États Pontificaux, royaume de Naples et plusieurs principautés ; — la Confédération Helvétique, — qui, rompant sa vieille alliance avec la France, a ouvert aux alliés en 1814 et 1815 la trouée de Belfort et la route de Genève, — est déclarée neutre ; elle compte dix-neuf cantons.

Les « guerres d'ambition » de Napoléon, la grandeur « contre nature » qu'il a voulu donner à son Empire sont ainsi chèrement payées. Les traités de 1815 laissent notre pays épuisé, plus diminué, plus humilié que ne l'avait fait le honteux traité de 1763. En 1763 la France avait perdu l'empire colonial fondé par Richelieu et Colbert, mais elle avait arrêté l'invasion et conservé ses frontières ; en 1815, après les deux invasions de 1814 et de 1815, elle perdait sur le continent, outre les conquêtes de la Révolution, quatre places fortes acquises par l'ancienne monarchie, et elle ne conservait sur les mers, où sa marine était détruite, que les quelques possessions que l'Angleterre consentait à lui rendre. C'étaient Saint-Pierre et Miquelon, la Guadeloupe, la Martinique, la Guyane, le Sénégal, la Réunion (avec nos droits sur Madagascar) et les cinq comptoirs de l'Inde.

La diminution de la France était encore rendue plus sensible par l'augmentation de puissance dont bénéficiaient les alliés, par le nouvel état de choses qui se créait en Europe.

L'Angleterre était, de toutes les nations, celle qui gagnait le plus à la conclusion des actes diplomatiques de 1814 et de 1815. En Europe, c'était à elle que revenait l'honneur d'avoir ruiné, avec l'Empire, la « suprématie » de la France. Hors d'Europe, son empire colonial, fondé sur les acquisitions des traités d'Utrecht et de Paris, s'augmentait des îles et des territoires enlevés à la France et à la Hollande (province française pendant les guerres de Napoléon) ; ses victoires navales, en même temps que la ruine des flottes française, hollandaise et espagnole, lui assuraient, sans conteste, le premier rang parmi les nations maritimes ; la possession de Malte (conservée depuis 1800, acquise au traité de 1814), au centre de la Méditerranée où elle tenait déjà Gibraltar, lui donnait dans cette mer européenne, dont les flots ne battaient point ses rivages, une situation privilégiée. A la même époque, les succès de la Compagnie des Indes dans la péninsule Asiatique, le développement des premiers établissements anglais en Australie, laissaient clairement entrevoir les grandes destinées qui étaient réservées sur les mers à la nation britannique.

Les événements devaient d'ailleurs continuer à servir l'Angleterre dans la paix, comme ils l'avaient servie dans la guerre : bientôt allaient éclater les révolutions d'Amérique, qui, en diminuant les empires d'outre-mer de l'Espagne et du Portugal[1], au lendemain de l'amoindrissement ou de la ruine de ceux de la Hollande et de la France, feront de la Grande-Bretagne la première puissance coloniale du monde, fonderont définitivement « la plus Grande-Bretagne » (*Greater Britain*). C'est ainsi qu'il était réservé à une puissance tard-venue dans le mouvement d'expansion de l'Europe par delà les mers de prendre l'avantage sur ses rivales et de laisser bien loin derrière elle des nations entrées les premières dans la carrière de la colonisation et longtemps maîtresses de continents entiers.

Mais ce n'est pas assez dire encore, car il est une constatation curieuse à mettre en lumière : tandis que les empires coloniaux fondés au xvie et au xviie siècle par le Portugal, l'Espagne, la Hollande, la France sont faits de terres découvertes, explorées, directement conquises sur les indigènes, l'empire colonial de l'Angleterre, créé au xviiie et dans les premières années du xixe siècle, est constitué, pour la plus grande partie, de possessions enlevées à des nations européennes, arrachées par les armes.

On en jugera d'ailleurs par l'énumération des colonies qui constituent en 1814-1815 l'Empire Britannique.

---

1. Déclaration d'indépendance de la colonie portugaise du Brésil (1821) ; — Insurrections victorieuses des colonies espagnoles de la Plata (1814), du Chili (1818), du Mexique (1822), de l'Amérique méridionale, de l'Amérique centrale (1823-1825) et du Pérou (1826).

EMPIRE COLONIAL ANGLAIS ET FRANÇAIS EN 1815.

Colonies enlevées à la France :

Territoires de la baie d'Hudson, — Terre-Neuve, — Acadie. — Saint-Christophe (1713).

Canada, — Saint-Vincent, — la Dominique, — Tabago, — la Grenade, — l'Inde (1763).

Sainte-Lucie, — Tabago (qui nous avait été rendue en 1783), — l'île de France et ses dépendances (1814).

Colonies enlevées à l'Espagne :

La Jamaïque (1655), — Gibraltar (1713), — Honduras (1783). — la Trinité (1802).

Colonies enlevées à la Hollande :

Ceylan (1796), — le Cap et une partie de la Guyane (1814).

Autres colonies possédées par la Grande-Bretagne en 1815 : les îles de la Manche, — Helgoland (qui sera cédée à l'Allemagne en 1890), — Malte, — les Bermudes, — les îles Sous le Vent, — les îles Bahama, — la Gambie, — Sierra Leone, — la Côte de l'Or, — Sainte-Hélène, — l'Ascension, — l'Australie (le premier établissement date de 1788), — la Tasmanie, — enfin, les îles Ioniennes, qui seront cédées au royaume de Grèce en 1863.

Les traités de 1815, nous venons de le dire, en même temps qu'ils profitaient surtout à l'Angleterre, dressaient une nouvelle carte de l'Europe.

Le royaume des Pays-Bas réunissait sous une même autorité, sans aucun souci des vœux des peuples, les populations belges et hollandaises. C'était la réalisation d'une combinaison chère à la diplomatie anglaise : le nouveau royaume opposait, en effet, une barrière à la France au nord et la tenait éloignée des bouches de l'Escaut.

L'Allemagne avait été bouleversée par Napoléon : chaque année des remaniements territoriaux avaient détruit plus profondément l'ancienne organisation du Saint-Empire. L'Acte de Vienne ne tenta pas de le reconstituer avec ses mille principautés, et la « Confédération germanique », qui fut son œuvre, ne se composa que de 39 États souverains. Cette « Confédération » était un progrès incontestable dans le sens de l'essai d'un gouvernement commun : une

Diète fédérale, placée sous la présidence de l'Autriche et la vice-présidence de la Prusse, se trouvait investie de la gestion de toutes les affaires tant intérieures qu'extérieures. L'Allemagne ne perdait pas cependant le caractère que lui avait imposé le traité de Westphalie : elle restait le pays le plus morcelé du continent, doté d'une constitution imparfaite ; en outre, deux des principaux États, l'Autriche et la Prusse, se disputaient le premier rang dans la Confédération. Toutefois la France ne pouvait plus tirer avantage comme jadis de ce manque d'unité ni de ces rivalités : il était désormais formellement défendu aux États de s'engager dans des alliances étrangères, et d'ailleurs les guerres et le système oppressif de Napoléon avaient éveillé l'âme du peuple allemand, achevant ainsi l'œuvre commencée par les philosophes et par Frédéric II. L'Allemagne entière était désormais notre ennemie. Les temps étaient loin où l'on pouvait songer à Paris à couvrir notre frontière de l'est en formant une « Ligue du Rhin » ou en entretenant des relations amicales avec quelques-uns des princes rhénans. La situation se trouvait même renversée, car la Prusse, tant mutilée par Napoléon, nous menaçait de ses possessions du Rhin, et Luxembourg, Mayence, Landau, déclarés forteresses de la Confédération germanique, devaient tenir la France en respect.

L'Italie, comme l'Allemagne, restait divisée ; mais le nord de la Péninsule était partagé entre deux souverains ennemis de notre pays, l'empereur d'Autriche et le roi de Sardaigne, ce dernier rentré en possession de la Savoie.

Enfin, dans le nord, la Russie avait fait des progrès considérables : l'alliance d'Alexandre avec Napoléon à Tilsit avait permis au tsar d'enlever la Finlande aux Suédois, la Bessarabie, la rive gauche du Pruth et une des bouches du Danube aux Turcs ; le Congrès de Vienne venait de lui donner, avec la couronne, l'administration du royaume de Pologne.

Il est facile de résumer en quelques lignes l'histoire de l'expansion de notre pays de 1515 à 1815. Lorsque, au XVIe siècle et pendant une partie du xvıı⁰, la France, — puissance continentale. — combat en Europe pour la défense du « système d'équilibre » et l'acquisition des provinces qui doivent « naturellement » lui appartenir, elle triomphe de l'Autriche et de l'Espagne. C'est l'époque des traités de Westphalie, des Pyrénées et de Nimègue. Lorsque, dans le même temps, elle cherche, — puissance maritime, — à développer ses relations commerciales avec l'Orient et à fonder des colonies, elle réussit dans toutes ses entreprises et jette les bases d'un magnifique Empire. Ce sont les Capitulations de François I⁶ʳ, c'est la politique coloniale de Richelieu et de Colbert. Quand, à la fin du xvıı⁰ siècle et pendant la plus grande partie du xvııı⁰, la France perd le sentiment de ses véritables intérêts et fait en Europe des « guerres impolitiques », tandis qu'une puissance, qui est sa rivale sur l'Océan, profite de ses fautes pour attaquer ses colonies, elle ne peut se défendre sur terre et sur mer et doit abandonner son Empire colonial : on sait le traité de Paris de 1763. La guerre d'Amérique, qui termine cette période, montre toutefois que notre pays, libre du côté du continent, devient sur l'Océan un adversaire redoutable pour l'Angleterre. Plus tard, les guerres de la République et les premières guerres de l'Empire témoignent de la persévérance des efforts que notre pays peut déployer pour résister à l'Europe, pour la vaincre, pour conquérir ses frontières naturelles. Mais, bientôt après, viennent les dernières guerres de Napoléon, comme l'exemple le plus saisissant des fautes qu'une puissance continentale peut se laisser entraîner à commettre lorsqu'elle franchit les limites que lui a tracées la nature.

Ces fautes, la France en subit aujourd'hui encore les conséquences : la Belgique et les provinces Rhénanes perdues en 1814, — l'Alsace et la Lorraine enlevées en 1871, — l'Empire allemand fondé au centre de l'Europe.

IV

Politique continentale et politique coloniale de 1815 à 1890.

Relèvement de la France en Europe. — Fondation d'un second Empire colonial. — La France et l'Angleterre depuis 1815. — Indépendance de la Grèce. — Constitution du royaume de Belgique. — La question d'Orient en 1839. — Conquête de l'Algérie. — Acquisitions en Afrique et en Océanie. — État de nos colonies et leur régime économique en 1842. — Relations de Marseille avec l'Orient. — Règne de Napoléon III. — Guerre de Crimée. — Guerre d'Italie. — Guerre de Syrie. — Guerre du Mexique. — Succès de la Prusse en Allemagne. — Guerre de Prusse. — Traité de Francfort. — Constitution de l'Empire d'Allemagne sur notre frontière de l'est. — L'Allemagne de 1648 à 1871. — La République. — La politique de « recueillement ». — Le Congrès de Berlin. — Expansion coloniale sous le second Empire. — L'Algérie. — Les expéditions de Chine. — Conquête de la Cochinchine. — La France et l'Angleterre dans l'Extrême Orient. — Le Sénégal. — État de nos colonies en 1869. — L'œuvre coloniale de la République. — Expédition de Tunisie. — Fondation de l'Empire Indo-Chinois. — Progrès de la France en Afrique : Sénégal, Gabon, Congo, Madagascar. — Un nouvel Empire colonial français.

La quatrième période de notre histoire, commencée en 1815, n'est pas close; les événements de chaque jour lui appartiennent. On juge une fois encore, en l'étudiant après les périodes précédentes, de la vitalité de notre pays, on sent la place que la nature et son génie lui ont assurée dans le monde.

En 1815 la France est vaincue, humiliée, l'œuvre du Congrès de Vienne a été dirigée contre elle; l'Europe entière lui est ennemie. Cependant, dans les cinquante-cinq années qui suivent, nos armées combattent pour assurer à la Grèce et à l'Italie leur indépendance.

nos frontières sont portées aux pieds des Alpes, — alors l'Acte de Vienne n'existe plus ni en droit ni en fait. Pourquoi de semblables événements se produisent-ils? pourquoi la carte de l'Europe est-elle aussi profondément modifiée? Ce n'est pas seulement parce que la France a refait ses forces et repris son rang; c'est aussi parce que les idées de nationalité, d'indépendance nationale, nées de la Révolution elle-même, se sont propagées en Europe. Ces idées ont donné la vie à la Grèce et à l'Italie; mais elles ont aussi, allant à l'encontre de nos prétentions aux « frontières naturelles », replié les Belges sur eux-mêmes, poussé les Allemands des provinces rhénanes vers leurs compatriotes de la rive droite. Il convient toutefois d'ajouter, au sujet de ces derniers faits, qu'en 1830 et bien plus encore en 1866 la France a non les gouvernements qu'il fallait pour qu'elle profitât des événements, mais ceux qu'il fallait, au contraire, pour que ses rivaux ou ses ennemis l'empêchassent d'en profiter. Plus tard, ce qui est plus grave, notre pays est mené légèrement à une défaite dont il souffre encore. Cependant, tandis que se déroulent en Europe ces différents événements, la France fonde, par delà les mers, un nouvel Empire colonial dont les plus riches provinces sont situées sur la côte africaine de la Méditerranée. Enfin, aujourd'hui même, bien que la France souffre d'une cruelle blessure, dont le souvenir n'est point effacé, elle est toujours une des grandes puissances de l'Europe, et, tandis qu'elle « se recueille » sur le continent, elle poursuit avec succès sa carrière coloniale, obéissant ainsi aux destinées qui lui sont promises par sa situation géographique.

En même temps que nous voyons notre pays acquérir, au XIXe siècle, un nouvel Empire colonial, réparant ainsi en partie les pertes éprouvées au XVIIIe siècle, nous constatons que les relations de la France et de l'Angleterre se sont très sensiblement modifiées. La seconde guerre de Cent Ans a pris fin, aucun conflit armé n'a divisé les deux pays depuis 1815. C'est qu'un siècle de guerres sanglantes a démontré qu'aucune des deux puissances n'était assez forte pour exterminer sa rivale; c'est aussi que les progrès prodigieux du commerce des deux nations, de leur industrie et de leur marine leur ont fait comprendre que, puisqu'elles étaient incapables de s'étouffer mutuellement, le meilleur parti était de vivre en bon accord et en bonne intelligence. Elles se sont même aperçues que sur plusieurs points du monde, si elles étaient rivales, elles avaient aussi des intérêts communs, — et ce sont des armées anglo-françaises qui ont fait les expéditions de Crimée et de Chine. Un regrettable défaut d'entente lors des affaires d'Égypte, en 1881-1882, a malheureusement refroidi les relations jusqu'alors cordiales entre les cabinets de Paris et de Londres. C'est surtout depuis cette époque que les sujets de rivalité toujours existants entre les deux peuples ont reparu : l'Angleterre, qui, ayant l'ambition de jouir d'un complet monopole, n'a jamais vu avec satisfaction notre expansion coloniale, a laissé percer sa mauvaise humeur à l'occasion de nos expéditions en Indo-Chine et à Madagascar; plus récemment elle a paru manifester des sympathies pour la triple alliance. Mais aujourd'hui les guerres éclatent moins facilement qu'aux siècles précédents, parce que les peuples comptent davantage dans les décisions de leurs gouvernements, parce que les guerres sont plus meurtrières, les désastres et les ruines plus effrayants. On peut ajouter qu'aucune lutte ne serait plus terrible pour le monde qu'une guerre entre la France et l'Angleterre.

La politique de réaction suivie à l'intérieur par les ministres de Louis XVIII (1815-1824) a son contre-coup à l'étranger dans l'expédition d'Espagne,

Charles X (1824-1830) poursuit, en l'accentuant même, la politique intérieure de son frère, mais deux expéditions glorieuses sont faites sous son règne. La première, entreprise de concert avec l'Angleterre et la Russie, assure l'indépendance de la Grèce après la bataille de Navarin (1827). C'est la première manifestation de la « politique des nationalités ». La seconde, dirigée par la France seule contre le dey d'Alger, aboutit à la prise de cette ville (1830). Ainsi, quinze ans après ses désastres, notre pays se sentait assez fort pour agir. Lorsque l'Angleterre, entrevoyant avec crainte l'établissement de la France dans l'Afrique du Nord, avait demandé des explications à notre ministre des affaires étrangères, le prince de Polignac n'avait pas hésité à répondre qu'il n'avait point à en fournir.

Louis-Philippe (1830-1848), que la Révolution de 1830 appelle sur le trône, ne croit pas toutefois pouvoir prendre une attitude aussi nette, au lendemain de son avènement, dans la question plus importante de la Belgique. Il n'ose ni annexer ce pays qui vient de se séparer de la Hollande (révolution de Bruxelles, août 1830), ni même accepter pour son second fils la couronne du nouveau royaume. Certes, la réunion de la Belgique, son retour à la France, serait « naturelle », avantageuse à notre pays ; les Belges mêmes semblent disposés à s'y prêter. Mais l'Angleterre consentira-t-elle à laisser l'embouchure de l'Escaut et le port d'Anvers retomber dans nos mains? la Prusse acceptera-t-elle le drapeau tricolore dans le voisinage des provinces rhénanes ? la France est-elle suffisamment prête pour braver une coalition ? Louis-Philippe laisse se constituer le royaume de Belgique (conférences et traité de Londres, 1830) et même lui assure son aide (siège d'Anvers, 1832). Tandis que la Révolution de Bruxelles et ses suites constituaient une seconde manifestation de la « politique des nationalités », la Pologne, moins heureuse que la Belgique, perdait toute indépendance et devenait une province russe (prise de Varsovie, 1831.)

Le second événement extérieur du règne est la signature du traité de Londres, conclu, en dehors de la France, par l'Angleterre, la Russie, l'Autriche et la Prusse au sujet des événements d'Orient (1840). Il faut chercher les origines et les causes de ce traité.

La « question d'Orient », née, en réalité, depuis le jour où, en 1453, Mahomet II s'empara de Constantinople, ne s'est véritablement posée pour les chancelleries européennes que dans la première partie de ce siècle. Mais elle a pris aussitôt une importance considérable. En 1830-1840, le Sultan était « l'homme malade ». Les temps étaient loin, en effet, où les plus glorieux de ses prédécesseurs, vainqueurs de la chrétienté, tenaient Belgrade, boulevard de la Hongrie, une partie de la Pologne, la presqu'île de Crimée, etc. La grande période de l'histoire ottomane avait fini avec le xvie siècle. Durant tout le xviie, l'Autriche et la Russie, reprenant l'avantage, étaient parvenues à faire abandonner aux Turcs plusieurs de leurs conquêtes. Un moment, la France, dont la politique consistait à défendre la Turquie, avait arrêté les vainqueurs en les obligeant à signer le traité de Belgrade en 1739. Mais à cette époque l'Empire Ottoman n'était déjà plus capable de se relever. La Russie avait bientôt repris l'offensive ; c'est ainsi qu'on l'avait vue durant les dernières années du règne de Louis XV, puis pendant les guerres de la Révolution et de l'Empire, imposer aux Turcs des traités désastreux, les refouler dans la presqu'île des Balkans. En 1840 la Russie était établie sur la rive gauche du Pruth, elle étendait son protectorat sur la Moldavie et la Valachie, elle était depuis le traité de Kaïnardji (1774) la protectrice des sujets orthodoxes du Sultan. D'autre part, la France, l'Angleterre et la Russie, mues par des sentiments différents, avaient contraint les Turcs à rendre à la Grèce son indépendance. Ce n'était pas tout encore : en même temps que le Sultan subissait cette dernière diminution de territoire en pays chrétien, son autorité était atteinte sur la terre musulmane : en 1811 le vice-roi d'Égypte, Méhémet-Ali, s'était rendu à demi indépendant ; en 1833 il avait contraint son suzerain à lui abandonner l'administration de la Syrie.

En présence d'une pareille situation, devant d'aussi nombreuses preuves de décadence et d'anarchie, comment les chancelleries européennes n'auraient-elles pas été préoccupées de la « question d'Orient » ? L'« homme malade » demeurait, malgré les amputations qu'il avait subies, le maître d'un grand empire ; il avait Constantinople, Salonique et Alexandrie, l'Asie Mineure et la vallée de l'Euphrate ; il tenait ainsi les riches provinces de la Méditerranée orientale et les routes de l'Inde.

Trois puissances européennes, la Russie, l'Angleterre et la France, suivaient surtout avec une attention particulière les affaires d'Orient. La Russie, établie aux bouches du Danube et sur une partie des côtes de la mer Noire, protectrice des sujets orthodoxes du Sultan depuis qu'elle avait imposé aux Turcs le traité de Kaïnardji, désirait s'étendre dans la péninsule des Balkans et envoyer ses flottes dans le bassin de la Méditerranée. L'empereur Alexandre avait d'ailleurs déclaré après Tilsit qu'il considérait la Turquie comme une « succession » qui « ne pouvait manquer d'échoir à son pays », que « la géographie lui donnait Constantinople, qu'il fallait qu'il eût la clef de la porte de sa maison ». — L'Angleterre possédait Gibraltar, Malte et l'empire des Indes, dont les deux routes les plus directes passent l'une par Alexandrie, l'autre par la vallée de l'Euphrate; son commerce ne cessait de se développer dans tout l'Orient. La principale préoccupation du gouvernement britannique devait donc être d'écarter les Russes, — aussi bien d'ailleurs que toute autre puissance, — des rives du Bosphore, pour qu'ils ne vinssent pas sur la Méditerranée et n'eussent point la possibilité d'intercepter les routes de l'Inde. — Quant à la France, sa situation géographique et son commerce ne lui permettaient pas de se désintéresser des questions méditerranéennes, de l'augmentation d'influence qu'une puissance quelconque voudrait acquérir dans le grand lac européen. Elle avait, en outre, acquis en Orient depuis plus de trois siècles, par une diplomatie habile, une situation politique considérable; le protectorat religieux qu'elle exerçait relevait notre importance aux yeux des musulmans, augmentait notre crédit à Constantinople. — Pour l'Autriche, bien que voisine immédiate de la Turquie, elle n'était pas, à cette époque, en situation d'intervenir avec autorité dans la « question d'Orient ». Le traité de Belgrade l'avait refoulée sur la rive gauche du Danube et de la Save; plus tard, les guerres qu'elle avait dû soutenir contre la Révolution et l'Empire l'avaient empêchée d'intervenir en Orient, tandis que la Russie y avait pris de si grands avantages.

On peut juger, après l'exposé qui vient d'être fait, que la France et l'Angleterre avaient un égal intérêt au maintien de « l'équilibre méditerranéen », un égal intérêt à protéger « l'intégrité » de l'Empire Ottoman. La possession des Dardanelles aurait, en effet, permis aux Russes de tenir en échec dans la Méditerranée les flottes anglaise et française, de faire sentir leur influence jusqu'en Égypte et dans l'Inde.

Cet intérêt commun si évident de la France et de l'Angleterre, le cabinet de Londres ne le voulut point voir.

Le sultan Mahmoud avait envoyé ses troupes contre celles de

Méhémet-Ali, afin d'arracher au vice-roi l'administration de la Syrie, à laquelle il refusait de renoncer, — et les Turcs venaient d'être vaincus par les Égyptiens (1839). Il fallait que l'Europe intervînt entre le suzerain et le vassal, afin d'arrêter les progrès de ce dernier. Mais toutes les puissances n'avaient pas les mêmes vues : la France manifestait des sympathies pour le vice-roi, qui poursuivait la régénération et la civilisation de l'Égypte et appelait auprès de lui des officiers et des ingénieurs français ; elle voulait lui voir conserver l'administration de la Syrie ; la Russie, au contraire, offrait au Sultan de l'aider contre son vassal, dans le but secret d'entrer, si elle le pouvait, à Constantinople. La diplomatie anglaise crut habile d'isoler d'abord la France et de l'humilier dans son alliée, puis d'obliger ensuite la Russie à renoncer à ses espérances en lui interdisant la libre navigation du Bosphore. C'est ainsi que fut signée à Londres, le 13 juillet 1840, une convention par laquelle l'Angleterre, la Russie, l'Autriche et la Prusse s'engageaient à contraindre Méhémet-Ali à l'abandon de la Syrie. L'année suivante, lorsque Méhémet-Ali se fut soumis, l'Angleterre convia la France à signer avec ses alliés un second traité, afin de la faire rentrer dans le concert européen : les cinq puissances contractantes interdisaient l'accès du détroit des Dardanelles à tous les vaisseaux de guerre n'ayant pas obtenu du Sultan l'autorisation d'y pénétrer. C'était mettre un terme à la situation privilégiée que la Russie s'était fait accorder dans ces régions par la Turquie et constituer l'Europe arbitre de la « question d'Orient ».

Le premier traité de Londres demeurait toutefois pour nous un réel échec, en même temps qu'une faute pour l'Angleterre. Elle devait d'ailleurs le reconnaître bientôt, en faisant à nos côtés l'expédition de 1854.

La conquête de l'Algérie, commencée à la veille de la Révolution de Juillet, se poursuit sous les yeux de l'Angleterre durant le règne de Louis-Philippe : Constantine est prise en 1837, Abd-el-Kader, notre ennemi le plus redoutable, est définitivement vaincu en 1847, après douze années d'une lutte acharnée. Les colons arrivent à la suite de nos soldats; ils sont 130 000 en 1851 (dont 66 000 Français, 44 000 Espagnols), et, la même année, le mouvement commercial entre notre pays et la colonie nouvelle s'élève déjà à près de 83 millions, soit 16 551 000 francs pour les exportations de la colonie en France et 66 528 000 francs pour les importations de la France dans la colonie. C'est ainsi que la France, puissance coloniale, fonde sur les rivages de l'Afrique septentrionale, dans le bassin de la Méditerranée, à moins de deux jours de Marseille, une grande colonie de peuplement[1], dont le commerce et la richesse prendront un rapide essor lorsque seront vaincues les premières difficultés d'établissement.

Pendant que notre armée faisait la conquête de l'Algérie, nos flottes parcouraient les mers avec le juste souci d'assurer à notre pays des stations maritimes sur divers points du globe et de protéger partout les intérêts et le commerce français. L'histoire de notre marine est, à cette époque, particulièrement glorieuse : l'estuaire du Gabon est occupé en 1839; les îles de Nossi-Bé et de Mayotte, voisines de Madagascar, terre sur laquelle la France maintenait ses anciens droits, sont acquises en 1840 et 1841; les territoires de Grand-Bassam et d'Assinie, depuis longtemps fréquentés par notre commerce, sont placés sous notre protectorat en 1842, 1843 et 1844; enfin, notre pavillon est arboré sur deux archipels océaniens, aux Marquises et à Taïti en 1842. (A la vérité, le peu glorieux souvenir de « l'indemnité Pritchard » payée par le gouvernement de Louis-Philippe au missionnaire anglais de ce nom se rattache à ce dernier établissement).

D'autre part, nos anciennes possessions qui nous avaient été rendues en 1815, ruinées par une guerre de plus de vingt années, retrouvent la prospérité dans la paix. Le commerce total de la Martinique, de la Guadeloupe, de la Guyane, de Saint-Pierre-Miquelon, du Sénégal, de Bourbon et des établissements de l'Inde s'élève en 1842 à 171 358 000 francs, sur lesquels 132 145 009 francs représentent le

---

1. Voir plus loin, au chapitre V, ce qui est dit des différentes sortes de colonies et des caractères propres de l'Algérie.

ALGER.

mouvement des affaires entre la métropole et ses colonies[1]. A cette époque le système économique désigné sous le nom de « pacte colonial » est toujours en vigueur. La Révolution elle-même, qui a pris en matière de commerce colonial des mesures souvent contradictoires, ne l'a pas abrogé. L'Empire l'a maintenu. C'est ainsi que certaines exceptions, plus ou moins larges, plus ou moins nombreuses, suivant les colonies, sont seules apportées à la règle générale d'après laquelle le commerce et la navigation de nos établissements d'outre-mer sont réservés à la métropole. Les sucres, les cafés, le coton et les autres productions de nos colonies, s'ils ne jouissent plus, comme autrefois, à l'importation d'un monopole presque absolu, sont soumis dans nos ports à des droits sensiblement moindres que ceux établis sur les denrées similaires de l'étranger. La législation des sucres, — législation toute fiscale, car le sucre est, ainsi qu'on l'a dit, une « matière éminemment imposable », — est souvent modifiée ; mais tous les tarifs adoptés témoignent d'une même préoccupation : on entend que les sucres des Antilles et de Bourbon soient taxés moins lourdement que les sucres étrangers ; en même temps, ils ne doivent pas subir de charges plus élevées que les sucres

---

1. Année 1842 :

Martinique : population 118 000 individus, dont 42 000 libres, 76 000 esclaves ; — commerce total 41 881 000 fr. sur lesquels : exportations de la colonie en France 18 769 000 fr. ; importations de la France dans la colonie 15 317 000 fr.

Guadeloupe : population 130 000 individus, dont 37 500 libres, 92 500 esclaves ; — commerce total 43 056 000 fr., sur lesquels : exportations de la colonie en France 21 434 000 fr. ; importations de la France dans la colonie 15 197 000 fr.

Guyane : population 20 300 individus, dont 5 800 libres, 14 500 esclaves ; — commerce total 7 398 000 fr., sur lesquels : exportations de la colonie en France 3 446 000 fr. ; importations de la France dans la colonie 2 789 000 fr.

Saint-Pierre-Miquelon : population sédentaire 1 600 individus ; — commerce total 6 440 000 fr., sur lesquels : exportations de la colonie en France 1 758 000 fr. ; importations de la France dans la colonie 1 506 000 fr.

Sénégal : population vivant dans et autour des postes : 18 800 individus, dont 8 500 libres, 10 300 esclaves ; — commerce total 11 800 000 fr., sur lesquels : exportations de la colonie en France 5 029 000 fr. ; importations de la France dans la colonie 5 614 000 fr.

Bourbon : population 105 000 individus, dont 36 900 libres, 65 900 esclaves, 2 200 divers ; — commerce total 51 312 000 fr., sur lesquels : exportations de la colonie en France 24 872 000 fr. ; importations de la France dans la colonie 16 550 000 fr.

Établissements de l'Inde : population 178 000 individus ; — commerce total 9 445 000 fr., sur lesquels : exportations de la colonie en France 3 326 000 fr. ; importations de la France dans la colonie 555 000 fr.

de betterave indigène, afin de pouvoir se vendre en concurrence avec eux ; on voit même quelques lois accorder aux sucres coloniaux un traitement plus favorable qu'aux sucres indigènes. Cette protection accordée en France aux importations des colonies a toujours d'ailleurs sa contre-partie dans nos possessions d'outre-mer : les productions du sol et de l'industrie du royaume jouissent pour la plupart, dans nos établissements, du privilège exclusif de la consommation ; quelques marchandises étrangères privilégiées peuvent, à la vérité, être introduites dans nos colonies, mais cette faveur a toujours son « excuse » ou son correctif : tantôt les marchandises sont admises parce que la France ne peut les fournir, tantôt leur entrée est subordonnée à des droits tels, que les produits nationaux similaires n'ont à craindre aucune concurrence sérieuse.

Le commerce de Marseille avec les Échelles, que l'on a vu, dans la seconde partie du xviiie siècle, menacé par la concurrence de plusieurs nations étrangères, puis de nouveau florissant à la veille de la Révolution, avait été fort éprouvé pendant les guerres de l'Empire. Le rétablissement de la paix ne devait pas lui rendre son ancienne suprématie.

L'ordre des choses est, en effet, profondément modifié à l'orient de l'Europe : le nouvel état du continent, et particulièrement les progrès de la Russie et de l'Angleterre, nous ont fait perdre dans le Levant notre situation privilégiée, tant politique que commerciale. Le droit de préséance de nos ambassadeurs, aboli en fait pendant la période révolutionnaire, l'est en droit depuis 1814. Chaque puissance a à Constantinople son représentant qui défend ses intérêts ; la Russie prétend protéger les « orthodoxes », comme nous protégeons les « latins » ; notre pavillon ne couvre plus les navires des autres nations ; les droits de douane sont devenus à peu près les mêmes pour tout le commerce étranger. Désormais la France aura de redoutables rivaux en Orient : elle sera en concurrence, en lutte avec eux, aussi bien en matière commerciale qu'en matière politique. Vers 1830 le chiffre du mouvement des affaires entre la France et la Turquie est encore inférieur à celui de l'année 1789. Vingt ans plus tard, en 1850, les statistiques permettent de constater de sensibles

progrès : l'ensemble des échanges entre les deux pays s'élève à 117 millions[1]. Mais deux nations, l'Angleterre et l'Autriche, nous ont toutefois distancés et font un chiffre d'affaires supérieur au nôtre. C'est ainsi qu'en 1852 la France, qui à la veille de la Révolution avait près de la moitié du commerce de Smyrne, ne vient plus qu'au troisième rang dans ce grand port[2]. Dès ce moment, les rapports de nos agents signalent l'indifférence et l'apathie des négociants marseillais devant les efforts tentés par leurs rivaux; ils les accusent de « vivre dans la méconnaissance des besoins des consommateurs de l'Orient ».

Il ne subsistait rien en 1850 de l'ancienne réglementation commerciale de Louis XIV et de Louis XVI à laquelle les négociants marseillais avaient été soumis pendant près d'un siècle et demi : l'estampillage des étoffes exportées, prescrit une dernière fois par deux décrets de 1807 et 1810, n'était plus pratiqué[3]; la nécessité d'une autorisation pour s'établir dans les Échelles avait été supprimée en 1835; les navires étrangers pouvaient débarquer librement à Marseille, en concurrence avec les nôtres, les produits du Levant[4]. Seules les Capitulations restaient en vigueur, continuant à maintenir nos nationaux sous l'autorité de leurs consuls et à nous assurer le

---

1. Statistiques de 1850 :
Commerce entre la France et la Turquie : exportations de la Turquie en France 59 700 000 fr., — importations de la France en Turquie 35 800 000 fr. — Total 95 800 000 fr. (Dans ces chiffres n'est pas compris le commerce avec la Grèce, devenue indépendante de la Turquie.)
Commerce entre la France et l'Égypte : exportations de l'Égypte en France 10 600 000 fr., — importations de la France en Égypte 11 millions de fr. — Total 21 600 000 fr. — Total général 117 100 000 fr.

2. L'Angleterre occupe le premier rang avec un mouvement d'affaires de 50 549 000 fr., — l'Autriche le second avec 13 916 000 fr., — la France le troisième avec 10 547 000 fr. — *Faits commerciaux de septembre* 1854. Imprimerie nationale.

3. Il ne paraît pas que les décrets de 1807 et de 1810 aient été appliqués. L'estampillage des étoffes était un contrôle gênant pour les fabricants de draps du Midi, qui réclamaient la liberté de leur industrie, ainsi que le droit de tisser et d'envoyer dans le Levant toutes les qualités.

4. Toutefois une loi du 18 avril 1816 ayant, dans le but de protéger la marine marchande nationale, frappé d'une « surtaxe de pavillon » les marchandises importées par navires étrangers, il en résulta que certains produits du Levant, débarqués à Marseille par des navires étrangers, durent acquitter cette surtaxe jusqu'en 1869.
Les « surtaxes de pavillon » ont été abolies à cette époque dans tous les ports de France et pour les produits de toute origine. Rétablies en 1872, elles ont été définitivement supprimées dès l'année suivante.

protectorat de tous les catholiques. Elles avaient même été expressément confirmées par une Convention commerciale en date du 25 novembre 1858 « formant appendice aux Capitulations garanties à la France par la Porte Ottomane ». L'article premier en est ainsi conçu : « Tous les droits, privilèges et immunités qui ont été conférés aux sujets ou bâtiments français par les Capitulations et les traités existants sont confirmés aujourd'hui et pour toujours, à l'exception de ceux qui vont être expressément modifiés par la présente convention; et il est, en outre, expressément entendu que tous les droits, privilèges et immunités que la S. P. accorde aujourd'hui ou pourrait accorder à l'avenir aux bâtiments et aux sujets de toute autre puissance étrangère seront également accordés aux sujets et aux bâtiments français qui en auront, de droit, l'exercice et la jouissance. » Cette convention soumettait les produits français à un droit d'entrée de 3 pour 100 *ad valorem* (perçu d'ailleurs depuis les Capitulations de 1673), ainsi qu'à une taxe supplémentaire de 2 pour 100 établie en remplacement « des droits de commerce intérieur ». L'Angleterre et les autres nations jouissaient d'un semblable traitement.

Le gouvernement provisoire né des journées de Février 1848 avait proclamé la République, mais la République ne dura que trois années. Dès le mois de décembre 1851 « l'Empire est fait », et l'année suivante il est consacré par la volonté populaire.

Napoléon III fait six guerres en dix-huit ans de règne (1852-1870). Deux sont entreprises de concert avec l'Angleterre. L'alliance anglaise est d'ailleurs une des bases de la politique du règne, — alliance sur le terrain politique et sur le terrain économique.

La première guerre entreprise par Napoléon III est la guerre de Crimée. C'est un nouvel acte de la question d'Orient; c'est, pour la France, une « guerre d'équilibre européen et méditerranéen ». La Russie, poursuivant ses projets contre la Turquie, veut, en 1852, arracher au Sultan un traité qui assurerait au Tsar, chef de l'Église grecque, le protectorat de tous les sujets ottomans appartenant à la religion orthodoxe. Le Sultan se refuse à signer un acte qui soustrairait à son autorité 12 millions d'individus et, les armées russes ayant, sur ce refus, franchi le Pruth, la France et l'Angleterre comprennent qu'elles doivent s'unir pour défendre l'intégrité de l'Empire Ottoman. Ensemble elles envoient une flotte dans la mer Noire, assiègent Sébastopol (1854-1856). La victoire de l'Alma, la prise de Sébastopol décident de la paix. On sait les principales dispositions du traité de Paris (1856) : la mer Noire neutralisée demeure interdite aux navires de guerre étrangers, ainsi que le Bosphore et les Dardanelles ; la Russie et la Turquie pourront seules y entretenir un certain nombre de bâtiments légers ; la libre navigation du Danube est assurée à toutes les nations ; le protectorat russe sur la Moldavie et la Valachie est aboli et ces provinces sont rendues à la suzeraineté du Sultan ; une rectification de frontières éloigne la Russie de la rive gauche du Pruth inférieur et des bouches du Danube ; enfin, les prétentions du Tsar à la protection des sujets orthodoxes du Sultan sont écartées.

Il convient de noter ici même que le traité de Paris a subi depuis sa conclusion deux modifications directes outre celles, relatées plus loin, qui résultent du traité de Berlin. La première est la moins importante : en 1859 les puissances signataires ont autorisé la réunion de la Moldavie et de la Valachie en un seul État sous le nom de « Principauté de Roumanie » et, plus tard, en 1881, la principauté a été érigée en royaume. La seconde modification, obtenue par la Russie, a été pour elle un précieux avantage. Profitant, en 1871, de « l'absence » de la France et de l'impuissance de la Grande-Bretagne à agir seule, le Tsar a réclamé et obtenu à la Conférence de Londres l'abrogation de la clause relative au nombre et à la force des bâtiments de guerre que pouvaient entretenir dans la mer Noire les deux parties contractantes.

La guerre d'Italie suivit de près la guerre de Crimée. Depuis 1815, les populations de l'Italie souffraient du morcellement politique de la Péninsule ; le Piémont rêvait de faire l'unité du pays ; Venise et Milan se soulevaient contre la domination étrangère. Quelle devait être l'attitude de la France ? Aux siècles précédents, nos hommes politiques souhaitaient que nous eussions sur nos frontières une Italie divisée comme l'Allemagne. Vauban indiquait en ces termes « l'intérêt de la France » : « Maintenir l'Italie sur le pied où elle est et ne pas souffrir qu'elle soit opprimée en son corps ni en ses membres, ni que pas un de ses princes ne s'élève au-dessus des autres à leurs dépens. » Napoléon III n'admit pas ces idées : il préféra en prendre le contre-pied et servir le « principe des nationalités » Il jugea qu'il était de l'intérêt de la France d'aider l'Italie à chasser les garnisons autrichiennes et à conquérir son unité. Une armée française passa donc les Alpes pour secourir le Piémont attaqué par l'Autriche. Après les victoires de Montebello, de Magenta, de Solférino, l'Empereur imposa à l'Autriche la paix de Villafranca (1859). Ce traité, qui rejetait l'Autriche au delà du Mincio, donnait la Lombardie au Piémont et formait une Confédération des États de la Péninsule, laissait inachevée l'œuvre de l'unité italienne. C'était, de la part de l'Empereur, une faute de signer une telle paix. Puisqu'il avait préféré servir le principe des nationalités que suivre notre politique traditionnelle, il devait aller jusqu'au bout de son système. La révolution italienne acheva d'ailleurs elle-même ce qu'il avait commencé : les duchés de Parme et de Modène, la Romagne, le royaume des Deux-Siciles, se réunirent au Piémont. L'Italie était faite. Il lui manquait cependant encore deux provinces, qu'il lui tardait de prendre : la Vénétie, que l'Autriche avait conservée ; les États Pontificaux et Rome, protégés par une garnison française. Le gouvernement de Victor-Emmanuel profita de la défaite de l'Autriche en 1866 pour lui arracher la Vénétie, — de la défaite de la France en 1870 pour faire entrer ses troupes dans Rome. Dès lors l'Italie estima qu'elle s'était faite elle-même et ne devait rien à la France. Napoléon avait, heureusement, obtenu au lendemain de la paix de Villafranca le prix de son assistance. Il s'était fait céder par le Piémont, au traité de Turin de 1860, la Savoie et le comté de Nice. La possession de ces provinces amenait la France aux pieds des Alpes et lui assurait sa frontière « naturelle » du sud-est que la Révolution avait conquise, mais que le premier Empire avait perdue.

La guerre de Crimée et la guerre d'Italie étaient glorieuses pour notre pays. Dans la première, — alliés à l'Angleterre, si longtemps notre ennemie irréconciliable, — nous avions à la fois vaincu une des puissances qui avaient imposé à la France les traités de 1814-1815 et protégé l'intégrité de l'Empire Ottoman. Dans la seconde, nous avions atteint un triple résultat : l'Autriche, — autre puissance signataire des traités de 1814-1815, — était chassée de l'Italie et éloignée de nos frontières; une nation nouvelle, de race latine comme nous-mêmes, s'était constituée avec notre aide dans la Péninsule ; enfin, les limites dans lesquelles la coalition victorieuse avait voulu enserrer la France étaient brisées, notre pays avait repris son rang en Europe, le traité de 1814 et l'Acte de Vienne étaient en partie abrogés.

La guerre d'Italie était à peine terminée, que l'Empereur entreprenait deux nouvelles expéditions, en Syrie et en Chine. La première, peu importante, faite d'accord avec les Turcs, était une conséquence de notre protectorat catholique en Orient (protection des Maronites, 1860) ; la seconde, faite de concert avec l'Angleterre, était entreprise pour servir des intérêts religieux et commerciaux : on doit la considérer comme une expédition coloniale[1].

En 1860, l'Empire avait fait, en Crimée, en Italie, en Syrie, en Chine, quatre guerres, qui, bien qu'à des degrés différents, pouvaient être considérées comme des « guerres politiques », des « guerres utiles ». L'expédition du Mexique (1862-1867) est bien loin de présenter ces caractères : elle n'a pour notre pays aucun intérêt ; elle est aussi funeste à Napoléon III que la guerre d'Espagne l'avait été à Napoléon Ier, mais elle est moins défendable encore.

Tandis que l'expédition de Mexique finissait tristement par delà les mers, la victoire remportée par la Prusse sur l'Autriche à Sadowa en 1866 était pour la France une véritable défaite sur le continent. L'empereur François-Joseph vaincu s'était vu obligé de ratifier par le traité de Prague la dissolution de la « Confédération germanique » telle qu'elle existait depuis l'Acte de Vienne. Il avait dû donner son assentiment à une organisation nouvelle de l'Allemagne, à laquelle

---

1. Voir, page 145, ce qui est dit de l'expédition de Chine.

l'Autriche restait étrangère. Cette organisation nouvelle était, sous le nom de « Confédération », une union intime, commerciale, politique et militaire des États « de l'Allemagne du Nord » (au nord du Mein) sous la haute autorité du roi de Prusse, « Président héréditaire et Chef de guerre fédéral ». Pour les États de l'Allemagne du Sud, ils restaient indépendants, demeuraient en dehors de la Confédération; toutefois ils abandonnaient au roi de Prusse le commandement de leurs armées en temps de guerre.

Napoléon III, absorbé par le rêve de l'établissement d'un empire latin entre les deux Amériques, n'avait su ni empêcher une guerre qui grandissait singulièrement la Prusse, — notre ennemie acharnée pendant les guerres de la Révolution et de l'Empire, la plus insatiable des puissances alliées en 1814 et 1815, — ni, au moins, obtenir, en compensation, du cabinet de Berlin une extension de territoire du côté du Rhin. Sorti trop tard de son rêve, l'Empereur, voyant le sentiment public alarmé, humilié, par les progrès de l'hégémonie prussienne, sentant que les fautes de son gouvernement fournissaient des armes à l'opposition, jugea nécessaire une guerre contre la Prusse. C'est alors qu'il trouva dans l'affaire de la candidature Hohenzollern le prétexte d'une « guerre dynastique ». Pour la Prusse, dont la politique était dirigée par M. de Bismarck, elle rencontrait dans cette affaire l'occasion souhaitée d'une « guerre nationale » contre « l'ennemi héréditaire », guerre qui donnerait une force nouvelle au mouvement unitaire en Allemagne.

La guerre de Prusse est présente à tous les esprits : invasion de l'Alsace, capitulation de Strasbourg, de Metz, de Sedan, défaites de Patay et du Mans, capitulation de Paris (1870-1871). La France vaincue, malgré une résistance héroïque, doit subir le traité de Francfort (10 mai 1871). Elle cède à la Prusse l'Alsace, moins Belfort, et une partie de la Lorraine; elle paye une indemnité de 5 milliards[1]. Notre pays est désormais ouvert à l'invasion : il perd sa double ligne

---

[1]. Le traité de Francfort liait l'évacuation d'un certain nombre de départements occupés par les troupes allemandes au payement des divers termes de l'indemnité de guerre.
Le succès des deux emprunts faits par le gouvernement de Thiers, « le libérateur du territoire », permit de devancer les échéances fixées : le dernier soldat allemand quitta la France le 16 septembre 1873

de défense du côté de l'est, — le Rhin et les Vosges ; Paris, que ne couvrira plus aucun obstacle naturel, mais seulement des forts et des camps retranchés, sera à douze journées de marche de la frontière nouvelle.

Les fautes et l'ambition dynastique de Napoléon III sont chèrement expiées. En 1814-1815 la France a certainement subi une grande perte, puisqu'elle a dû renoncer à ses frontières « naturelles », conquêtes de la Révolution, et à quatre places fortes acquises par la Monarchie. Mais en 1871 elle perd davantage encore, parce que son vainqueur lui arrache non des territoires conquis depuis vingt ans à peine, mais deux provinces qui sont de sa chair et de son sang : l'Alsace gagnée par Louis XIV en 1648 et Metz, l'un des trois évêchés réunis par Henri II en 1559.

La victoire de la Prusse n'eut pas d'ailleurs pour seule conséquence l'abrogation de la clause du traité de Westphalie qui avait donné l'Alsace à la France. Elle porta plus haut : elle annula définitivement et, on peut le dire, entièrement, les dispositions essentielles de ce traité relatives à la constitution intérieure de l'Allemagne, — dispositions si favorables à notre pays et qui, après avoir été maintenues entières durant un siècle et demi, n'avaient été complètement abrogées ni par le Congrès de Vienne, ni même par le traité de Prague et les actes qui le suivirent. Quel chemin parcouru ! Le grand acte diplomatique de 1648 avait sanctionné la souveraineté et les droits des divers États de l'Allemagne, annulant ainsi l'autorité de l'Empereur dans l'Empire, et donnant à la France, sur sa frontière de l'est, un voisin affaibli. Depuis cette époque la politique constante de notre pays avait été de maintenir la division, l'état d'impuissance de l'Allemagne : Louis XIV et Louis XV étaient intervenus dans les affaires de l'Empire ; Mazarin, puis Napoléon avaient formé une Ligue ou Confédération du Rhin. Après 1815 il ne nous fut plus possible d'entretenir comme auparavant, avec les princes rhénans, des relations d'amitié, mais l'Allemagne était encore morcelée, incapable d'une action offensive ; au lendemain de Sadowa, l'empereur pouvait peut-être croire encore à la division des peuples de l'Europe centrale en « trois tronçons indépendants » (Autriche, Confédération du Nord,

Allemagne du Sud) et voir dans cette situation, si elle se maintenait, une garantie pour notre pays.

Mais avant même la fin de la guerre de France la situation intérieure de l'Allemagne était complètement modifiée, son unité réalisée. Au mois de novembre 1870, les souverains de Bade, de Hesse-Darmstadt, de Bavière et de Wurtemberg étaient entrés dans la « Confédération du Nord » ; au mois de janvier 1871, Guillaume, roi de Prusse, avait été proclamé à Versailles « Empereur allemand » à titre héréditaire, et le 16 avril de la même année avait été publiée la Constitution du nouvel Empire, qui conférait à la Couronne de Prusse l'exercice du pouvoir impérial souverain. (Cette constitution prévoit deux assemblées : le Conseil fédéral, *Bundesrath*, et le Conseil de l'Empire, *Reichstag*.)

Pendant vingt ans la situation nouvelle créée en Allemagne s'est affermie sous la main de fer d'un homme qui aura fait l'unité de son pays. Les rois et les princes ont encore leurs ministres et leurs parlements, mais, en réalité, ils sont bien près d'avoir abdiqué toute indépendance ; il n'y a plus, sur la rive droite du Mein, que des préfets héréditaires, vassaux du roi de Prusse, « Empereur allemand ». L'unité de l'Allemagne se manifeste par certaines lois communes, par l'armée, la marine, la diplomatie, enfin par la « Chancellerie impériale ».

C'est ainsi que la guerre de 1870, entreprise si légèrement par Napoléon III, a eu pour conséquence la rupture de « l'équilibre européen », l'annulation des derniers effets du traité de Westphalie, la constitution au centre de l'Europe, sur notre frontière de l'est mutilée, d'un puissant empire militaire, dont l'influence pèse aujourd'hui lourdement sur le continent[1].

Le traité de Francfort ne porte point la signature de l'Empire,

---

1. La défaite de la France avait, en dehors de la constitution de l'empire d'Allemagne, deux autres conséquences en Europe : la prise de possession de Rome par les troupes italiennes après le départ du corps français qui protégeait le pape (septembre 1870) ; — l'abrogation par la Russie, d'accord avec la Porte, de la clause du traité de Paris relative au nombre des bâtiments de guerre que pouvaient entretenir dans la mer Noire ces deux puissances (mars 1871).

mais celle de la République. Elle avait été proclamée à Paris au lendemain de la capitulation de Napoléon à Sedan, le 4 septembre 1870. Depuis bientôt vingt-deux ans que la République existe, elle n'a fait aucune guerre sur le continent. La France s'est « recueillie » : au lendemain des désastres de « l'année terrible », son seul devoir, son seul intérêt était de fortifier sa nouvelle frontière, de reconstituer son armée, de réparer sa fortune et ses forces dans le travail et dans la paix. Le gouvernement républicain n'a pas failli à cette tâche; les expéditions coloniales qu'il a entreprises ne l'en ont point détourné, tout au contraire : elles ont permis à l'Europe de constater le relèvement et la vitalité de notre pays; elles ont témoigné que la France ne renonçait point à poursuivre ses destinées; elles ont aussi contribué à rendre à notre pays confiance en lui-même.

Dans ces vingt-deux années de paix, l'histoire extérieure de notre pays, en tant que puissance continentale, n'a qu'un seul fait à enregistrer : la France signe en 1878 avec l'Allemagne, l'Autriche-Hongrie, la Grande-Bretagne, l'Italie, la Russie et la Turquie le traité de Berlin, qui arrête la Russie sur la route de Constantinople et règle à nouveau la question d'Orient. Cette question venait, en effet, d'être rouverte par la guerre de la Russie contre la Turquie, l'entrée des Russes dans Andrinople et le traité de San-Stefano (1877-1878).

Le Congrès de Berlin se réunissait, sur l'initiative de l'Angleterre et avec l'assentiment de la Prusse, dans le but de reviser le traité de San-Stefano, qui consacrait la ruine de la Turquie en Europe au profit de la Russie. La situation n'était toutefois plus la même en 1878 qu'en 1856; l'Angleterre et la France n'étaient pas en mesure de faire reculer le tsar, la Russie était victorieuse, aucune puissance européenne ne songeait à défendre par les armes « l'intégrité de l'Empire Ottoman »; plusieurs cabinets voulaient, au contraire, obtenir du Sultan des avantages de nature à compenser ceux qu'il était contraint d'accorder à son vainqueur. Il fut donc procédé à un démembrement partiel de la Turquie : la Russie dut renoncer à certaines stipulations, trop rigoureuses, du traité de San-Stefano, mais elle n'en perdit pas tout le bénéfice : elle obtint sur la rive gauche du Pruth et aux bouches septentrionales du Danube la rétrocession des territoires qu'elle avait dû abandonner au traité de Paris; elle acquit, en outre, dans l'Asie Mineure, Kars et Batoum ; — l'Autriche, qui prétendait avoir sa part des dépouilles de l'Empire Ottoman à l'égal de la Russie, bien qu'elle n'eût point combattu[1], fut chargée d'occuper et d'administrer la Bosnie et l'Herzégovine; — la Bulgarie fut constituée en principauté autonome et tributaire sous la suzeraineté du Sultan[2]; — le Montenegro et la Serbie furent déclarés indépendants. Enfin, l'occupation de Chypre par l'Angleterre (1878), la rectification des frontières de la Grèce (les Turcs consentent à la cession de la Thessalie et d'une partie de l'Epire, 1881), l'établissement du protectorat de la France en Tunisie (1881), doivent être considérés comme des conséquences du traité de Berlin.

Tandis que la France, puissance continentale, « agit » en Europe sous le second Empire, puis « se recueille » sous la République, la France, puissance maritime, s'étend par delà les mers sous l'un et l'autre de ces régimes, fonde des colonies, poursuit la reconstitution de son Empire colonial commencée en 1830.

Sous le règne de Napoléon III, la conquête de l'Algérie est achevée, l'expédition de Chine entreprise, la Cochinchine fondée, le Sénégal étendu, la Nouvelle-Calédonie occupée.

La prise de Lagouat en 1852, l'expédition de Kabylie en 1856-1857 sont les derniers faits militaires de l'histoire de l'Algérie. Les trois provinces étant désormais soumises, il faut les coloniser. Bien que toutes les mesures adoptées dans ce but par le gouvernement impérial ne puissent être louées, les résultats d'ensemble sont favorables et l'Algérie ne cesse de progresser : des passages gratuits sont accor-

---

1. L'Allemagne prit au Congrès de Berlin la défense des intérêts de l'Autriche et lui fit attribuer la plus belle part, afin d'effacer dans l'esprit de son voisin le souvenir de la défaite de Sadowa et de payer son alliance. Mais si la politique du prince de Bismarck satisfit l'Autriche, elle mécontenta profondément la Russie, qui sortit de la triple alliance (dite « alliance des trois Empereurs »), où elle est remplacée par l'Italie depuis 1882.

2. La Révolution de la Roumélie orientale (1885), qui a eu pour conséquence l'union de cette province turque à la Bulgarie, a modifié en fait, mais non en droit, le traité de Berlin.

dés aux émigrants, des terres concédées, des villages fondés, des travaux publics entrepris ; l'adoption d'un régime douanier libéral favorise le mouvement des échanges entre la métropole et sa colonie, entre la colonie et l'étranger[1]. D'autre part, les chiffres de mortalité des Européens, élevés pendant les premières années de l'occupation, décroissent peu à peu et l'on constate, à partir de 1856, dans la population française un excédent des naissances sur les décès : l'avenir de la colonie est dès lors assuré. Le recensement de 1872 accuse l'établissement sur la terre d'Afrique de 129 000 Français (non compris les israélites naturalisés) et de 115 000 étrangers. Trois ans auparavant, en 1869, le mouvement commercial entre la France et l'Algérie s'élevait à 215 291 000 francs[2].

Les expéditions de Chine, faites de concert avec l'Angleterre en 1857 et 1860, doivent être considérées comme des expéditions coloniales, parce qu'elles furent entreprises par le gouvernement impérial en vue d'intérêts religieux et commerciaux ; elles eurent, en outre, pour conséquence indirecte l'acquisition de la Cochinchine.

La France et l'Angleterre avaient eu de bonne heure quelques relations de commerce avec la Chine par leurs Compagnies des Indes. Toutefois, la Compagnie française ayant disparu tandis que la Compagnie anglaise n'avait cessé de se développer, les négociants britanniques se trouvaient avoir en ce pays, dans la première partie de ce siècle, des intérêts beaucoup plus importants que les nôtres. Dès 1819 l'Angleterre s'était assuré, sur la route de la mer de Chine, la ville de Singapour, position stratégique importante qui devait devenir un grand entrepôt commercial. Par une conséquence naturelle de cette situation privilégiée, l'Angleterre avait été amenée, en 1840, à diriger seule une expédition contre le Céleste Empire pour obtenir la liberté de son commerce, et particulièrement la faculté d'importer l'opium de l'Inde[3]. Bientôt après cette expédition, la France s'était

---

1. Lois de 1851 et de 1867. — Voir plus loin, page 170, le régime douanier actuel de l'Algérie.
2. Exportations de la colonie en France : 64 892 000 francs ; — importations de la France dans la colonie : 150 399 000 francs.
3. Le traité de Nan-King, qui termina la guerre dite « guerre de l'opium », ouvrit cinq ports aux sujets britanniques et céda à la Grande-Bretagne l'île de Hong-Kong (1842)

fait accorder par les Célestes le traitement consenti aux négociants anglais (1844). Mais le gouvernement de Pékin, profondément hostile aux étrangers, viola ses engagements : des entraves furent mises au commerce, des missionnaires persécutés ou mis à mort. C'est alors que l'Angleterre et la France, bien qu'elles n'eussent point des intérêts semblables, s'unirent en vue d'une action commune. L'Angleterre avait, en effet, de grands intérêts commerciaux, tandis que ceux de la France étaient minimes ; mais celle-ci estimait, en qualité de puissance catholique, qu'il était de son devoir de protéger les missionnaires établis dans le Céleste Empire. Deux expéditions furent nécessaires pour contraindre la Chine à admettre chez elle les négociants européens et à respecter ses engagements. La première date de 1857, la seconde, plus importante, de 1860 ; la victoire de Palikao conduisit les alliés aux portes de Pékin.

Le traité de Tien-Tsin, signé en 1858, ratifié seulement en 1860, ouvre onze ports au commerce étranger. Il autorise la France et l'Angleterre à entretenir des représentants à Pékin, assure à leurs nationaux le droit de résider dans les ports sur des terrains spéciaux et sous la juridiction de leurs consuls. Les missionnaires catholiques demeurent placés sous la protection de notre gouvernement[1].

Nos négociants ne devaient malheureusement pas profiter des avantages que leur assurait la valeur de nos soldats ; ils ne vinrent en Chine qu'en petit nombre et n'essayèrent point de rivaliser avec les Anglais.

Entre la première et la seconde expédition de Chine la France était intervenue en Annam pour protéger, là aussi, les missionnaires catholiques persécutés depuis de nombreuses années. Un corps franco-espagnol (l'Espagne prenait une petite part à l'expédition pour venger ses propres missionnaires) s'était emparé de Tourane et de Saïgon (1858-1859). Lorsque en 1860 le traité de Tien-Tsin eut été ratifié par la Chine, le gouvernement français résolut de profiter de

---

1. Les États-Unis et les différents États européens obtinrent le bénéfice des traités anglais et français ; la Chine était désormais ouverte.
Le Japon s'ouvrait à la même époque (1858).
Voir plus loin, au chapitre vi, ce qui est dit du « protectorat catholique » exercé par la France en Chine.

la présence de nos navires dans les mers de l'Extrême Orient pour pousser avec vigueur les opérations entreprises en Cochinchine. Le delta du Mékong fut bientôt conquis, et, en 1862, le roi d'Annam dut céder à la France les trois provinces méridionales de son empire[1]. Cinq ans plus tard trois nouvelles provinces étaient annexées. D'autre part, le roi du Cambodge plaçait son royaume sous notre protectorat (1863).

Tandis que nos marins jetaient ainsi en Extrême Orient les fondements d'une riche colonie d'exploitation qui devait vingt-deux ans plus tard prendre les proportions d'un empire, nos ingénieurs, réalisant une œuvre depuis longtemps conçue, perçaient l'isthme de Suez (1869). C'était à la France, dont les négociants avaient longtemps tenu le premier rang en Asie Mineure et en Égypte, que revenait l'honneur d'ouvrir cette voie plus courte au commerce des Indes. Marseille, comme tous les ports de la Méditerranée d'ailleurs, allait trouver un accroissement considérable de trafic. Aucune nation toutefois ne devait plus gagner à l'ouverture du canal de Suez que l'Angleterre : elle possédait depuis un siècle l'empire de l'Inde, immense marché de 250 millions d'individus[2], et déjà son commerce avec la Chine, autre grand marché dont la population atteint près de 400 millions d'hommes, avait pris depuis une dizaine d'années une grande importance. La France était loin de jouir d'une situation aussi favorable : elle n'avait alors en Extrême Orient que la Cochinchine et son commerce avec la Chine était sensiblement moindre que celui de l'Angleterre.

Les deux nations, toujours rivales sur les mers, dans la paix aussi bien que dans la guerre, avaient l'une et l'autre songé à s'établir sur la route nouvelle avant même qu'elle fût ouverte. Mais, alors que la Grande-Bretagne, déjà maîtresse de Gibraltar et de Malte dans la Méditerranée, s'emparait, avec beaucoup d'habileté, d'Aden et de Perim (1839-1857), les clefs du détroit de Bab-el-Mandeb, la France se bornait à prendre possession du territoire d'Obok (1862).

1. L'Annam s'engageait en même temps à payer une indemnité de guerre à l'Espagne.
2. A la suite de la grande révolte des cipayes de 1857, un *bill* du parlement avait supprimé la Compagnie des Indes et donné à la couronne l'administration directe de la péninsule (1858).

L'action colonisatrice de la France durant le second Empire ne s'exerce pas seulement en Algérie et en Extrême Orient. Au Sénégal une « politique d'expansion » est inaugurée par le colonel Faidherbe, qui a pour conséquence d'étendre notre autorité, au grand avantage de notre commerce, sur les deux rives du fleuve; dans l'intérieur nos troupes avancent jusqu'à Médine, où elles défont les bandes du prophète El-Hadj Omar (1857). Au sud du Sénégal, sur la côte, nous établissons des postes et des comptoirs dans les vallées de la Cazamance, du rio Nuñez et du rio Pongo; dans le golfe de Benin, nous signons un traité de protectorat avec le roi du Porto-Novo, où des négociants marseillais possèdent des comptoirs (1863). En Océanie, enfin, la Nouvelle-Calédonie est occupée (1854). D'abord on installe dans cette île, saine et bien située, quelques familles de colons, mais bientôt on y transporte les condamnés aux travaux forcés (1864), et l'introduction de cet élément pénal a malheureusement pour conséquence d'entraver le développement de la colonisation libre.

A la fin de l'Empire nos colonies sont en voie de progrès. Le commerce total de la Martinique, de la Guadeloupe, de la Réunion (ancienne Bourbon), de la Guyane, de Saint-Pierre et Miquelon, du Sénégal et des établissements de l'Inde s'élève en 1869[1] à 242 809 000 francs,

1. Statistiques de 1869 :
Martinique : population 152 000 habitants ; — commerce total 62 979 000 francs, sur lesquels : exportations de la colonie en France 26 144 000 francs, importations de la France dans la colonie 14 239 000 francs.
Guadeloupe : population 128 000 habitants ; — commerce total 46 056 000 francs, sur lesquels : exportations de la colonie en France 25 511 000 francs, importations de la France dans la colonie 11 443 000 francs.
Réunion : population 211 000 habitants ; — commerce total 43 975 000 francs, sur lesquels : exportations de la colonie en France 19 840 000 francs, importations de la France dans la colonie 8 995 000 francs.
Guyane : population 17 700 habitants ; — commerce total 10 768 000 francs, sur lesquels : exportations de la colonie en France 2 310 000 francs, importations de la France dans la colonie 5 886 000 francs.
Sénégal : population 168 000 habitants ; — commerce total 35 344 000 francs, sur lesquels : exportations de la colonie en France 12 581 000 francs, importations de la France dans la colonie 7 588 000 francs.
Saint-Pierre et Miquelon : population sédentaire 3 176 habitants ; — commerce total 17 808 000 francs, sur lesquels : exportations de la colonie en France 4 554 000 francs, importations de la France dans la colonie 3 202 000 francs.
Établissements de l'Inde : population 261 449 habitants ; — commerce total 24 879 000 fr. sur lesquels : exportations de la colonie en France 11 279 000 francs, importations de la France dans la colonie 1 308 000 francs.

sur lesquels 152 979 000 francs représentent le mouvement des affaires entre la métropole et ses colonies. Ces chiffres sont supérieurs, ainsi qu'il doit être d'ailleurs, à ceux de 1842. D'autre part, deux grands faits se sont produits depuis vingt-sept ans, qui ont profondément modifié le régime économique de nos établissements d'outre-mer : l'abolition de l'esclavage en 1848, puis l'abolition du « pacte colonial », qui est remplacé en 1861 et 1866 par la liberté du commerce[1].

L'œuvre coloniale du gouvernement actuel est beaucoup plus considérable que celle du précédent. Dans ces dix dernières années la République a successivement placé sous le protectorat ou dans la sphère d'influence de la France : la Tunisie, l'Annam et le Tonkin, des territoires très étendus appartenant à la région du Niger et à celle du Congo, la grande île de Madagascar.

La Tunisie est une dépendance naturelle de l'Algérie ou mieux son prolongement au triple point de vue géographique, ethnographique et politique. Cette riche province était en quelque sorte promise à nos colons; son acquisition devait compléter l'établissement de la France dans l'Afrique du Nord. L'annexion de la Tunisie par une autre puissance européenne aurait d'ailleurs constitué une menace pour nos provinces algériennes, en même temps qu'elle aurait exposé nos flottes au danger de se voir fermer la route de l'Extrême Orient. Si l'Italie, qui possède la Sicile, s'était fixée à Carthage, elle aurait dominé sur les deux rives de ce canal de Sicile dont Malte garde déjà une entrée, mais dont l'autre entrée, ainsi que tout le parcours, lui aurait appartenu. Ses cuirassés, manœuvrant en croisière entre la Tunisie et la Sicile, auraient pu fermer le bassin de la Méditerranée orientale et la route de Suez aux flottes sorties de Toulon. La nécessité de protéger la province de Constantine contre les incursions de bandes tunisiennes fut le prétexte, en 1881, de l'occupation de la Régence par les troupes françaises. Le traité de Kasr-Saïd fut consenti

---

1. Voir plus loin, page 220 et suivantes, ce qui est dit du régime douanier actuel de nos colonies.

par le bey sans combat ; quelques mois après, le bombardement de Sfax arrêta des tentatives d'insurrection. Deux ans plus tard, la convention de la Marsa, complétant le traité de Kasr-Saïd, précisait la situation de fait créée par notre intervention : la Tunisie était placée sous notre « protectorat », le bey s'engageait « à procéder aux réformes administratives, judiciaires et financières que le gouvernement français jugera utiles ».

L'expédition du Tonkin, plus longue et plus coûteuse que la précédente, est une conséquence directe de l'établissement de la France à l'embouchure du Mékong. Elle est, en même temps, une conséquence indirecte des événements d'Égypte dont on trouvera plus loin le récit.

Il est, en effet, permis de penser que les ministres qui ont décidé d'engager notre action dans la vallée du Fleuve Rouge ont voulu permettre à la France de « prendre sa revanche » de l'échec très réel qu'elle venait d'éprouver en Égypte au lendemain de la bataille de Tel-el-Kébir[1]. Deux raisons sollicitaient d'ailleurs nos colons et le gouvernement à s'établir au Tonkin : d'abord la fertilité de cette immense région, beaucoup plus favorisée quant à la variété de ses productions que la Cochinchine, puis sa situation même, qui en fait la route commerciale la plus pratique pour pénétrer dans le Yun-nan et les autres provinces méridionales de la Chine.

Les Anglais, maîtres de l'Inde, cherchaient depuis longtemps dans la vallée de l'Irraouaddi une route qui ouvrirait à leur commerce les riches provinces centrales du Céleste Empire ; les Français, devenus maîtres de la Cochinchine, devaient obéir à la même préoccupation. Ils n'y manquèrent pas, en effet, et sous le second Empire tentèrent de remonter le Mé-Kong. Ce fleuve fut jugé innavigable. Mais, par une fortune heureuse, un de nos compatriotes, établi en Chine, découvrit peu d'années après la route du Song-Koï. C'est grâce à cette découverte que la France, après le voyage commercial de M. Dupuis et l'expédition militaire du lieutenant Garnier, put se faire reconnaître par la cour d'Annam certains droits sur le Tonkin

---

1. Voir plus loin, page 279.

(traité de Saïgon, 1874). Toutefois, dès que le pays eut été évacué par nos troupes, le gouvernement annamite oublia ses engagements et refusa la libre navigation du Fleuve Rouge à nos négociants.

INDO-CHINE.

En présence de cette situation et devant les espérances conçues, une expédition est jugée, à Paris, nécessaire autant qu'utile (1882). Il s'agit d'établir solidement notre autorité au Tonkin, de nous assurer la route dont nous pressentons les avantages. Nos troupes eurent à la fois à vaincre la résistance des Annamites, maîtres du pays, et des Chinois, qui prétendaient intervenir dans les affaires d'Annam en qualité de suzerains. La guerre dura deux années, de 1883 à 1885 : la prise de Hué, de Haï-Dzuong, de Sontay, de Hong-Hoa, la défense de Tuyen-Quan, le bombardement de Fou-Tchéou, les opérations contre Formose, la prise des Pescadores en sont les principaux événements. Les traités de Hué en 1884 et de Tien-Tsin en 1885 mirent fin aux hostilités. Le premier place le royaume d'Annam sous le protectorat de la France, en distinguant toutefois l'Annam proprement dit du Tonkin, qui est soumis à un régime de protection plus effectif, à un contrôle direct; le second, complété par une convention commerciale signée en 1886 et une convention additionnelle de 1887, — l'une et l'autre ratifiées le 30 novembre 1888, — contient l'engagement, pris par le Céleste Empire, de respecter le nouvel état de choses introduit par la France en Annam et d'autoriser, sur des points déterminés, les échanges entre la Chine et le Tonkin par la frontière de terre.

Pendant que nos troupes faisaient la conquête du Tonkin, le gouverneur de la Cochinchine avait imposé au roi de Cambodge un traité qui resserrait les liens du protectorat déjà existant (1884).

C'est ainsi que depuis 1885 les limites de notre action, on peut dire de nos possessions, bien qu'il ne s'agisse que de « protectorats », sont considérablement étendues en Extrême Orient. Saïgon n'est plus seulement le chef-lieu de la colonie de Cochinchine, elle est la capitale de « l'Indo-Chine française », empire d'une superficie d'environ 460 000 kilomètres carrés, d'une population de 18 à 20 millions d'âmes. L'Algérie, avec son annexe la Tunisie, est plus étendue, elle n'est point aussi peuplée.

Au Sénégal, la « politique d'expansion » inaugurée sous le second Empire n'a pas cessé d'être activement poursuivie par la République : en 1881, le Fouta-Djalon, vaste région située au sud du fleuve, entre la mer et le Niger, est placé sous notre protectorat; en 1883, le drapeau tricolore est porté à Bamakou, sur le moyen Niger; en 1887, une canonnière descend le fleuve jusqu'à Tombouctou, le principal marché du Soudan; en 1890, la place forte de Ségou sur le Niger, centre d'intrigues contre notre domination, est emportée; en 1891,

COMBAT CORPS A CORPS DANS LE VILLAGE DE KEP.

les deux forteresses ennemies de Nioro et de Bissandougou sont enlevées, un poste est établi à Kankan, à 500 kilomètres de la mer. Aujourd'hui, les immenses régions qui s'étendent entre l'Algérie et Tombouctou sont placées dans la « zone d'influence » de la France, les peuples divers habitant les vallées du haut Sénégal et les deux rives du moyen Niger sentent notre action directe, — et de hardis voyageurs ont relié nos postes du Niger à nos comptoirs de Grand-Bassam et d'Assinie. Tandis que notre colonie du Sénégal acquiert ainsi les dimensions d'une « Afrique occidentale française » et descend sur le moyen Niger, l'Angleterre, dépassant les anciennes limites de sa colonie de Lagos dans le golfe de Benin, étend son influence sur le bas Niger et une partie du moyen Niger, ainsi que sur les deux rives de la Bénoué. Les deux premières nations coloniales se trouvent ainsi avoir pris position l'une sur le cours inférieur, l'autre sur le cours supérieur du grand fleuve du Soudan. La Conférence de Berlin de 1885, dont on verra plus loin l'œuvre principale, prévoyant les progrès que l'Angleterre et la France pourraient faire dans la vallée du Niger dans le but d'ouvrir ces régions nouvelles à leur commerce, a sagement posé le principe de la liberté de la navigation du fleuve et de ses affluents « pour les navires marchands de toutes les nations ».

En suivant la côte occidentale d'Afrique vers le sud, on rencontre au delà du delta du Niger, d'abord la colonie allemande de Cameroun, puis l'estuaire du Gabon occupé par la France depuis 1859. Il y a une dizaine d'années, il n'existait au Gabon qu'un petit nombre de factoreries établies sur les rivières qui se jettent dans l'estuaire et aux bouches de l'Ogooué; l'intérieur du territoire était presque inexploré. Les voyages entrepris par M. de Brazza depuis 1875 — et surtout entre 1882 et 1885 — dans les vallées de l'Ogooué, de l'Alima, du Congo moyen et du Niari-Quilliou, ont à la fois fait connaître à la science la géographie de ces contrées et ouvert au commerce africain de nouveaux marchés. Elles ont eu en outre pour conséquence d'agrandir considérablement notre domaine dans l'Afrique équatoriale.

Il s'agissait, en Afrique comme en Asie, de trouver, pour l'ouvrir aux négociants, une route facile entre la mer et des régions qui semblent riches et appelées à un grand avenir commercial. Le Stanley-Pool, formé par le Congo lui-même, à environ 500 kilomètres de la mer à vol d'oiseau, paraissait être le principal marché de l'Afrique centrale, le point où pourraient venir s'échanger les produits de la vallée du grand fleuve. Mais ce point même semblait inaccessible, le Congo, coupé par de nombreux rapides entre le Pool et l'Océan, étant innavigable dans cette partie de son cours. Comment donc atteindre le Pool?

Nous avons vu, en Asie, l'Angleterre et la France chercher à gagner les provinces centrales de la Chine méridionale, l'une par l'Irraouaddi, l'autre par le Song-Koï. Nous devions voir, en Afrique, quelques années plus tard, la France, servie par M. de Brazza, et l'Association internationale du Congo (Société scientifique et commerciale ayant comme fondateur et directeur le roi des Belges), servie par M. Stanley, chercher une route marchande entre la côte et le Pool. Notre pays a-t-il été aussi heureux sur le continent africain que sur le continent asiatique? Il ne semble pas. Depuis 1885 la France occupe la vallée du Niari-Quilliou que M. de Brazza estime être la route, sinon la plus courte, au moins la plus pratique, pour relier la mer au Stanley-Pool; mais, à côté d'elle, l'Association internationale africaine, devenue l'État libre du Congo, tient le cours du fleuve et construit sur ses bords un chemin de fer qui reliera son embouchure au grand marché de l'Afrique centrale. Ce chemin de fer est même commencé. Sa construction sera, par suite des difficultés du terrain et du manque de travailleurs, une œuvre longue et coûteuse. Mais un jour, dans quelques années sans doute, elle sera achevée; l'État du Congo jouira alors d'une situation meilleure que la nôtre. Si, à ce moment, nous n'avons pas ouvert une route commerciale pratique dans la vallée du Niari-Quilliou, le mouvement des échanges empruntera évidemment le territoire de l'État et désertera le nôtre.

L'acquisition du Niari-Quilliou n'est pas la seule que nous ayons faite dans ces régions nouvelles : la sphère d'influence de la France a été étendue, sans expédition, sans combat, sur toutes les tribus qui habitent le haut Ogooué, les vallées du Lefini, de l'Alima et de la Likona, ainsi que sur les territoires de la rive droite d'une partie du Congo moyen[1].

Quelques mois après la conclusion des actes relatifs au Congo, le gouvernement de la République parvenait à résoudre heureusement,

VALLÉES DU CONGO ET DE L'OGOOUÉ.

sur un autre point de l'Afrique, une importante difficulté, en affirmant et en précisant la situation de la France à Madagascar.

Les droits de notre pays sur la grande île de l'océan Indien remontaient à l'année 1642, époque à laquelle Richelieu avait

---

1. Cette attribution de territoires résulte d'une Convention de délimitation signée entre la France et l'Association internationale africaine le 5 février 1885.

Quelques jours après la conclusion de cet acte, l'Association signait une seconde Convention de délimitation, celle-ci avec son autre voisin, le Portugal, qui, maître de la province d'Angola, réclamait certains territoires de la région du Congo.

Ces deux conventions passées, l'Association est demeurée en possession du bassin presque entier du Congo et de ses affluents. Elle a pris le titre d'« État Libre du Congo ».
— Voir plus loin, à ce sujet, la page 178.

accordé à une Compagnie le privilège de fonder des établissements et de faire le commerce dans l'île. Ces droits, exercés durant le xviie et le xviiie siècle, semblaient bien oubliés depuis le second Empire. Nous avions cessé d'entretenir aucun établissement sur la Grande Terre et nous bornions à l'occupation des îles de Sainte-Marie de Madagascar, de Nossi-Bé, de Mayotte, ainsi qu'au protectorat des peuplades sakalaves de la côte nord-ouest. Il semblait que la France eût oublié ses droits, se fût désintéressée. Les Anglais songeaient à prendre notre place; depuis plus de soixante ans ils suivaient dans l'île une politique très habile : elle consistait à encourager un des peuples de l'île, le peuple Hova, originaire des plateaux du centre, à descendre sur les côtes, en soumettant les différentes tribus qui les habitent; un jour serait évidemment venu où le gouvernement britannique serait intervenu pour « protéger » les Hovas.

Le plan du cabinet de Londres s'exécutait lentement. Déjà la reine des Hovas prenait le titre de « reine de Madagascar », se déclarait indépendante de toute puissance européenne. Ses agents firent plus : ils lésèrent les intérêts des négociants français, repoussèrent nos plus légitimes réclamations, attaquèrent les tribus sakalaves placées sous notre protectorat. Si nous avions longtemps supporté une semblable attitude, toléré un pareil état de choses, il ne serait bientôt plus rien demeuré de nos anciens droits. Nous aurions vu, dans un avenir prochain, la Grande-Bretagne établir son autorité sur les Hovas et faire ainsi d'une colonie française abandonnée une possession anglaise. Les ministres de la République le comprirent ; aussi jugèrent-ils en 1882, après avoir tenté de négocier avec les Hovas, que l'heure était venue de ressaisir un bien qui nous échappait. Des opérations militaires furent alors entreprises sur les côtes, le blocus établi. Les Hovas durent se soumettre après une résistance de trois années (1883-1885, prise de Majunga et de Tamatave). Le traité du 17 décembre 1885 plaça l'île entière sous notre protectorat : « Le gouvernement de la République représentera Madagascar dans toutes ses relations extérieures...; un Résident représentant le gouvernement de la République résidera à Tananarive avec une escorte militaire...; les citoyens français pourront résider, circuler et faire le commerce librement dans toute l'étendue des États de la reine. Le traité donnait, en outre, à la France « le droit d'occuper la baie de Diego Suarez et d'y faire des installations à sa convenance ». Cette magnifique baie, située sur la côte orientale nord, a une grande importance stratégique; nous y avons élevé des établissements qui sont occupés.

V

Notre empire colonial.

L'Empire colonial de la France. — Son étendue. — Il y a trois sortes de colonies. — L'Algérie et la Tunisie. — Leur état de développement. — Leur commerce. — Leur avenir. — L'Afrique est pour l'Europe un « Nouveau Monde ». — Colonies des nations européennes en Afrique. — Le domaine de la France. — Situation de l'Angleterre. — Le Sénégal, le Soudan et le Sahara Français. — Les Rivières du Sud. — Les Établissements du golfe de Bénin. — Le Gabon, le Congo Français. — Madagascar. — Obok. — L'Angleterre, la Russie, la France et le Portugal en Asie. — L'Indo-Chine Française. — Progrès du Tonkin et de l'Annam. — Le voisinage de la Chine. — Commerce de l'Indo-Chine. — Les Établissements de l'Inde. — Les colonies des puissances européennes en Amérique. — La Martinique et la Guadeloupe. — Les colonies de plantations de l'océan Indien. — La Guyane. — Saint-Pierre et Miquelon. — Les intérêts des puissances européennes dans l'océan Pacifique. — La Nouvelle-Calédonie. — Tahiti et nos archipels océaniens. — Mouvement général du commerce de notre Empire colonial. — Son régime économique. — Le principe de la liberté commerciale. — Le Régime douanier de l'Algérie et de la Tunisie. — Essai d'un tarif protecteur de l'industrie française en Indo-Chine. — Abandon du système du « pacte colonial ». — La liberté commerciale. — Le sénatus-consulte de 1866. — La protection des marchandises françaises à la Réunion et aux Antilles. — De la situation du commerce français dans nos établissements d'outre-mer. — Nos colonies sont-elles des débouchés ouverts à l'industrie métropolitaine? — Pourquoi les marchandises françaises ne se vendent pas également dans toutes nos colonies. — Les ventes en Algérie, en Tunisie, aux Antilles, à la Réunion. — La concurrence anglaise et allemande en Afrique et en Indo-Chine. — Manque d'initiative des industriels français. — Le régime protecteur temporaire ; ce qu'on peut en attendre. — Comment la Grande-Bretagne est devenue une nation industrielle du fait de ses colonies. — Conséquences heureuses que pourrait avoir un réveil de l'industrie française en Afrique et en Asie. — Les importations des colonies en France. — Leur utilité pour l'industrie métropolitaine. — Est-il exact de prétendre que nos colonies sont des « colonies de fonctionnaires » ? — Examen de cette objection à la politique coloniale. — Notre émigration comparée à celle des autres peuples. — Les Français en Algérie et en Tunisie. — Nécessité de hâter le peuplement de ces provinces par une active propagande. — Exemple emprunté à l'Angleterre.

L'acquisition de l'Algérie, de la Tunisie, de l'Indo-Chine, de Madagascar, des immenses régions du Sahara et du Congo Français a considérablement augmenté l'étendue et l'importance de nos établissements d'outre-mer. Aussi peut-on dire que la France possède aujourd'hui un nouvel « Empire colonial » et que, dans la mesure où cela était possible, elle a réparé les effets du désastreux traité de Paris.

Cet « Empire colonial » dont les « provinces », d'importance bien différente, sont réparties dans quatre des cinq parties du monde, comprend : En Afrique, l'Algérie, la Tunisie, le Sénégal avec le Soudan et le Sahara Français, les Rivières du Sud[1], Grand-Bassam et Assinie[2], Porto-Novo[3], le Gabon et le Congo Français, Madagascar, Sainte-Marie, Mayotte, Nossi-Bé, les Comores[4], la Réunion, Obok[5] ; — en Asie, les Établissements de l'Inde[6], l'Indo-Chine française, avec la Cochinchine, le Cambodge, l'Annam et le Tonkin ; — en Amérique, la Martinique, la Guadeloupe avec ses dépendances[7], la Guyane, les îles

---

1. La Cazamance, le rio Compony, le rio Nunez, le rio Pongo et la Mellacorée.
2. La colonie de Grand-Bassam et Assinie s'étend sur la côte depuis la rivière Cavally jusqu'à la colonie anglaise de la Côte de l'Or, dans l'intérieur jusqu'aux territoires du Soudan Français.
3. Dans le voisinage de Porto Novo, la France exerce son protectorat sur les territoires de Kotonou, Grand-Popo, Abananquem, Agwey et le pays des Ouatchis.
4. L'archipel des Comores comprend la Grande-Comore, Anjouan, Mohéli et leurs dépendances. (Protectorat depuis 1886.)
5. La colonie d'Obok s'étend sur les territoires voisins de Sagalo et de Tadjourah. — Nous pourrions, en outre, prétendre des droits sur le territoire de Cheik Saïd, situé sur la côte arabique, en face de l'îlot anglais de Périm.
6. Ces Établissements sont au nombre de cinq : Pondichéry, Chandernagor, Karikal, Yanaon, Mahé. — La France a, en outre, des droits, qu'elle n'exerce pas, sur neuf « loges » ou petits territoires enclavés au milieu des provinces anglaises : dans le Bengale, Balasore, Dacca, Jongdia, Kazimbazar, Patna ; sur la côte de Malabar, Calicut ; dans le Goudjerate, Surate ; sur la côte d'Orissa, Masulipatam et Francipett.
7. Ces dépendances sont : Marie-Galante, la Désirade, les Saintes, Saint-Barthélemy et une partie de l'île Saint-Martin. L'autre partie appartient à la Hollande.

Saint-Pierre et Miquelon[1]; — en Océanie, la Nouvelle-Calédonie et ses dépendances[2], les Établissements de l'Océanie[3].

AFRIQUE.

1. En même temps qu'elle possède ces deux îlots, la France a, en vertu des traités avec l'Angleterre (traités d'Utrecht, de Paris 1763, de Versailles, de Paris 1814), le droit exclusif de pêcher et sécher le poisson sur la partie de la côte de l'île de Terre-Neuve comprise entre le cap Saint-Jean et le cap Ray en passant par le nord.

2. Quelques îlots voisins (l'île Nou, l'île des Pins), puis les archipels Loyalty, à proximité, — Wallis et Futuna, sensiblement éloignés (protégés depuis 1887 et 1888).

3. Sous ce nom sont désignés les archipels et les îles possédés par la France en Océanie : Tahiti et Morea, Raïatea, les Touamotou, les Gambier, les Toubouaï, Rapa, les Marquises.

On peut évaluer la population totale de l'ensemble de nos possessions et protectorats à 26 ou 30 millions d'âmes environ, non compris les régions africaines placées dans notre « sphère d'influence[1] », mais il serait téméraire d'en vouloir donner la superficie, même approximative[2].

---

[1]. Population des colonies et pays protégés :

Algérie	4 113 683	habitants.
Tunisie	1 100 000 (?)	—
Sénégal et Rivières du Sud	182 176	—
Soudan et Sahara Français	(?)	
Établissements du Golfe de Guinée (Grand-Bassam, Assinie, Porto Novo, etc.)	200 000 (?)	—
Gabon et Congo Français	(?)	
Madagascar	5 000 000 (?)	—
Sainte-Marie de Madagascar	7 667	—
Réunion	165 000	—
Mayotte	9 598	—
Nossi-Bé	7 805	—
Les Comores	47 000	—
Obok	20 000	—
Cochinchine	1 916 429	—
Cambodge	1 500 000 (?)	—
Annam	2 000 000 (?)	—
Tonkin	12 000 000 (?)	—
Établissements de l'Inde	280 303	—
Martinique	175 863	—
Guadeloupe et dépendances	165 164	—
Guyane	25 296	—
Saint-Pierre et Miquelon	5 983	—
Nouvelle-Calédonie et îles Loyalty	62 752	—
Wallis et Futuna	2 000 (?)	—
Établissements de l'Océanie	22 743	—
Ile Kerguelen	(?)	

Ces chiffres, empruntés aux sources les plus dignes de foi, parmi lesquelles les statistiques de l'administration, doivent être considérés, — pour la plupart, — comme très approximatifs. Il faut noter aussi que dans plusieurs colonies la garnison et les émigrants « engagés » ont été compris dans la population totale ; ce calcul fait ressortir une majoration de quelques milliers d'individus au total général.

Pour l'Algérie le chiffre de 4 113 683 habitants (recensement de 1891) représente la population totale civile, déduction faite de l'armée d'occupation, des deux régiments étrangers, de la population dite « en bloc », soit 65 à 68 000 personnes. Il se décompose en 260 362 Français, — 47 677 Israélites naturalisés, — 3 567 223 Musulmans sujets français, — 18 501 Marocains et Tunisiens, — 219 920 étrangers (Espagnols, Italiens, Maltais, etc.).

2. Superficie de quelques colonies et pays protégés : Algérie 479 000 kilomètres carrés, — Tunisie 116 à 118 000 kil. carr., — Cochinchine 59 000 kil. carr., — Cambodge 100 000 kil. carr. (?), — Annam 100 000 kil. carr. (?), — Tonkin 200 000 kil. carr. (?), — Madagascar 600 000 kil carr. (?).

Nous rappellerons, à titre de comparaison, que la superficie de la France est de 529 000 kilomètres carrés, et sa population de 38 343 191 habitants (recensement de 1891).

Quelle est la valeur de l'Empire colonial français? Quelle est la situation actuelle, le régime douanier, le commerce de nos colonies? Quelle « utilité commerciale » présentent-elles pour la métropole? Enfin quel est leur avenir[1]?

Les colonies fondées par les nations européennes en Amérique, en Afrique, en Asie, en Océanie, loin d'avoir toutes les mêmes caractères, présentent des différences si profondes, que l'observation les a fait répartir en trois classes distinctes : les colonies de peuplement, les colonies d'exploitation et les colonies de commerce.

Il n'est pas sans utilité de rappeler les traits principaux qui distinguent ces trois sortes de colonies.

Les colonies de peuplement ou colonies agricoles se fondent dans des pays vastes, peu habités, de climat tempéré, dans lesquels les émigrants de la nation colonisatrice peuvent se rendre en grand nombre, trouver des terres, les cultiver, s'établir sans esprit de retour et créer ainsi une nouvelle patrie. Ces colonies exigent, avant toute chose, un courant d'émigration considérable ; elles ne se développent donc que si elles appartiennent à une nation dont la population croît sensiblement chaque année et peut fournir un nombre considérable de colons. Le Canada, l'Australie, la Nouvelle-Zélande sont des colonies de peuplement et doivent être cités comme les premiers exemples de l'expansion des races européennes dans les pays d'outre-mer.

Les colonies d'exploitation ou de plantation sont les terres des tropiques où l'on cultive presque exclusivement la canne, le café, le cacao, « les denrées coloniales ». Les Européens s'y acclimatent et forment la « population créole : » toutefois ils ne travaillent pas la terre ; ce sont les indigènes ou des immigrants — autrefois des esclaves — qui remuent le sol sous la direction des « blancs ». Les cultures tropicales exigent une main-d'œuvre nombreuse et des

---

1. Le lecteur désireux de faire une étude complète de ces questions et de toutes les autres relatives à nos colonies pourra se reporter à nos deux précédents volumes : *Les colonies françaises, leur commerce, leur situation économique, leur utilité pour la métropole, leur avenir* ; — *La France dans l'Afrique du Nord, Algérie et Tunisie*, ouvrage honoré d'une récompense par l'Académie des sciences morales et politiques. Seconde édition. — Les deux volumes chez Guillaumin, éditeur, Paris.

capitaux importants, mais un faible nombre d'Européens. Les Antilles françaises, anglaises, espagnoles, les Indes néerlandaises, l'Inde, l'Indo-Chine appartiennent à cette seconde catégorie.

Les colonies de commerce sont des comptoirs, des factoreries établies par les Européens au milieu de populations primitives, sous un climat souvent malsain, dans le but d'échanger contre un petit nombre de marchandises — étoffes, armes, liqueurs, etc., — le caoutchouc, l'ivoire, les graines oléagineuses et les autres produits de la région. La nation à qui appartiennent ces colonies n'est pas dans la nécessité de soumettre les indigènes à sa domination; il lui suffit de maintenir la paix entre les tribus, de construire quelques postes afin de donner au commerce la sécurité dont il a besoin. Les colons sont d'ailleurs peu nombreux et rarement ils s'établissent sans esprit de retour ; mais il est nécessaire qu'ils disposent d'importants capitaux pour se livrer à leurs opérations commerciales. Le Sénégal, le Gabon, le Congo, les établissements anglais et portugais de la côte d'Afrique, sont des colonies de commerce.

La France est riche, elle possède d'abondants capitaux qui peuvent être engagés dans les affaires d'outre-mer, mais sa population ne croît que lentement, son émigration est faible. Dans de semblables conditions les colonies de commerce et d'exploitation répondent beaucoup plus à son état économique et social que les colonies de peuplement, et précisément notre Empire ne comprend que des colonies appartenant à ces deux premiers types; aucune de nos possessions ne présente exclusivement les caractères d'une colonie de peuplement.

L'Algérie, bien qu'elle soit habitée aujourd'hui par une population européenne importante, fixée sans esprit de retour, n'offre point, comme l'Australie par exemple, les traits essentiels d'une colonie de peuplement. Elle tient, à la fois, de la colonie de peuplement, parce que les Européens peuvent s'y acclimater et travailler, et de la colonie d'exploitation, parce qu'une population indigène nombreuse, dont la présence impose une limite à l'expansion des colons, y est établie. C'est ainsi que la France s'est trouvée dès le premier jour, sur les côtes africaines de la Méditerranée, en présence de deux difficultés

ORAN.

que l'Angleterre n'avait pas rencontrées dans l'océan Pacifique : d'abord, une population de plus de 2 millions d'Arabes et de Berbères, maîtresse du sol, jalouse de son indépendance, fanatisée par sa religion, puis, comme conséquence, l'obligation de conquérir chaque parcelle de cette terre possédée, de tailler sa part au colon, de la défendre contre les retours des anciens propriétaires.

L'histoire de l'Algérie est pendant vingt-sept années pleine d'ex-

ALGÉRIE ET TUNISIE.

péditions, de combats et de batailles. Cet état de guerre ne pouvait hâter les débuts de la colonisation. La conquête achevée, la population vaincue est restée sur le sol. En Australie des espaces immenses s'ouvraient aux émigrants, la terre était à eux, et, la main-d'œuvre indigène faisant défaut, chaque nouveau venu était assuré de trouver du travail et de gagner, avec ses bras, l'existence de sa famille; en Algérie, au contraire, le champ du colon était limité par le voisinage de celui de l'indigène, et, ce dernier s'offrant pour exécuter à bas prix certains travaux de culture, il n'y avait pas de place pour les ouvriers agricoles, les valets de ferme, ce que l'on pourrait appeler le « prolétariat agricole ».

Lorsque l'on songe à ces profondes différences existant entre deux colonies qui sont quelquefois comparées, bien inexactement, l'une à l'autre, lorsque l'on envisage les difficultés spéciales que la France a rencontrées en Afrique, on n'hésite point, en présence des résultats aujourd'hui constatés, à reconnaître que l'œuvre entreprise en Algérie mérite d'être louée.

L'ancienne Régence d'Alger, qui en 1830 n'était qu'un repaire de pirates, possède une population de 480 000 Européens, sur lesquels 260 000 Français ; un million d'individus y parlent notre langue, ou, au moins, peuvent s'en servir ; ses ports entretiennent avec les différents pays un mouvement total d'affaires de 534 millions et demi, dont près de 405 avec la métropole[1]. Dans la région du Tell et dans quelques parties des Hauts-Plateaux et du Sahara, l'Algérie est préservée de la sécheresse et cultivée par les colons ; ils font surtout la vigne, les céréales, les orangers, les oliviers, les palmiers ; la superficie totale des propriétés rurales possédées par les Européens mesure 1 540 000 hectares ; la culture de la vigne est pour eux, depuis une douzaine d'années, une source de grands profits[2] ; l'exportation des bestiaux et des céréales atteint des chiffres considérables ; les forêts

---

1. Chiffres extraits du *Tableau général du commerce de la France pour* 1890 :
Exportations de l'Algérie :
En France . . . . 209 995 965 fr.
A l'étranger 51 626 276
                                          261 622 241 fr.
Importations en Algérie :
Marchandises françaises . . . . 194 864 099 fr.
Marchandises étrangères 78 102 991
                                          272 967 090

Total général . . . . 534 589 331 fr.
Ce chiffre est le plus haut qu'ait atteint jusqu'ici le commerce de l'Algérie.
Principales exportations de l'Algérie : vins, bestiaux, céréales, laines, alfas, huiles, fruits, lièges, eaux-de-vie, tabac....
Principales importations de l'Algérie : tissus de coton et de laine, ouvrages en peau ou en cuir, outils et ouvrages en métaux, vêtements, cafés, vins, sucres, fontes, fers, aciers....
Après la France, les pays qui entretiennent avec l'Algérie le plus grand commerce sont l'Angleterre, l'Espagne, l'Italie et la Tunisie. — Les statistiques douanières ne font pas ressortir dans les chiffres ci-dessus la part du commerce de l'Algérie avec les colonies françaises (sauf la Tunisie) ou les réexportations. Cette part doit être peu importante.

2. Hectares plantés en vignes à la fin de 1891 : 107 000. — Récolte : 4 058 000 hectolitres de vin.

et les mines entrent en exploitation ; des routes et des chemins de fer relient entre eux les centres principaux ; la population indigène travaille et augmente ; le rendement des impôts arabes ne cesse de croître.

Ces chiffres et ces faits méritent d'être cités ; ils répondent aux attaques injustes, ils donnent foi en l'avenir. Ce n'est point à dire, assurément, que tout soit fait. L'élément français est aujourd'hui trop faible vis-à-vis de l'élément étranger ; les richesses de la terre africaine, ses ressources, la variété de ses cultures ne sont pas assez connues dans notre pays ; l'émigration des hommes et celle des capitaux ne sont point suffisamment actives ; de grands travaux publics sont encore nécessaires ; la « question indigène », c'est-à-dire la « conquête morale » des vaincus qui doit suivre et affermir la « conquête militaire », est loin d'être résolue. Européens et indigènes vivent côte à côte sans se comprendre, — il faut le dire, sans s'aimer…. Mais il importe de ne point oublier que la colonie n'est guère âgée de plus de soixante ans. C'est la tâche des administrateurs actuels et de ceux qui les remplaceront de résoudre les problèmes posés ; c'est aussi l'affaire du temps. On a dit avec beaucoup de raison que si vingt à vingt-cinq années sont nécessaires pour le développement physique et intellectuel d'un homme, ce n'est pas trop d'accorder un siècle à une nation qui s'établit dans un pays nouveau, à travers mille difficultés, puis s'impose la tâche de transformer des régions barbares et incultes en une colonie riche et florissante.

La marche de la colonisation en Algérie, les progrès qui, chaque année, y sont constatés, permettent de prévoir ce qui adviendra de la Tunisie, — l'ancien « grenier de Rome », — annexe naturelle de notre colonie africaine. Les résultats obtenus depuis l'établissement de notre protectorat dans la Régence de Tunis en 1881 sont déjà un premier gage de succès. La soumission du pays ayant été assurée presque sans combat, à la différence de ce qui s'est produit en Algérie, les colons français ont pu s'établir en toute sécurité dès le lendemain du traité de Kasr-Saïd ; leur nombre n'est pas encore considérable : il atteint cependant, d'après le recensement en 1891, 10 250 individus ; le groupe étranger, fait surtout d'Italiens et de

Maltais, est plus important, puisqu'il dépasse 25 000 personnes; mais ce sont les colons français qui ont apporté les capitaux, acheté les terres, planté les vignes. Bien qu'ils mettent, comme les colons algériens, leurs premières espérances dans la culture du cep, ils ne négligent pas les autres richesses de la terre tunisienne : les oliviers, les céréales, les forêts, les palmiers. Ils possèdent aujourd'hui — la part des étrangers est minime dans ces chiffres — près de 440 000 hectares; il est vrai que les 120 000 hectares du magnifique domaine de l'Enfida sont compris dans ce chiffre, mais ce domaine appartient à une société française qui le met peu à peu en valeur et allotit une partie de ses terrains pour les vendre aux nouveaux arrivants. 3 170 hectares sont plantés en vignes et la récolte de 1891 a produit 105 000 hectolitres de vin. Le commerce de la Régence, qui était annuellement, avant l'occupation, d'environ 22 à 24 millions de francs, s'est élevé dans l'année prolongée 1890-1891 à près de 83 millions[1]. Ce sont là des résultats très satisfaisants. Depuis moins de deux ans le mouvement de échanges entre la France et la Tunisie a beaucoup augmenté, grâce au vote d'une loi qui établit entre les deux pays un régime douanier libéral[2]. Au lendemain de l'établis-

---

[1]. Commerce de la Tunisie d'après les documents tunisiens pendant l'exercice 1890 prolongé (du 13 octobre 1890 au 31 décembre 1891). Cette année de 14 mois et demi a été imaginée par l'administration du Protectorat pour faire atteindre à l'année « tunisienne », qui commence le 12 octobre et finit le 13 octobre suivant, le premier jour de l'année du calendrier grégorien. Désormais les statistiques annuelles de la Tunisie courront, comme les nôtres, du 1er janvier au 31 décembre.

Exportations de la Tunisie :
En France . . . . 24 786 523 fr.
En Algérie 6 241 970
A l'étranger 11 712 906
                      42 741 199 fr.

Importations en Tunisie :
De France . . . . 21 176 605 fr.
D'Algérie 1 091 579
De l'étranger 17 888 393
                      40 156 577

Total général . . . . 82 897 776 fr.

Principales exportations de la Tunisie en France : blés, orges, huiles, laines, vins, peaux, éponges....
Principales importations de la France en Tunisie : farines et semoules, peaux préparées, ouvrages en peau et en cuir, soies écrues, métaux et machines, vêtements, sucres....

[2]. Loi du 19 juillet 1890. — Voir plus loin dans ce chapitre.

sement du protectorat de la France, la nation protectrice avait commis la faute de laisser subsister entre ses ports et ceux de la Régence l'ancien mode commercial, très préjudiciable au développement des affaires. Aussi les colons se plaignaient-ils avec raison de ne pouvoir exporter leurs produits en France dans des conditions aussi favorables que celles dont jouissaient leurs voisins d'Algérie, et déjà le découragement se manifestait, des protestations justifiées se faisaient entendre.

La réforme douanière est aujourd'hui acquise et les statistiques de 1891 accusent, les premières, ses heureux résultats.

D'autres mesures, également utiles, devront suivre cette première réforme : tout d'abord on ne rencontre actuellement dans la Régence que la grande et la moyenne propriété européenne ; le petit propriétaire, le « petit colon », celui qui fait le nombre, et, en partie, la richesse en Algérie, n'est point encore installé. Il importe qu'il soit « sollicité » à s'établir, parce qu'il pourra constituer dans une cinquantaine d'années un élément français sérieux, attaché au sol, établi au milieu des indigènes, faisant un utile contrepoids à la population italienne et maltaise. L'organisation d'un système de publicité semblable à celui adopté par les colonies australiennes permettrait d'atteindre ce but. On verra plus loin, dans ce chapitre, en quoi consiste ce système, mais il convient de noter ici même qu'un décret du Président de la République en date du 16 octobre 1890 a institué en Tunisie un « directeur des renseignements et du contrôle », dont la tâche principale paraît être de « solliciter » l'émigration vers la Régence. Le rapport du Ministre des affaires étrangères précédant le décret porte en effet : « Il incombe au gouvernement une mission dont il ne saurait se désintéresser : faire connaître les avantages de la Tunisie par la plus large publicité, épargner le temps et les frais aux personnes que ces avantages tenteront par un service de renseignements aussi complet que possible ; préparer et faciliter les transactions ayant pour objet de multiplier en Tunisie une population agricole expérimentée et d'y asseoir sur des bases solides le régime de la population. »

Mais il ne serait pas encore suffisant d'amener des colons. Il faut, pour qu'ils s'installent et réussissent dans leurs entreprises, un bon régime hydraulique, un réseau de routes et de chemins de fer, des institutions de crédit. En ces matières, tout ou presque tout est à faire : il n'a été jusqu'ici fondé dans la Régence aucune banque privilégiée, et si un port est en construction à Tunis, il n'a pas été, en revanche, concédé un seul kilomètre de chemin de fer. Lorsque le Ministre des affaires étrangères, de qui dépend la Tunisie, aura réalisé ces progrès par l'intermédiaire du Bey, le pays, même s'il n'est pas annexé et demeure « protégé », pourra être considéré, avec notre corps d'occupation, nos « contrôleurs » des fonctionnaires beylicaux, nos colons et le mouvement d'échanges qu'il entretiendra avec nos ports, comme la quatrième province de la France africaine.

L'Algérie et la Tunisie, situées sur les rivages de la Méditerranée, en face de nos côtes, jouissant d'un climat favorable à l'établissement de notre race, semblent un prolongement de la mère patrie. Elles sont la « France africaine », mais elles ne sont point toutes les possessions de la France en Afrique.

Notre domaine est bien autrement vaste, sur cette terre qui devient pour l'Europe à la fin du XIXe siècle un « Nouveau Monde » ouvert à toutes les entreprises, à toutes les ambitions.

Il y a une vingtaine d'années, la France, l'Angleterre, le Portugal et l'Espagne, vieilles nations coloniales, étaient seules établies sur les rivages du « noir continent ». L'Algérie et le Cap se développaient, le Sénégal commençait à s'étendre vers l'intérieur ; des voyageurs avaient visité d'immenses régions inconnues ; un des plus célèbres, Livingstone, mourait dans un misérable village noir ; des négociants français et anglais trafiquaient aux côtes occidentale et orientale. Cependant il ne paraissait pas que les puissances européennes eussent hâte de s'assurer de grands domaines sur la terre des enfants de Cham ; l'établissement des Italiens à Assab, sur la mer Rouge (1870), ne paraissait témoigner d'aucune ambition coloniale. Mais tout à coup la lente marche des événements a été hâtée : le récit des voyages de Stanley, de Brazza, du Dr Nachtigal, la brusque résolution prise par

TUNIS.

le prince de Bismarck de fonder des colonies en Afrique, le débarquement des Italiens à Massaouah, les progrès du commerce, la recherche de nouveaux marchés, l'espérance que les territoires africains peuvent être riches et fertiles, sont autant de causes qui ont communiqué aux peuples de l'Europe ce que l'on pourrait appeler un accès de « fièvre coloniale ».

SÉNÉGAL ET SOUDAN FRANÇAIS.

Tous, du jour au lendemain, se sont préoccupés des choses africaines : l'Acte de Berlin de 1885 et les Conventions diplomatiques de 1890 sont les deux grandes manifestations de la politique nouvelle. Fait digne de remarque, ces manifestations ne témoignent pas du même esprit.

En 1885, les puissances réunies à Berlin, sur l'initiative de l'Allemagne, veulent prévenir l'établissement d'une ou plusieurs d'entre elles dans le bassin du Congo au préjudice des autres. Dans ce but elles donnent la vie à une sorte d'État neutre, sans nationalité, qui relèvera du roi des Belges sans appartenir à la Belgique, l'État du Congo[1], puis elles déclarent libres, pour tous les pavillons, le commerce et la navigation du grand fleuve et de ses affluents. Elles appliquent, en outre, les mêmes principes de liberté au bassin du Niger, afin que l'Angleterre et la France, qui établissent leur autorité dans ces régions, ne puissent les interdire au commerce international.

En 1890, au contraire de ce qui avait été fait cinq ans auparavant, il ne s'agit plus de limiter l'expansion des nations européennes en Afrique, mais bien de partager d'immenses régions connues et inconnues entre l'Angleterre et l'Allemagne, l'Angleterre et la France, l'Angleterre et le Portugal, l'Angleterre et l'Italie[2]. Chaque nation veut sa part dans le « Nouveau Monde », et des régions inexplorées, habitées par des sauvages qui n'ont jamais vu un « blanc », sont attribuées et délimitées dans des réunions de diplomates. Les chancelleries proclament la doctrine de l' « Hinterland » ou de l' « arrière-pays », en vertu de laquelle une puissance européenne ayant une station sur un point de la côte peut réclamer « derrière » toute la profondeur du continent jusqu'au point de

---

1. La « question du Congo » avait été posée par la rivalité de la France (maîtresse du Gabon et de l'Ogooué), du Portugal (maître de la province d'Angola) et de l'Association Internationale du Congo (Société géographique et commerciale dirigée par le roi des Belges, ayant Stanley à son service et établie sur le bas Congo), qui toutes trois élevaient des prétentions sur l'immense région arrosée par le fleuve et ses affluents.

Dès la réunion de la Conférence de Berlin (novembre 1884), le drapeau de l'Association Internationale, déjà reconnu par les États-Unis, le fut successivement par l'Allemagne, l'Angleterre, l'Italie, l'Autriche-Hongrie, les Pays-Bas, l'Espagne, la France et le Portugal. Ces deux dernières nations signèrent en même temps des conventions de délimitation avec l'Association qui devenait un État, l'État du Congo.

L' « Acte général » fut à son tour signé (26 février 1885). Il dispose que le commerce de toutes les nations jouira d'une complète liberté dans le bassin du Congo et de ses affluents, ainsi que dans les zones voisines, que la navigation du fleuve demeurera également libre et que les routes, chemins de fer ou canaux qui pourront être faits dans le but de suppléer aux imperfections du système fluvial seront ouverts au trafic de toutes es nations sans taxes différentielles.

La souveraineté du nouvel État est reconnue, à titre personnel, au roi Léopold II de Belgique.

2. Convention entre l'Angleterre et l'Allemagne du 1er juillet 1890 ; — Convention entre la France et l'Angleterre du 5 août 1890; Convention entre l'Angleterre et le Portugal de juin 1891. — La Convention entre l'Angleterre et l'Italie n'est pas signée. Elle a plusieurs fois donné lieu à des négociations, mais les deux gouvernements n'ont pu encore s'entendre.

rencontre avec la puissance qui a fondé une station semblable sur le littoral opposé. Ces partages et ces doctrines remettent en l'esprit la célèbre bulle du pape Alexandre VI divisant le monde entre les Espagnols et les Portugais.

Les Conventions de 1890 n'ont pas « réglé » la question du partage de l'Afrique, mais plutôt l'ont « posée » dans des termes nouveaux : les pays attribués, il faut les reconnaître, en dresser la carte, puis y jeter des postes, y nouer des relations politiques et commerciales ; les pays non encore attribués, il faut les atteindre, y planter un drapeau. C'est ainsi que la France, l'Angleterre, l'Allemagne ont sur tous les points des agents ou des explorateurs. Il s'agit surtout aujourd'hui d'arriver sur les bords du lac Tchad. Les diplomates anglais et français ont pris pour limite des sphères d'influence des deux pays le village de Barrua, sur la rive occidentale du lac. Ce village, il importe d'y arriver, — puis les rives septentrionale, orientale, méridionale sont libres ; qui le premier les verra, en prendra possession au nom de son pays ? Paul Crampel, parti d'un poste français sur l'Oubanghi dans le dessein d'atteindre le lac Tchad, été massacré sur sa route ; mais d'autres voyageurs sont partis, — MM. Monteil, Mizon, Dybowski, Maistre et peut-être Brazza, — qui, par des routes différentes, marchent vers le même but. La France arrivera-t-elle la première sur les bords du lac Tchad ? ou bien l'Angleterre ? ou bien l'Allemagne, dont les explorateurs s'appuient sur la colonie de Cameroun ?

Les puissances européennes ne se sont pas bornées à se partager les territoires africains, elles ont aussi songé, grâce à l'appel du roi Léopold et du cardinal Lavigerie, à réprimer l'esclavage, qui déshonore et ruine le « noir continent ». Trois régions principales sont exploitées par les trafiquants de chair humaine : le Soudan occidental, le Soudan oriental, les territoires des lacs Albert et Victoria Nyanza. La conférence anti-esclavagiste de Bruxelles, réunie pour aviser à réprimer le trafic des Noirs, a arrêté, au mois de juin 1890, un « Acte général » issu de ses délibérations. Cet « Acte » est un code entier sur la recherche et la répression de la traite. Toutes les puissances l'ont aujourd'hui ratifié.

En dehors des rares États indigènes qui conservent encore, pour un temps, leur indépendance, et de l'État libre du Congo, six puissances se partagent l'Afrique. Ce sont la France, l'Angleterre, l'Allemagne, le Portugal, l'Espagne et l'Italie; après elles, il convient de mentionner la Turquie, maîtresse de la Tripolitaine et de l'Égypte.

La France, au lendemain des Conventions diplomatiques de 1890, conserve en Afrique la situation prépondérante qu'elle y avait la veille. Elle est, elle demeure, à n'en point douter, la première parmi les puissances européennes. L'Angleterre elle-même, notre heureuse rivale sur les mers, la maîtresse de l'Inde en Asie, du Canada en Amérique, de l'Australie en Océanie, ne vient qu'après nous sur la terre africaine. Ses colonies, ses protectorats, ses « zones d'influence » représentent une superficie totale inférieure à celle que couvre notre pavillon; mais, en serait-il autrement, la France serait encore la première, car son domaine est le plus riche. Regardons une carte: au nord, l'Algérie et la Tunisie, terres fertiles, commerçantes, propres à l'installation de la race française, situées sur les rives de la Méditerranée, le grand lac européen; — sur la côte occidentale, trois riches colonies de commerce : le Sénégal, la première, dont le commerce ne cesse de se développer, agrandi dans ces dix dernières années du Soudan, puis hier[1] du Sahara, — extension nouvelle, qui assure nos droits jusqu'à Say sur le moyen Niger et sur la rive occidentale du lac Tchad, en même temps qu'elle permet la construction dans le désert de voies ferrées qui relieront l'Algérie au Niger et au lac Tchad; — puis la Guinée Française, comprenant les Rivières du Sud et les Établissements du golfe de Bénin, fréquentés par d'importantes maisons françaises, en partie reliés au Sénégal par les voyages et les traités de nos explorateurs; enfin — le Gabon avec la vallée

---

1. Convention franco-anglaise du 5 août 1890. Cette Convention contient deux dispositions essentielles : 1° l'Angleterre reconnaît le protectorat de la France sur Madagascar et, en échange, la France reconnaît le protectorat, nouvellement établi, de l'Angleterre sur Zanzibar; — 2° la France, maîtresse de l'Algérie, de la Tunisie, du Sénégal et du bas Niger, et l'Angleterre, maîtresse de la colonie de Lagos et du bas Niger, appliquant la nouvelle doctrine de l'*Hinterland*, tracent dans le bassin du grand fleuve une ligne séparant deux « zones d'influence ». Cette ligne est tirée de Say sur le moyen Niger à Barrua sur le lac Tchad; au nord est la « zone d'influence » française, au sud la « zone d'influence » anglaise.

de l'Ogooué, récemment agrandi de la vallée du Niari-Quilliou et des vastes territoires du Congo français qui s'étendent jusqu'à la rive droite de l'Oubanghi. Sur la côte orientale d'Afrique elle-même la France n'a aucun territoire, — sauf celui d'Obok au fond du golfe d'Aden, — mais elle possède dans son voisinage plusieurs îles baignées par les flots de l'océan Indien : Nossi-Bé, Mayotte, les Comores, la Réunion — et Madagascar, « grande terre » placée sur la route obligée du commerce entre l'Australie, l'Europe et l'Afrique orientale, qui deviendra au siècle prochain l'entrepôt nécessaire de ce commerce et qui dès aujourd'hui, par sa richesse et sa fertilité, promet aux négociants un large mouvement d'affaires.

Le domaine de l'Angleterre est représenté sur la carte par de grandes taches à côté de celui de la France : la Gambie, Sierra Leone, Cape Coast Castle, ne sont que des enclaves étouffées au milieu de nos possessions de l'Afrique occidentale, mais la colonie de Lagos et du Niger, s'étendant jusqu'à Say sur le fleuve et jusqu'au lac Tchad, comprenant les deux rives de la Benoué, riche déjà, peut espérer un grand avenir; le Cap et Natal, pour avoir une population et un commerce moindres que celui de l'Algérie seule n'en sont pas moins de belles colonies ; le Cap est, d'ailleurs, comme la capitale des immenses territoires de la Compagnie anglaise de l'Afrique du Sud qui s'étendent, en franchissant le Zambèze, jusqu'à la rive sud du lac Tanganyika; enfin, la Grande-Bretagne possède Maurice, Rodrigue et les Séchelles dans l'océan Indien ; elle protège des territoires de la Compagnie de l'Est Africain au nord du Zanzibar, le Sultan de Zanzibar, l'île de Socotora à l'entrée du golfe d'Aden, et, sur ce golfe même, la côte de Berbera. Pour n'oublier aucun des points occupés par l'Angleterre en Afrique ou dans les mers africaines, il faut encore rappeler : Tarfaïa au sud du Maroc, les îlots Ascension et Sainte-Hélène dans l'Atlantique, Walvisch-bay, enclavé dans le Sud-Ouest Africain allemand, quelques îlots dans l'océan Indien. En outre, il n'est pas possible d'oublier que, *sans aucun droit*, l'Angleterre occupe l'Égypte depuis 1882. Elle ne discute ni l'autorité du Sultan, ni celle du vice-roi ; elle a pris l'engagement public d'évacuer la vallée du Nil, mais ses troupes y tiennent encore garnison, tandis que ses fonctionnaires s'établissent dans tous les emplois.

La France et l'Angleterre, on l'a dit plus haut, ont des voisins en Afrique. D'abord, les deux puissances les plus anciennement établies, le Portugal et l'Espagne, puis l'Allemagne et l'Italie. Le Portugal possède les Açores, Madère, les îles du Cap-Vert, les Bissagos et Boulam, l'île du Prince, San Thomé, Cabinda, puis les grandes provinces de Loanda et Mozambique. Ce domaine, vaste encore, a été récemment diminué du fait de l'Angleterre, qui, en vertu du droit du plus fort, a contraint le cabinet de Lisbonne à lui céder l' « Hinterland » de ses possessions de Loanda et de Mozambique (convention de 1891). La part de l'Espagne est moindre que celle du Porgugal : elle est faite de Ceuta et Melilla au Maroc, des Canaries, de la côte du Sahara au nord du cap Blanc, des îles Fernando Po, Corisco et Annobon et aussi de prétentions sur quelques points voisins de notre colonie du Gabon.

L'Allemagne et l'Italie sont entrées tard dans la carrière coloniale ; ce sont elles surtout qui ont été atteintes de la « fièvre coloniale ». Le prince de Bismarck a pensé un jour, après s'être montré longtemps l'adversaire de la politique coloniale, que son pays, grand en Europe, ne pouvait se résoudre à être seulement une puissance continentale : il a construit des navires, cherché des colonies, prenant possession de territoires « sans maîtres » et, parfois aussi, de points sur lesquels l'Angleterre et la France avaient quelques droits. Aujourd'hui, le drapeau de l'Empire flotte, à la côte occidentale, sur Petit Popo, Togo et les villages voisins, à Cameroun et sur la terre de Luderitz, dite « Ouest Africain allemand » ; — à la côte orientale, sur les immenses territoires de « l'Est Africain allemand », qui s'étend depuis la côte de Zanzibar jusqu'en certains points des lacs Victoria, Tanganyika et Nyassa. Dans ces régions le cabinet de Londres a dû renoncer à quelques-unes de ses prétentions, — notamment sur une partie des possessions continentales du sultan de Zanzibar, — et consentir à un partage avec l'Empire allemand.

Il n'entre pas dans le plan de cet ouvrage d'étudier les conditions de développement et l'avenir de la colonisation allemande, quel que soit l'intérêt de ce sujet, mais on ne saurait non plus passer sous silence un fait aussi considérable que celui de l'adoption, par l'Empire d'Allemagne, d'une politique coloniale.

Dès les premières pages de ce volume, comparant la situation géographique de l'Allemagne à celle de la France et de l'Angleterre, nous avons remarqué que la première de ces nations, placée au centre du continent, ne touchant ni à l'Océan, ni à la Méditerranée, dont les côtes, sur leur plus grande longueur, sont baignées par une mer septentrionale, est un pays beaucoup plus continental que maritime. Nous avons ajouté : il doit vivre exclusivement en Europe, y soutenir de nombreuses luttes, y conquérir enfin son unité.

Aujourd'hui l'Allemagne a réalisé son unité. D'autre part, la rapidité de la navigation à vapeur a rapproché des océans et des grandes routes maritimes les nations qui en sont éloignées. Peut-elle, dans ces conditions, poursuivre une « politique coloniale »?

La constatation d'un fait important en matière de colonisation semble d'abord amener les esprits à une réponse favorable : la population de l'Empire est très prolifique, son émigration très importante. Pourquoi ces « émigrants » ne deviendraient-ils pas des « colons » ?

Malheureusement pour l'Allemagne, toutes les terres situées dans la zone tempérée qui, en Amérique, en Afrique, en Océanie, pouvaient recevoir des émigrants, les retenir, devenir enfin des « colonies de peuplement », sont occupées par l'Angleterre et la France. Il ne semble même pas qu'il reste dans le monde des territoires ou des îles qui soient propres à la fondation de « colonies d'exploitation » : l'Angleterre tient l'Inde et la Birmanie; la France, l'Indo-Chine; la Hollande et l'Espagne les meilleures des îles à plantations de l'Océanie. L'Allemand, d'ailleurs, pourait-il s'acclimater sur une « terre chaude » ? Il est permis d'en douter lorsque l'on observe qu'en Algérie, région presque tempérée cependant, le nombre des décès dépasse sensiblement celui des naissances chez les individus de race germanique (100 décès sur 70 naissances).

Une chose est, en tous les cas, certaine : c'est que l'Empire n'a pu prendre possession en Afrique et en Océanie (nous dirons plus loin l'étendue de ses possessions dans ce continent) que de territoires presque inhabitables pour les Européens. Les Allemands ne s'y rendent pas en nombre et sans doute ne le pourront jamais. Ainsi les terres et les îles que le prince de Bismarck a tout à coup réclamées, dont il a pris possession, avec autorité, devant l'Angleterre et la France, ont une étendue considérable (les possessions allemandes de l'Afrique semblent avoir à elles seules quatre fois la superficie de l'Empire en Europe), mais elles ne deviendront point des « provinces d'outre-mer » peuplées de « citoyens allemands ». Les émigrants qui chaque année quittent l'Empire continueront, comme par le passé, à se rendre aux États-Unis ou en Australie.

L'Allemagne n'a donc pu acquérir, en l'état actuel du partage du monde, que des « colonies de commerce », des terres insalubres où elle ne pourra élever que des « comptoirs ». Encore faut-il ajouter que, depuis qu'elle possède ce domaine extra-européen, il ne semble, dans aucune de ses parties, en voie de prospérité. Les « compagnies à chartes » constituées pour son exploitation sont déjà ruinées ou misérables, les fonctionnaires allemands ont paru plusieurs fois au-dessous de leur tâche, leurs conflits avec les populations indigènes ont été fréquents.

Il est trop tôt pour que l'on puisse chercher à prévoir l'avenir. Tout ce qu'il est possible de dire, c'est, d'une part, qu'une nation nouvelle venue dans la carrière coloniale est exposée à « faire des écoles », qu'il serait surprenant qu'elle n'en fît pas ; — c'est, d'autre part, que l'Allemagne a l'avantage de fabriquer déjà plusieurs des marchandises inférieures à très bon marché que les indigènes d'Afrique et d'Océanie troquent contre les produits de leur pays.

Mais une objection se présente à l'esprit : la préoccupation d'assurer des débouchés en terre allemande extra-européenne à des industries métropolitaines qui ne paraissent avoir besoin d'aucune protection, suffit-elle à expliquer l'adoption par le gouvernement impérial d'une « politique coloniale », ainsi que les longs et coûteux efforts qui en sont la conséquence ?

Nous ne le pensons pas. En réunissant la Conférence de Berlin en 1885 pour régler la question du Congo, en prenant possession de larges territoires en Afrique et en Océanie à côté de l'Angleterre et de la France, en construisant une flotte afin d'avoir, comme ces deux nations, des navires de guerre, l'Allemagne a certainement cédé aux rêves ambitieux que lui ont inspirés ses succès sur le continent. La première puissance militaire de l'Europe a voulu devenir une nation maritime et coloniale, jouer un rôle, tenir une place hors d'Europe. L'Allemagne est assurément atteinte de cette maladie que certaines nations ont connue : la « mégalomanie »; le prince de Bismarck a fait de la « politique impériale », au sens donné à ce mot en Angleterre, pour caractériser la politique envahissante de lord Beaconsfield.

Ce mobile toutefois n'a certainement pas été le seul à déterminer le chancelier. Son esprit en réclamait de plus positifs. Deux au moins ont dû lui apparaître : d'abord, détourner l'attention de ses compatriotes des questions européennes, chercher un dérivatif à des préoccupations qui, à certaines heures, pouvaient lui paraître si vives, qu'elles en devenaient dangereuses ; — ensuite, assurer des marchés toujours ouverts, mis à l'abri de toute taxe douanière gênante ou prohibitive, aux produits allemands, en même temps qu'un fret certain au pavillon national.

L'Italie a été moins heureuse que l'Allemagne dans ses projets d'expansion. Elle possède sur la côte africaine de la mer Rouge une longue bande de terrain avec Massaouah et Assab, et sur l'océan Indien le rivage habité par les peuplades Somalis. Par Massaouah elle a voulu se pénétrer en Éthiopie; elle n'a rencontré dans cette entreprise que des difficultés. Un traité, signé en 1889, paraît lui promettre le protectorat de ce pays ; mais elle ne sait, ni personne, ce que vaut ce traité.

Pour achever le tableau de « l'Europe en Afrique », il suffit d'ajouter que l'État indépendant du Congo semble destiné à devenir une colonie belge, depuis que le Parlement de Bruxelles a adopté un projet de loi (1890) qui permet au gouvernement, s'il le veut, d'annexer cet État dans dix ans. L'Association Internationale du Congo avait pris, vis-à-vis du gouvernement français, par une lettre en date du 23 avril 1884, l'engagement de ne céder ses stations et territoires à aucune puissance et de « lui donner un droit de préférence » si, par des circonstances imprévues, elle était amenée un jour à réaliser ses possessions. Mais cet engagement ne subsiste plus : il a été, en effet, modifié trois ans plus tard. Le 22 avril 1887 l'Administrateur général des affaires étrangères de l'État indépendant du Congo a informé le ministre de la République française à Bruxelles que l'engagement de 1884 « n'a pas entendu et n'a pas pu entendre qu'en cas de réalisation des possessions de l'Association, le droit de préférence reconnu à la France envers toutes les autres puissances pût être opposé à la Belgique, dont le roi Léopold était souverain ; mais il va de soi que l'État du Congo ne pourrait céder ces mêmes possessions à la Belgique sans lui imposer l'obligation de reconnaître le droit de préférence de la France pour le cas où elle-même viendrait ultérieurement à les réaliser ». Le gouvernement français ayant donné acte de cette interprétation à l'État indépendant, la lettre de 1887 est aujourd'hui la loi des parties.

Tous les établissements que la France possède sur la côte occidentale d'Afrique présentent un même caractère : ce sont de vastes colonies de commerce, des comptoirs ouverts à l'activité de nos négociants, des voies par lesquelles ils peuvent introduire leurs marchandises et pénétrer à la suite de nos soldats ou de nos explorateurs jusqu'au centre du « noir continent ». Mais tous ces établissements ne sont point parvenus à une même situation commerciale. Le Sénégal est le plus ancien : son commerce atteint le chiffre le plus élevé, 38 à 40 millions, dont 22 à 24 avec la métropole[1] ; d'im-

---

1. Ce chiffre et ceux relatifs à nos autres colonies, qui seront cités plus loin, sont empruntés aux *Statistiques coloniales* publiées par le *Journal officiel*.
Chiffres de 1889.
Exportations du Sénégal :

En France.	13 649 769 fr.	
Aux colonies françaises	1 580	
A l'étranger	2 172 580	
		15 823 929 fr.
Importations au Sénégal :		
Marchandises françaises.	9 140 060 fr.	
Des colonies françaises	Néant	
Marchandises étrangères.	13 781 920	
		22 921 980
Total général		38 745 909 fr.

portantes maisons françaises y sont établies, ainsi que dans les Rivières du Sud et nos comptoirs du golfe de Benin[1]. Le mouvement des échanges ne cesse de croître dans ces différentes régions, qui sont riches en produits naturels et en l'avenir desquelles nos négociants ont grande confiance (exportation de graines oléagineuses, huile de palme, gommes, caoutchouc, bois d'acajou, ivoire, poudre d'or, café...).

Le commerce du Gabon est demeuré jusqu'ici beaucoup moins important, bien que dans ces dernières années la pénétration de l'intérieur ait favorisé son développement[2].

Ceci est le présent ; que faut-il penser de l'avenir ? Le Soudan, où des expéditions sont encore nécessaires pour assurer notre autorité (brillantes campagnes de 1889-1890, de 1890-1891 et de 1891-1892), le Congo Français, exploré d'hier, ne sont pas encore des marchés

---

1. Chiffres de 1890 :
Rivières du Sud :
   Exportations. . . . . 5 457 290 fr.
   Importations. 7 806 224
                                                13 263 514 fr.

Établissements du golfe de Bénin :
   Exportations. . . . . 5 776 389 fr.
   Importations. 5 225 540
                                                11 001 929

Soit au total pour ces régions un commerce de. . . . . . . 24 265 443 fr.

On peut évaluer que dans l'importation totale de ces comptoirs les produits français entrent pour une somme d'environ 4 millions et demi.

2. Commerce du Gabon-Congo en 1890 :
Exportations :
   En France. . . . . 438 522 fr.
   Aux colonies françaises . . . . Néant.
   A l'étranger 3 184 846
                                                 3 623 168 fr.

Importations :
   Marchandises françaises. . . . . 736 043 fr.
   Des colonies françaises . . . . Néant.
   Marchandises étrangères 2 262 189
                                                 2 998 232

   Total général. 6 613 400 fr.

Ce chiffre de 6 613 400 fr. fourni par les statistiques officielles est certainement au-dessous de la vérité, la fraude étant très grande au Gabon. Il serait possible que le commerce total du Gabon et de la vallée du Niari-Quilliou atteignît 10 à 12 millions.

réguliers. Ici des traitants visitent les régions nouvelles, sollicitent les indigènes à l'échange de leurs produits ; là des explorateurs vont reconnaître le pays, cherchent des routes, nouent des relations avec les tribus nouvelles.

Ces pays sont-ils riches? les populations nombreuses, actives? pourront-elles apporter, en échange des étoffes, des liqueurs, des armes et de quelques autres produits, les arachides, les bois, l'ivoire, le caoutchouc, le coton, les gommes, le fer, le cuivre et la poudre d'or? Ces questions se posent encore. Toutefois, bien que le nombre des caravanes fréquentant nos postes du Soudan augmente chaque année, il semble certain que les territoires du Gabon-Congo sont les plus riches. M. de Brazza a promis de grands profits aux négociants qui établiront des comptoirs dans les vallées de l'Ogooué, du Niari-Quilliou, du Lefini et de la Licona ; M. Stanley, d'autre part, estime que l'immense bassin du Congo, dont nous possédons une des routes par la vallée du Niari-Quilliou, est un des pays les plus riches du globe en produits naturels, en forêts inexploitées et en plaines labourables. Il ne semble pas que le dire ces deux voyageurs doive être démenti par les faits. C'est ainsi que nos agents du Gabon-Congo jugent, d'après leurs dernières explorations, cette colonie susceptible d'un bel avenir : le sol est fertile ; plusieurs cultures tropicales, parmi lesquelles celle du tabac, pourront être entreprises ; le sous-sol contient des mines de cuivre, de plomb, d'anthracite ; d'autre part, des caravanes suivant la route de Brazzaville à Loango portent à la côte des quantités d'ivoire importantes ; enfin les Sociétés belges de l'État du Congo, ainsi que les Sociétés hollandaises et françaises établies sur le fleuve, ne cessent pas de réaliser des bénéfices.

Bien que des maisons françaises et étrangères soient, depuis de longues années, établies sur les côtes de Madagascar et jusque dans la capitale, on ne connaît pas à l'heure actuelle le pays entier et toutes ses ressources. Madagascar, terre presque inculte, pauvrement peuplée par des races à demi sauvages, montagneuse dans certaines de ses parties, a des régions malsaines ou arides. Mais dans d'autres régions le sol est d'une extrême fertilité ; la canne, le café, donnent et surtout donneront, en plantations régulières, un large rendement ;

TANANARIVE.

la vanille, le riz, le coton, la gomme copal, l'écaille, le caoutchouc, les bœufs, les peaux, font dès maintenant l'objet d'un commerce important; des mines d'or sont déjà exploitées, les forêts pourront l'être. En 1882, avant les opérations maritimes entreprises pour amener la soumission des Hovas, le commerce total de l'île s'élevait, d'après des données approximatives, à plus de 23 200 000 francs.

Mais ce chiffre est loin d'être atteint aujourd'hui. Une crise économique, conséquence de la guerre, a éclaté dans l'île : partout les affaires sont devenues moins actives, et en 1890 le mouvement des importations et des exportations n'a pas atteint 9 340 000 francs [1]. Cependant le nombre des Français qui viennent s'établir à l'abri de notre drapeau a quelque peu augmenté; les uns créent des entreprises, les autres entrent dans les différentes administrations hovas; la reconnaissance de notre protectorat par l'Angleterre et, après elle, par l'Allemagne, a affirmé notre situation de protectrice devant l'étranger. On peut espérer de l'avenir ; toutefois la France n'est pas assurée qu'il ne lui sera pas nécessaire, à un moment donné, si les circonstances ne l'aident point, de briser le mauvais vouloir du gouvernement hova. Il est, d'autre part, certain qu'il faudra plusieurs dizaines d'années et d'importants capitaux pour que l'île soit pénétrée dans toutes ses parties et mise en exploitation : Madagascar, qui n'est aujourd'hui qu'une colonie de commerce, deviendra alors une colonie mixte de commerce et de plantation.

La petite île de Saint-Marie de Madagascar, sur la côte est de la « Grande Terre », a une bien faible importance commerciale. Sur cette même côte, mais en terre ferme, le territoire de Diego Suarez, reconnu à la France par le traité de 1885, a déjà reçu quelques colons, mais son commerce n'atteint encore qu'un chiffre insignifiant. La baie de Diego Suarez, que l'on a souvent comparée à la

---

1. Commerce des cinq ports de Tamatave, Vatomandry, Vohémar, Mananjary et Majunga en 1890 :

Exportations . . . . 3 741 354 fr.
Importations 5 597 259
                                            —————
                                            9 338 613 fr.

Cette statistique ne désigne pas les pays de destination et de provenance, mais seulement la nationalité des navires exportateurs et importateurs. Le mouvement des affaires fait sous pavillon français représente 5 174 953 francs.

baie de Brest, pourrait devenir un port militaire et une situation stratégique de premier ordre dans l'océan Indien.

Il y a peu à dire encore des Comores, acquises dans ces dernières années, et du territoire d'Obok. La terre des Comores est fertile et l'on commence à y cultiver la vanille, le café, la canne à sucre. Obok est un point stratégique voisin de Périm et d'Aden, mais non fortifié; le petit port de Djiboutil, voisin d'Obok, deviendra peut-être, dans quelques années, la tête de ligne des caravanes qui feront le commerce du Choa et du Harrar. Il faut ajouter ici que la France pourrait faire valoir des droits sur le territoire de Cheikh-Saïd, situé en terre d'Arabie, et dominant, par sa situation, le détroit de Bab-el-Mandeb et l'îlot de Périm. Ce point, s'il était fortifié, pourrait devenir une situation stratégique plus forte qu'Obok[1].

Ainsi, la conclusion est la même pour toutes nos colonies de la côte occidentale et de l'océan Indien. Ce sont des comptoirs dont le commerce est plus ou moins actif, qui, les uns et les autres, doivent attendre beaucoup de l'avenir. Il en est ainsi d'ailleurs pour les comptoirs anglais, portugais, espagnols ou allemands, plus encore pour ces derniers. C'est d'une longue succession d'années et d'efforts que les établissements fondés en Afrique par les nations européennes doivent attendre leur développement et leur richesse. L'Afrique est un pays neuf, connu d'hier : il y a cinquante ou soixante ans, quelques hardis négociants, parmi lesquels des Marseillais, y possédaient seuls un petit nombre de factoreries; ils s'éloignaient peu de la côte ou de l'embouchure des rivières, ne connaissaient pas l'intérieur du pays.

Aujourd'hui encore, les traitants n'avancent que peu à peu dans les régions nouvelles; les capitalistes ne s'engagent qu'avec timidité, parce que le commerce africain comporte de gros risques. Il serait donc imprudent de penser que les bassins du Niger et du Congo, que Madagascar, donneront avant un demi-siècle les résultats que l'on entrevoit et seront avant cette époque de « larges débouchés » ouverts aux négociants européens.

---

1. Les îles de la Réunion, de Mayotte et de Nossi-Bé, colonies de plantation, sont étudiées plus loin, avec les Antilles.

Cependant le commerce de l'Afrique est déjà considérable et mérite l'attention de nos fabricants. Les populations primitives du « noir continent », n'ayant aucune industrie, demandent à l'Europe tous les produits dont elles ont besoin, dont on leur donne le besoin. Elles achètent surtout des étoffes de coton, des armes, de la poudre, des liqueurs, du sel, des articles de quincaillerie. Les étoffes, les armes, la poudre, les liqueurs sont de dernière qualité, — *good for negers*, bonnes pour les nègres », suivant l'expression dont on se sert à Liverpool et à Hambourg, — car les indigènes recherchent avant tout l'extrême bon marché. Il y a des cotonnades blanches ou teintes à 10, 12, 18 centimes le mètre, des fusils de 20 francs, des caisses de « genièvre » de douze flacons d'une contenance de sept litres du prix de 3 francs. Les industriels français, moins outillés que les industriels étrangers, ne vendant pas à aussi bon marché, n'ont point dans ce commerce la place qu'ils devraient y occuper, — place correspondante à l'étendue de nos territoires. Les cotonnades, vendues en quantités considérables, viennent surtout de Manchester, les alcools de Hambourg, les fusils de Hambourg et de Liège; les fabricants de Rouen, de Roubaix, de Roanne, des Vosges, n'osent lutter avec leurs rivaux de Manchester. La conséquence de cette infériorité industrielle est que, non seulement les maisons étrangères établies dans nos colonies vendent des produits étrangers, mais encore que les maisons françaises sont dans l'obligation, pour lutter avec leurs concurrents, de faire une part à l'article étranger et d'importer dans plusieurs de nos colonies, avec certains de nos articles, des cotonnades anglaises, des alcools allemands, des armes belges. C'est là assurément une situation fâcheuse, dont il convient de se préoccuper[1].

L'Angleterre, depuis qu'elle a ravi l'Inde à sa rivale sur les mers, est la première parmi les nations européennes en Asie. L'Inde est une immense colonie d'exploitation, un empire, peuplé de 250 millions d'habitants, faisant un commerce de 4 milliards et demi. Aden,

---

1. Voir plus loin, page 204.

Périm, Chypre, Malte, Gibraltar, la relient à la métropole; elle a pour annexes la Birmanie et les Établissements des détroits; c'est la possession de l'Inde qui a conduit la Grande-Bretagne à occuper Singapour, à conquérir Hong-Kong et qui lui a permis de prendre en Chine une situation commerciale toute privilégiée.

Mais la Grande-Bretagne a une rivale en Asie. Ce n'est point la France, dont le domaine colonial n'est devenu considérable que dans ces dernières années, et qui ne menace pas la souveraineté britannique dans les Indes. C'est la Russie, qui possède aujourd'hui en Asie à l'est des monts Ourals et de la mer Caspienne, puis au sud du Caucase, des territoires beaucoup plus vastes que l'Europe. Avec la Sibérie, les steppes des Kirghiz, le Turkestan et le Caucase, les Russes ont en Asie à peu près 17 millions de kilomètres carrés; l'Europe n'en comprend que 10 millions. Il est vrai que cet immense empire asiatique ne renferme guère plus de 17 millions d'habitants. Mais l'autorité de la Russie en Asie est considérable et ne cesse de croître : elle a enlevé des provinces à la Chine; son influence pénètre en Corée, la possession de Vladivostok lui permet d'entretenir une flotte dans les mers de l'Extrême Orient ; la construction, commencée, du Transsibérien favorisera dans un avenir prochain ses relations commerciales avec le Céleste Empire; d'autre part, elle a conquis ou placé sous sa protection les immenses territoires des Kirghiz et des Turcomans ; ses postes-frontière sont campés en avant de Merv, son nom est respecté en Perse, ses voyageurs visitent le Pamir ; enfin, sur un troisième côté, la possession de la Transcaucasie la met aux sources de l'Euphrate et du Tigre, une des routes des Indes. Puissance formidable, qui est à la fois une menace pour le Céleste Empire et pour l'Indoustan ! Déjà l'opinion publique européenne s'est plusieurs fois préoccupée de la possibilité d'un conflit, d'une guerre même entre la Russie et la Grande-Bretagne que l'approche des soldats du tsar inquiète pour la domination de l'Inde. On a dit que ce serait la guerre de l'éléphant et de la baleine[1].

---

1. En 1885, au moment des difficultés soulevées par la délimitation de la frontière afghane, les Russes occupèrent l'île de Quelpaert et les Anglais Port Hamilton dans la mer de Corée. Depuis, ces deux positions ont été évacuées.

Depuis six à sept ans à peine la France est devenue, par l'établissement de son protectorat sur l'Annam et le Tonkin, une grande puissance asiatique à côté de l'Angleterre et de la Russie. Elle fonde, en ce moment, en Indo-Chine un empire dont le développement et la

COLONIES EUROPÉENNES EN ASIE.

prospérité au siècle prochain aideront peut-être à oublier la perte des conquêtes de Dupleix. Après ses possessions africaines, la France n'a dans son Empire d'outre-mer aucune province plus étendue, plus fertile, plus riche en promesses que la péninsule indo-chinoise.

Avant l'acquisition de la Cochinchine, puis de l'Annam entier, notre pays n'était pas sans avoir en Asie quelques points sur lesquels pouvait flotter son drapeau. Il avait conservé sur les rivages de l'Inde cinq comptoirs, souvenir d'une époque heureuse, de même que le Portugal, nation qui nous a glorieusement précédés dans la carrière coloniale, est resté possesseur de quelques kilomètres carrés sur la terre de l'Indoustan (île Diu, Daman, Goa) et de la petite île de Macao sur les côtes de Chine. C'est ainsi que quatre nations européennes, l'Angleterre, la Russie, la France et le Portugal, sont établies en Asie.

L'Indo-Chine, où l'on récolte le riz, l'arachide, la canne, l'indigo, le coton, le poivre, le thé, le tabac, où le mûrier nourrit les vers à soie, où des mines de charbon sont exploitées, des minerais de fer et de cuivre reconnus, de belles forêts explorées, est comme l'Inde une colonie d'exploitation. Le Tonkin et l'Annam ont été jugés les provinces les plus riches de cet empire, ou plutôt susceptibles de devenir riches après quelques années de paix et de mise en valeur. En outre, la vallée du Song-Koï ne vaut pas seulement par ses propres productions, elle est un pays de transit, une route commerciale que descendront les minerais et les bois du Yun-nan, les thés du Poueul et de la vallée du Wu-Kiang, le musc, la poudre d'or, les soies du Kouéï-Tchéou et du Se-Tchuen, tandis que les cotonnades, les articles de mercerie, d'horlogerie, de quincaillerie et d'autres marchandises européennes, apportées en échange, remonteront le fleuve. Pour être moins favorisés, la Cochinchine et le Cambodge ne sont pas des pays sans avenir; leur commerce est déjà considérable et il croîtra certainement lorsque des relations d'affaires suivies se seront établies, par la voie du Mékong, avec les provinces laotiennes.

Chaque mois le courrier de Chine apporte des nouvelles satisfaisantes de notre Empire asiatique : une véritable colonie européenne est installée dans la vallée du Fleuve Rouge; en 1889 elle comptait déjà 1 200 individus, sur lesquels 900 Français, et depuis elle n'a pas cessé d'augmenter; des maisons françaises importantes sont établies, étendent leurs affaires; des filatures de soie, de papier, d'allumettes travaillent à Hanoï; on espère y monter prochainement une filature de coton; les mines de charbon de Hongay et de Kébao sont

PONDICHÉRY.

en exploitation et promettent dès maintenant un rendement minimum annuel de 6 millions et demi de francs; celles de Tourane, moins riches, sont aussi en activité; de nouvelles mines viennent d'être reconnues, les unes dans la province de Quang-Yen, les autres à Yen-Bai sur le fleuve entre Hung-Hoa et Lao-Kay; un chemin de fer est en construction de Phu-Lang-Thuong à Langson et sera bientôt terminé; un courant d'échanges régulier s'est établi entre le Tonkin et la Chine, grâce à l'ouverture de trois marchés en territoire chinois, Long-Tchéou dans le Kouang-Si, au delà de Lang-Son, Mang-Tseu et Mang-Kao dans le Yun-nan; le port de Haïphong ne cesse de se développer; un consul est installé à Luang-Prabang, la principale des principautés laotiennes, des relations commerciales se sont établies entre cette région et le Tonkin; des comptoirs y ont été fondés par la Société du Haut-Laos, etc.

Les courriers n'apportent pas, à la vérité, que ces nouvelles satisfaisantes. On sait que la piraterie, bien que vaincue sur divers points, trouble encore certaines provinces du Tonkin, — que le Song-Koï, bien que remonté quelquefois exceptionnellement jusqu'à Lao-Kay, n'est pas une route commerciale pratique et qu'il faudra le doubler d'un chemin de fer, — que les rapides de Kong, sur le Mékong, paraissent infranchissables et entravent les relations commerciales entre le Cambodge et les provinces laotiennes. Ce n'est pas tout encore : d'une part, le Parlement français ne paraît pas disposé à autoriser un emprunt indo-chinois qui couvrirait les dépenses de travaux publics (routes, chemins de fer, canaux) indispensables au développement du pays; d'une autre, les Anglais ne cessent de chercher, en dehors du Tonkin, des routes commerciales qui les amèneraient dans les provinces méridionales de la Chine en empruntant soit la Birmanie, soit le Si-Kiang ou le Yang-tse-Kiang. Cependant l'impression d'ensemble reste bonne; on peut avoir foi dans l'avenir de nos provinces indo-chinoises.

Il n'est pas nécessaire que les émigrants se rendent nombreux en Indo-Chine comme en Algérie et en Tunisie; il suffit que quelques centaines de Français, banquiers, planteurs, commerçants, ingénieurs, mécaniciens, viennent s'y établir. Ils seront « l'élément dirigéant », tandis que les natifs qui peuvent cultiver la terre, descendre aux mines, travailler dans les fabriques ou manufactures, seront « l'élément dirigé ». Mais une chose importe : si la France veut tirer un sérieux profit de sa nouvelle colonie, c'est que celle-ci soit un débouché pour son industrie, c'est qu'un actif mouvement d'échanges s'établisse entre nos ports et ceux de l'Indo-Chine.

Il ne faut certes pas exiger que la totalité des exportations de notre possession asiatique se dirige vers notre pays et que celle-ci, par réciprocité, n'importe que des produits français. Il y a, à une semblable situation commerciale, une impossibilité absolue. Les Annamites, entraînés depuis des siècles dans la civilisation, l'industrie et le commerce des populations de race jaune, ne sauraient demander à l'Europe, comme les peuplades primitives de l'Afrique, toutes les marchandises qu'ils consomment. C'est ainsi que, d'une part, ils achètent en Chine leurs thés, leurs « médecines », leurs poteries et leurs soies, tandis que, de l'autre, ils vendent dans le Céleste Empire, à Java, aux Philippines leurs riz, leurs poissons salés, leurs graisses d'animaux. L'Indo-Chine produit d'ailleurs aujourd'hui encore ces denrées, peu demandées par les nations occidentales, en quantités beaucoup plus considérables que les marchandises dont la vente est assurée sur nos marchés, comme la soie, le coton, le café, le sucre, les épices, les métaux, les bois, etc. La Cochinchine est une « rizière ». En 1890, elle a exporté pour 42 millions de riz, contre seulement 7 millions et demi d'autres produits. L'Annam proprement dit et le Tonkin sont plus favorisés que la Cochinchine, parce qu'ils ont et auront des « produits riches ». Toutefois les habitants de ces provinces, qui, avant notre arrivée, n'avaient qu'un faible commerce, cultivent peu encore le coton, le café, les épices ou le mûrier du ver à soie. C'est ainsi qu'en 1888 il n'a été exporté d'Annam et du Tonkin que pour 4 millions de soie et 2 200 000 francs de cannelle. En 1890, par suite de circonstances particulières, ces chiffres n'ont pas été atteints.

Si notre colonie ne dirige jusqu'ici sur l'Europe qu'une faible part de ses produits, elle lui demande, pour un chiffre déjà considérable, un certain nombre d'objets manufacturés : des fers, des machines, des articles de quincaillerie, d'horlogerie, des lainages et surtout des fils et tissus de coton. Est-ce l'industrie française qui approvisionne les Annamites de ces articles? La réponse n'est malheureusement point douteuse. Le mouvement total des exportations et des importations de l'Indo-Chine étant de 118 millions, la France ne prend dans ce commerce qu'une part de moins de 18 millions, alors que celle de l'étranger atteint 100 millions[1]. Il est vrai que dans ce chiffre est compris, — et pour plus de moitié, — le mouvement des échanges entre les Annamites, les Chinois, les indigènes de Java et des Philippines, — ce que l'on peut appeler le « commerce asiatique ». La part du « commerce européen », fait directement avec l'Europe et l'Amérique, ou indirectement par les entrepôts de Hong-Kong et de Singapour, reste toutefois considérable, — et c'est ici que l'industrie française ne tient pas le rang qu'elle devrait occuper. Elle fournit les denrées consommées par les troupes, les fonctionnaires et les colons, tandis que les manufacturiers de Manchester, de Bombay et de Madras (ces villes indiennes ont des manufactures dirigées par des Anglais), plus habiles, plus entreprenants que les nôtres et vendant à meilleur marché, fournissent aux indigènes les cotonnades dont ils s'habillent, — cotonnades qui constituent dans tout l'Extrême Orient le premier objet d'échanges. Un chiffre suffira pour que l'on juge de l'état des choses : en 1890 il a été introduit en Indo-Chine pour 20 800 000 francs de fils et tissus

---

1. Commerce de l'Indo-Chine en 1890 :
Exportations de l'Indo-Chine :
    En France . . . . 1 447 733 fr.
    Aux colonies 346 632
    A l'étranger 56 063 942
                                                                   57 858 307 fr.

Importations en Indo-Chine :
    Marchandises françaises . . . . 16 237 995 fr.
    Des colonies 263 711
    Marchandises étrangères 43 899 079
                                                                   60 400 785

    Total général . . . . 118 259 090 fr.

Ce chiffre de 118 millions présente une diminution d'environ 29 millions sur celui de l'année 1887. Cette diminution a sa principale cause dans l'application du nouveau tarif douanier, dont il sera parlé plus loin, et qui a eu pour effet au lendemain de sa mise en vigueur de restreindre, au moins pour un temps, les importations.

de coton de provenance étrangère et seulement pour 3 270 000 francs de fabrication française.

La situation est donc la même en Asie qu'en Afrique. Doit-elle se perpétuer? Les industriels français ne peuvent-ils pas fabriquer et vendre aux mêmes conditions que leurs rivaux ? Est-il « écrit » qu'ils ne profiteront pas des nouveaux débouchés ouverts au commerce par nos armes? La question est posée en ce moment même : Depuis plus de quatre ans un tarif protecteur a été promulgué en Indo-Chine, qui, assurant à nos produits un régime de faveur, convie nos industriels à faire les sacrifices et les efforts nécessaires pour prendre une importante place sur les marchés de l'Extrême Orient[1].

L'Empire indo-chinois, l'avenir que l'on peut en attendre, ne sauraient faire oublier que notre drapeau flotte dans une autre contrée de l'Asie. Les cinq petits établissements que nous avons conservés dans l'Inde rappellent nos gloires passées. Leur commerce, qui a en certaines années dépassé 32 millions, n'a été que de 21 et demi en 1890[2]. Pondichéry fabrique des étoffes de coton teintes en bleu, dites « guinées », qui sont exportées au Sénégal (en passant d'abord par Bordeaux) et pourraient l'être en Indo-Chine. C'est toutefois beaucoup moins à la fabrication des « guinées » qu'à l'exportation de quantités considérables d'arachides récoltées dans les provinces anglaises du Dekhan que Pondichéry doit son grand chiffre de vente en Europe.

Les colonies que la France possède en Amérique et en Océanie

---

1. Voir plus loin, page 223.
2. Commerce des Etablissements de l'Inde en 1890 :
Exportations des Établissements :
  En France . . . .   11 351 528 fr.
  Dans les colonies françaises 160 959
  A l'étranger 5 586 559
                                              _____
                                                          17 099 046 fr
Importations des Établissements :
  Marchandises françaises . . . .   771 991 fr.
  Des colonies 20 538
  Marchandises étrangères 3 845 427
                                              _____
                                                           4 637 956
  Total général . . . .   21 737 002 fr.

LA POINTE-A-PITRE.

sont bien moins importantes que celles d'Afrique ou d'Asie; leur avenir semble beaucoup moins large. Cependant elles ne sont pas sans valeur et le commerce de quelques-unes atteint un chiffre élevé.

AMÉRIQUE. — COLONIES EUROPÉENNES.

En Amérique nous n'avons conservé que la Martinique, la Guadeloupe avec ses dépendances, la Guyane, les îles Saint-Pierre et Miquelon. Aucune acquisition nouvelle n'est venue compenser, en ce siècle, la perte de Saint-Domingue et de plusieurs des Antilles, du Canada et de Terre-Neuve. Il est vrai, — et c'est un fait digne de remarque, — qu'aucune nation européenne n'a gagné de terrain dans « l'ancien Nouveau Monde ». L'Europe, au contraire, a été en partie chassée d'Amérique, dans la seconde partie du xviii° siècle et dans la première de celui-ci, par des nations jeunes qui lui devaient la vie, mais qui, de bonne heure, ont voulu conquérir leur liberté : les États-Unis se sont séparés de l'Angleterre en 1783, Saint-Domingue de la France en 1809, le Brésil du Portugal en 1821, la Plata, le Chili, le Mexique, l'Amérique méridionale, l'Amérique centrale, le Pérou de l'Espagne entre 1814 et 1826.

La Grande-Bretagne possède sur le continent américain, malgré la perte des États-Unis, un domaine qui ne cesse pas d'être considérable et lui assure, de beaucoup, le premier rang parmi les puissances européennes : le Canada avec les territoires de la baie d'Hudson, Terre-Neuve, les Bermudes, les Lucayes, la Jamaïque, la Barbade, Saint-Christophe, la Grenade, Tabago, la Trinité, quelques autres petites îles, le Honduras, la Guyane et les îles Falkland. C'est à l'Espagne, maîtresse de Cuba, — le plus grand producteur de sucre de canne du monde, — et de Porto Rico, que revient la seconde place. La France vient après elle, puis la Hollande (Curaçao, une partie de Saint-Martin, la Guyane), puis le Danemark (Islande, Sainte-Croix, Saint-Thomas).

La Martinique et la Guadeloupe sont des colonies d'exploitation où tous les efforts tendent au même but : la culture de la canne. Trois îles françaises de l'océan Indien, la Réunion, Mayotte et Nossi-Bé, présentent le même caractère ; aussi peut-on réunir en un groupe ces terres séparées par de grands espaces pour les présenter comme de vastes « usines à sucre ». Au siècle dernier on y produisait, avec la canne, et quelquefois en très grande quantité, le coton, le café, la vanille, le blé ; mais ces cultures sont aujourd'hui très restreintes, et presque tous les champs sont plantés en cannes. Cette « spécialisation », à une époque où la production de la betterave ne cesse d'augmenter en Europe, a pour conséquence d'exposer nos îles de la mer des Antilles et de l'océan Indien à de vives souffrances en temps de « crise sucrière ».

C'est ainsi qu'elles ont été très éprouvées dans ces dernières années. Le commerce de la Martinique, de la Guadeloupe et de la

Réunion, qui s'élevait à près de 184 millions en 1880, est tombé à 118 en 1885. Aujourd'hui la crise est terminée, la prospérité revient; le mouvement général de nos trois îles dépasse 126 millions[1]; Mayotte et Nossi-Bé ont, en outre, un commerce de 5 millions. Il faut malheureusement ajouter qu'un cyclone a, en 1891, ravagé la Martinique, qui aura besoin de plusieurs années pour réparer ses pertes.

[1]. Commerce de la Martinique en 1888 :
Exportations de la Martinique :
    En France . . . . 22 248 794 fr.
    Aux colonies 106 299
    A l'étranger 1 099 809
                                            23 454 902 fr.

Importations à la Martinique :
    Marchandises françaises . . . . 7 959 420 fr.
    Des colonies 663 927
    Marchandises étrangères 14 293 102
                                            22 916 449

    Total général . . . . 46 371 351 fr.

Commerce de la Guadeloupe en 1890 :
Exportations de la Guadeloupe :
    En France . . . . 20 572 204 fr.
    Aux colonies 279 457
    A l'étranger 518 079
                                            21 369 740 fr.

Importations à la Guadeloupe :
    Marchandises françaises . . . . 9 656 540 fr.
    Des colonies 1 135 678
    Marchandises étrangères 12 456 772
                                            23 248 990

    Total général . . . . 44 618 730 fr.

Commerce de la Réunion en 1889 :
Exportations de la Réunion :
    En France . . . . 12 625 867 fr.
    Aux colonies 407 831
    A l'étranger 867 903
                                            13 901 601 fr.

Importations à la Réunion :
    Marchandises françaises . . . . 9 178 610 fr.
    Des colonies 859 690
    Marchandises étrangères 11 224 067
                                            21 262 367

    Total général . . . . 35 163 968 fr.
                                         (*suite page* 210.)

La situation de la Guyane est moins satisfaisante que celle des Antilles ; cette colonie n'a d'ailleurs jamais été prospère. Elle pourrait être une « colonie d'exploitation », cultiver la canne, le café, le coton ; ce n'est qu'un « placer » : sur une exportation totale de 4 270 000 francs, elle exporte environ 4 100 000 francs d'or[1].

Il ne reste aujourd'hui à la France de ses immenses possessions de l'Amérique du Nord que deux îlots perdus dans les brumes de

Commerce de Mayotte en 1888 :
Exportations de Mayotte :
    En France . . . . 922 012 fr.
    Aux colonies 12 780
    A l'étranger 107 716
                                                              1 042 508 fr.
Importations à Mayotte :
    Marchandises françaises . . . . 165 880 fr.
    Des colonies 72 781
    Marchandises étrangères 294 308
                                                              530 969
    Total général . . . . 1 573 477 fr.
Commerce de Nossi-Bé en 1890 :
Exportations de Nossi-Bé :
    En France . . . . 305 191 fr
    Aux colonies 41 400
    A l'étranger 1 553 707
                                                              1 900 298 fr.
Importations à Nossi-Bé :
    Marchandises françaises . . . . 298 292 fr.
    Des colonies 45 466
    De l'étranger 1 681 630
                                                              2 025 388
    Total général . . . . 3 925 686 fr.

1. Commerce de la Guyane en 1889.
Exportations de la Guyane :
    En France . . . . 4 115 125 fr.
    Aux colonies 1 665
    A l'étranger 155 144
                                                              4 271 934 fr.
Importations en Guyane :
    Marchandises françaises . . . . 5 877 548 fr.
    Des colonies 79 795
    Marchandises étrangères 2 993 042
                                                              8 950 385
    Total général . . . . 13 222 319 fr.

SAINT-PIERRE DE LA MARTINIQUE.

Terre-Neuve. Saint-Pierre et Miquelon sont une colonie d'un caractère spécial, une « station de pêche », très fréquentée, une partie de l'année, par 3 à 4000 marins venus des ports français de la Manche. La pêche de la morue, faite par des navires métropolitains, des navires locaux et des navires étrangers, est une industrie très prospère. Depuis quarante ans le mouvement commercial de Saint-Pierre ne cesse de croître ; il était en 1889 de 32 475 000 francs[1].

Six puissances européennes, l'Angleterre, la Hollande, l'Espagne, la France, l'Allemagne et le Portugal possèdent ensemble presque toutes les terres appartenant à la cinquième partie du monde. Les races de l'Océanie ont été, comme celles d'Afrique, vaincues ou partagées. Peu d'archipels sont demeurés indépendants depuis que l'Allemagne, dernière venue dans la carrière coloniale, a voulu s'assurer des terres en Océanie comme en Afrique, et a partagé avec l'Angleterre une grosse part des « biens sans maîtres[2] ».

Ici, comme en Asie et en Amérique, la Grande-Bretagne est la première : l'Australie lui appartient, — l'Australie, terre immense, véritable continent qui n'a cessé de progresser depuis un siècle, qui devient une puissance politique et commerciale, dont les archipels de l'océan Pacifique ressentent déjà l'influence. Avec l'Australie, l'Angleterre possède la Tasmanie, la Nouvelle-Zélande, les Fidji et quelques autres îles du Pacifique ; son « Empire australasien » s'est,

---

1. Commerce de Saint-Pierre-Miquelon en 1889 :
Exportations de Saint-Pierre-Miquelon :
    En France. . . . .   9 811 498 fr.
    Aux colonies. 2 462 652
    A l'étranger 5 846 186
                                                            18 120 336 fr.
Importations à Saint-Pierre-Miquelon :
    Marchandises françaises. . . . .   3 707 189 fr.
    Des colonies. 69 613
    Marchandises étrangères. 10 578 173
                                                            14 354 975

    Total général. . . . . 32 475 311 fr.

2. Convention anglo-allemande des 6 et 10 avril 1886, délimitant la sphère d'influence de l'Allemagne dans l'océan Pacifique.

en outre, agrandi dans ces dernières années de quatre nouvelles provinces : la partie septentrionale de Bornéo, la partie méridionale de la Nouvelle-Guinée, l'archipel de Cook et quelques-unes des îles Salomon.

La Hollande doit être citée après l'Angleterre. Elle possède en Océanie son empire extra-européen presque entier, ses « Indes Orientales », avec Java et Madoura, Sumatra, Banca, Billiton, une partie de Bornéo et de la Nouvelle-Guinée, les Célèbes, les Moluques, les petites îles de la Sonde, une partie de Timor.

L'Espagne est aussi souveraine de territoires plus étendus, plus peuplés et plus riches que les nôtres; elle tient les îles Philippines, les archipels Sulu, Mariannes et Carolines.

Les possessions françaises, modestes à côté de « l'Empire australasien » ou des « Indes Orientales », ne semblent toutefois pas être sans avenir; ce sont : la Nouvelle-Calédonie et les îles Loyalty; les Wallis et Futuna (ces dernières seulement « protégées »), les archipels Tahiti, Touamotou, Gambier, Toubouaï et Marquises, les îles Rapa, Raïatéa et l'île Kerguelen (celle-ci non occupée).

Les établissements de l'Allemagne en Océanie sont, comme ceux d'Afrique, à leur début et il serait prématuré de parler dès maintenant de leur avenir. Le drapeau impérial flotte sur la partie nord-orientale de la Nouvelle-Guinée, — grande île peu connue encore, mais déjà partagée entre la Grande-Bretagne, la Hollande et l'Allemagne, — les îles de l'Amirauté, le Nouveau-Hanovre, la Nouvelle-Bretagne, plusieurs des îles Salomon et l'archipel des Marshall.

Le Portugal, la dernière des six nations européennes établies en Océanie, n'y possède qu'une partie de la petite île de Timor.

Il convient, pour achever cette description du partage des terres de l'océan Pacifique, d'ajouter deux traits qui témoigneront de la susceptibilité avec laquelle les différentes puissances en présence se disputent des îles à peine connues encore, habitées par quelques tribus sauvages. L'archipel des Nouvelles-Hébrides n'appartient ni à la France, ni à l'Angleterre, mais il est placé sous leur commune surveillance. Les deux nations ayant élevé, l'une et l'autre, des prétentions sur cet archipel sans pouvoir parvenir à une entente sur le fond même, une Convention est intervenue entre elles à la date du 17 novembre 1887 qui a organisé un *modus vivendi* : le maintien de l'ordre, ainsi que la protection des personnes et des biens aux Nouvelles-Hébrides, est assuré par une commission navale mixte, composée d'officiers de marine appartenant aux nations française et anglaise en service dans le Pacifique. L'archipel des Samoa, d'autre part, n'appartient ni à l'Angleterre, ni à l'Allemagne, ni aux États-Unis, qui s'y rencontrent dans une rivalité d'intérêts politiques et commerciaux. Ces trois puissances ont tenté d'y établir une sorte de protectorat collectif [1].

La Nouvelle-Calédonie aurait pu devenir, malgré sa faible étendue, une colonie de peuplement ; mais le choix qui a été fait de cette île comme lieu de transportation a contrarié le développement de la colonisation libre en éloignant les émigrants et les capitaux. Les condamnés ne sont point, ainsi qu'on aurait pu l'espérer, un élément de travail, toujours utile dans un pays neuf, mais plutôt un perpétuel danger, une cause de démoralisation. Pour cette raison, la Nouvelle-Calédonie n'a pas atteint jusqu'ici le degré de prospérité que l'on pouvait espérer. Il semble toutefois que depuis deux ou trois ans la colonie soit en progrès : l'élevage y est l'objet de plus de soins qu'auparavant, les cultures de blé, de café, de canne, se développent, l'exploitation des mines de nickel est plus active. Le commerce total de l'île, qui était en 1889 de 15 700 000 francs, a dépassé 18 200 000 francs en 1890 [2]. La richesse des mines de

---

1. Conférence réunie à Berlin, Acte du 14 juin 1889.
2. Commerce de la Nouvelle-Calédonie en 1890 :

Exportations de la Nouvelle-Calédonie :
En France.	1 348 900 fr.
Aux colonies.	Néant
A l'étranger.	5 791 935
	7 130 835 fr.

Importations en Nouvelle-Calédonie :
Marchandises françaises.	4 776 622 fr.
Des colonies.	Néant
Marchandises étrangères.	6 312 896
	11 089 518

Total général.	18 220 353 fr.

la Nouvelle-Calédonie (nickel et autres), la fertilité de ses terres, le commerce qu'elle est appelée à entretenir avec l'archipel des Nouvelles-Hébrides, où est déjà établie une Société française, sa situation sur une des routes que suivront les navires entre Panama et Sydney, lorsque l'isthme sera ouvert, permettent de croire au développement futur des ressources et des échanges de cette colonie.

Tahiti et sa voisine Mooréa sont les plus prospères et les plus commerçantes parmi les îles réunies administrativement sous le nom d'Établissements français de l'Océanie. Leur climat, leurs productions (coton, sucre, vanille, café), permettent de les classer parmi les colonies d'exploitation. Elles font un commerce d'environ 7 millions et demi[1]. L'archipel des Marquises possède des terres fertiles; les Touamotou et les Gambier sont d'immenses pêcheries de nacre et de perles. L'ouverture du canal de Panama aura, à n'en point douter, un heureux effet sur le développement et l'avenir de ces possessions. Elles se trouveront sensiblement rapprochées de la métropole, les émigrants craindront moins de s'y rendre; les relations commerciales entre la colonie et la France, nulles aujourd'hui, deviendront possibles; en outre, les Marquises et Tahiti seront visitées par les navires marchands qui se livreront aux opérations d'escale entre Panama et Sydney.

Si, au point où nous sommes parvenus, nous voulons juger l'importance du commerce total de tous nos établissements d'outre-mer,

---

[1]. Commerce de Tahiti en 1890 :
Exportations de Tahiti .
 En France. . . . . 504 595 fr.
 Aux colonies. 2 952
 A l'étranger 3 334 976
              3 642 521 fr.
Importations à Tahiti :
 Marchandises françaises . . . . 1 128 610 fr.
 Des colonies. . . . . Néant
 Marchandises étrangères 2 744 215
              3 872 825
  Total général . . . . 7 515 346 fr.

Les *Statistiques coloniales* ne fournissent pas le chiffre du commerce des autres archipels.

il suffit d'additionner les chiffres qui viennent d'être donnés. Le total obtenu s'élève à plus d'un milliard (exactement 1 039 930 149 francs), représentant le mouvement général des exportations et des importations de l'ensemble de nos colonies et protectorats [1]. Dans ce chiffre global, la part du commerce entre la France et ses colonies ne cesse pas d'être importante, puisqu'elle représente un total de 626 millions et demi (626 597 325 francs). Quant au commerce entre nos colonies et l'étranger, il atteint un chiffre beaucoup moindre : 381 millions de francs [2].

Il convient ici de se rappeler, afin qu'aucun de ces chiffres ne paraisse médiocre, que notre Empire colonial est jeune, que plusieurs de ses provinces, — et ce sont les plus importantes, — n'ont été

---

[1]. L'insuffisance des statistiques administratives, leur publication tardive font qu'il ne nous a pas été possible de donner le commerce de toutes nos colonies et de nos protectorats pour une *même année*. Les chiffres que nous avons cités se rapportent tantôt à 1888, tantôt à 1889, tantôt à 1890 et 1891. Ce manque d'unité est assurément regrettable ; ses inconvénients ne sont toutefois que médiocres. La raison en est que, à moins de circonstances exceptionnelles, que nous avons alors pris soin d'indiquer, le mouvement d'affaires d'une colonie ne varie pas très sensiblement d'une année à l'autre ; on n'observe qu'une différence, en plus ou en moins, peu sensible relativement à l'importance du total général. Or ce qui est désirable, c'est de savoir, non les exportations et les importations par francs et centimes, mais l'importance moyenne du commerce d'une colonie.

[2]. Voici le développement de ces chiffres :

Exportations des colonies en France	333 925 824 fr.
Importations des marchandises françaises dans les colonies.	292 673 501
Total.	626 597 325 fr.
Exportations des colonies à l'étranger.	160 335 194
Importations des marchandises étrangères dans les colonies.	220 839 959
Total.	381 175 133 fr.

Ces deux totaux, additionnés avec un troisième, — 24 288 967 fr., chiffre du mouvement des affaires des colonies entre elles, — ne donnent pas le total général que nous avons annoncé dans le texte de 1 039 930 149 francs ; il s'en faut d'environ 7 millions. Cet écart est explicable ; il vient de ce que, s'il nous a toujours été possible de donner le chiffre total, au moins approximatif, du commerce d'une colonie, nous n'avons pu souvent en revanche — notamment pour les établissements d'Afrique, golfe de Bénin, Congo, Madagascar — répartir ce total entre « exportations » et « importations », « marchandises françaises » et « marchandises étrangères ». Il faut donc conclure que les totaux donnés dans cette note sont certainement inférieurs à la réalité.

Il n'est pas sans intérêt de rappeler ici que le commerce de la France s'élève à 10 292 600 000 francs, dont 4 840 200 000 francs à l'exportation et 5 452 400 000 francs à l'importation (année 1890). — Ainsi, sur une exportation de près de 5 milliards, qui tombe à 3 753 millions de francs, au commerce spécial — « marchandises françaises », — la France vend près de 293 millions de ses produits dans ses colonies, et, sur une importation totale (commerce général) de 5 452 millions de francs, elle reçoit d'elles 334 millions.

acquises que depuis quelques années. La Tunisie, l'Annam, le Tonkin, Madagascar, le Soudan et le Congo Français sont annexés ou protégés depuis moins d'une douzaine d'années; leurs ressources n'ont pu encore être mises en valeur, ni leurs richesses exploitées; aussi peut-on dire qu'elles sont dans l'enfance et leur commerce à ses débuts.

Nos colonies consomment 334 millions de produits français, et 220 millions de *produits étrangers*.

Ces deux chiffres accusent une direction nouvelle des échanges et témoignent d'un changement radical dans la législation douanière de nos possessions. Il convient de l'étudier : le « pacte colonial » qui se maintenait encore, — bien qu'avec plusieurs exceptions, — dans la première partie de ce siècle, est déchiré; le régime de la « liberté coloniale » a été substitué au régime de l' « exclusif ». C'est une révolution. Elle s'est accomplie sous le second Empire. Depuis lors, un mouvement de réaction s'est produit. On a vu les industriels français se plaindre de la liberté commerciale accordée à nos colonies et le gouvernement céder devant leurs réclamations. Il y a une dizaine d'années, de premières mesures restrictives ont été apportées à la liberté commerciale, puis, tout récemment, la loi du 11 janvier 1892 relative à l'établissement du nouveau tarif général des douanes a donné une satisfaction complète au parti protectionniste. Notre législation douanière coloniale demeure cependant aujourd'hui encore dominée par ce principe que nos possessions d'outre-mer sont libres de commercer avec l'étranger, que leur commerce peut employer le pavillon national ou le pavillon étranger.

Si le principe est commun, la législation est loin d'être uniforme.

L'Algérie, comme d'ailleurs toutes nos colonies acquises dans ces soixante dernières années, ne fut jamais soumise au « pacte colonial ». Deux lois de 1851 et de 1867 la dotèrent d'un régime très libéral, qui favorisait à la fois les échanges avec la métropole et avec l'étranger. Elle est actuellement placée sous l'empire de ces deux lois, modifiées par une troisième en date du 29 décembre 1884 : entre la métropole et sa colonie, entre la colonie et sa métropole, aucune barrière de douane : les produits algériens sont exempts de toute taxe à leur entrée en France, les marchandises françaises importées en Algérie y pénètrent en franchise[1]. Quant aux marchandises étrangères, elles sont soumises dans les ports de la colonie aux conditions qu'elles rencontraient dans les ports français : elles acquittent ainsi les droits du « tarif minimum » ou les droits du « tarif maximum », suivant qu'elles proviennent d'un pays ayant ou n'ayant pas avec le nôtre de traité de commerce[2]. Un semblable régime est très rationnel : l'Algérie se trouvant à quelques heures de Marseille, il est juste de considérer, en matière douanière, les trois provinces comme des départements français; les colons ne réclament pas la faculté de recevoir les produits étrangers en franchise et les industriels français seraient en droit de s'élever contre une telle prétention[3].

1. Il faut toutefois noter que si les marchandises françaises ne sont soumises à aucune taxe douanière, elles doivent cependant acquitter l' « octroi de mer ».
On sait qu'à la différence du droit de douane, le droit d'octroi n'a aucun caractère protectionniste ; il est simplement fiscal. L'octroi de mer s'applique donc, sans distinction de nationalité ni de provenance, à toutes les marchandises qui entrent en Algérie par les ports. Mais il n'est plus perçu aujourd'hui que sur quelques produits : les sucres (de betterave ou de canne), les autres denrées coloniales, les marrons, les huiles minérales, l'alcool pur contenu dans les esprits, liqueurs et bières (non dans les vins).

2. On sait quel est notre régime douanier :
Jusqu'au 1er février 1892 la France avait deux tarifs : le « tarif général », — le plus élevé, — auquel étaient soumis les produits et marchandises originaires des pays n'ayant pas de traité de commerce avec la République Française ; — le « tarif conventionnel », sensiblement moins élevé, dont bénéficiaient les importations des pays liés avec le nôtre par des traités.
Ce système libéral a été condamné par la majorité « protectionniste » des Chambres lorsqu'elle a voté la loi du 11 janvier 1892, qui a été mise en vigueur dès le 1er février suivant. La France, d'après cette loi, a bien encore deux tarifs ; mais l'un, le « tarif maximum », est si élevé, qu'on peut le dire presque prohibitif, et l'autre, le « tarif minimum », équivaut à peu près à l'ancien « tarif général ». Le tarif « maximum » est appliqué à toutes les nations qui ne traitent pas avec la République ; le « tarif minimum » n'est accordé qu'aux pays qui consentent à accorder à nos importations chez eux un traitement de faveur.
Un semblable régime, s'il n'est pas bientôt amélioré par des traités de commerce comportant de notre part, en retour de certains avantages, un abaissement des droits inscrits au « tarif minimum », ne tardera pas à avoir pour effet un ralentissement important dans le mouvement commercial de notre pays, — tant à l'importation qu'à l'exportation.

3. Les lois de 1851 et de 1867 autorisaient, en vue de hâter l'outillage de la colonie nouvelle, l'entrée en Algérie d'un certain nombre de marchandises étrangères à un droit moins élevé que celui perçu en France. La loi de 1884, qui a mis fin à ce régime de faveur, a été faite pour donner satisfaction à quelques industries métropolitaines ; mais il est à noter qu'elle n'a été combattue par aucun des représentants de l'Algérie.

La Tunisie n'a malheureusement pu être dotée au lendemain de l'occupation du même régime que l'Algérie ; elle a même souffert jusque dans ces derniers temps d'un système douanier fort défectueux et contraire à l'établissement d'actives relations commerciales entre elle et la France, pays protecteur. On a vu les marchandises tunisiennes, notamment les blés et les vins produits par nos colons, soumis à leur entrée dans les ports français aux lourdes taxes du « tarif général », c'est-à-dire plus imposées que les provenances d'Italie, d'Espagne et de tous les autres pays qui bénéficiaient chez nous du « tarif conventionnel ». Les statistiques douanières accusaient d'ailleurs nettement les bizarres conséquences d'un pareil état de choses : la Tunisie, soumise à notre protectorat, mise en valeur par des colons et des capitaux français, entretenait un mouvement d'affaires plus important avec l'Italie qu'avec notre pays.

Le gouvernement a longtemps tardé à présenter aux Chambres un projet qui fît cesser une pareille anomalie ; il ne s'est décidé qu'il y a deux ans. La loi du 19 juillet 1890 a ouvert le marché français aux produits de la Régence. Ce n'est point encore la libre entrée dont bénéficient les produits de l'Algérie. On n'a point osé, — sans pour cela avoir de bonnes raisons, — traiter aussi favorablement les provenances d'un « pays protégé » que celles d'une « colonie » ; toutefois les céréales, les huiles, les bestiaux de Tunisie sont admis en franchise, les vins taxés seulement à 60 centimes l'hectolitre[1]. La loi est muette quant au traitement réservé aux marchandises importées en Tunisie ; elle ne pouvait d'ailleurs rien ordonner, la Régence étant « terre protégée » et non « province française ». Nos produits continuent d'acquitter aux douanes beylicales les mêmes taxes que les produits étrangers[2]. C'est ainsi que la réforme douanière

---

[1]. La loi du 19 juillet 1890 comporte quelques dispositions secondaires, — non toutefois sans importance, — qu'il serait trop long d'énumérer ici.

Il convient, en outre, de noter que la Tunisie a encore plusieurs « droits de sortie », bien que depuis l'établissement du protectorat beaucoup aient été supprimés ou réduits. Les produits taxés sont tous également frappés, quelle que soit la destination que leur donne l'exportateur.

[2]. Le Bey de Tunis, alors qu'il était souverain indépendant avant l'établissement du protectorat en 1881, a signé avec différentes puissances, — la France, l'Italie, l'Angleterre, l'Autriche, la Belgique, l'Espagne, — des traités de commerce accordant à toutes « le

n'est pas encore entièrement réalisée dans notre protectorat; mais le plus urgent, le plus utile, a été fait[1].

Le régime douanier appliqué depuis plus de cinq ans en Indo-Chine est, avant la loi douanière de janvier 1892, le meilleur exemple des mesures restrictives au principe de la liberté commerciale qui ont été adoptées dans quelques-uns de nos établissements d'outre-mer en vue d'y protéger l'industrie métropolitaine. Jusque dans le courant de l'année 1887 il n'existait en Cochinchine, et il n'avait jamais existé depuis la conquête, aucun tarif douanier : les marchandises françaises et étrangères étaient importées libres de droits[2]. A la faveur de ce régime les articles anglais et allemands, vendus à meilleur marché que les nôtres, avaient conquis le marché. Devant une situation aussi défavorable à notre industrie, une question se posait naturellement au lendemain de la conquête du Tonkin : devait-on ouvrir aux produits étrangers, sans aucune restriction, les nouveaux pays conquis : le Cambodge, l'Annam, la vallée du Fleuve Rouge? devait-on, au contraire, les soumettre à des droits d'entrée qui constitueraient au profit des produits français une protection efficace? Si, disait-on, l'expédition indo-chinoise a été réellement entreprise « pour assurer à notre industrie de nouveaux débouchés », il convient de réserver un régime de faveur aux importations de la métropole dans ses possessions extrême-orientales. On ajoutait encore que le marché qu'il s'agissait d'assurer à l'industrie française était considérable : ce n'était point seulement chez les 20 millions d'habitants de l'Indo-Chine que nos manufacturiers pourraient, grâce à une protection douanière, trouver des consommateurs. C'était aussi parmi les 120 millions

---

traitement de la nation la plus favorisée » et les soumettant à un droit de 8 pour 100 *ad valorem*. — Ces traités sont toujours en vigueur, mais celui conclu avec l'Italie arrivera à expiration en 1896.

1. La France, bien qu'elle ait reconnu, en établissant son protectorat à Tunis, les traités précédemment signés par les beys avec les puissances étrangères, est-elle en droit de demander au gouvernement beylical de dispenser ses produits à elle, nation protectrice, de tous droits d'entrée? — La question a été examinée et l'affirmative soutenue. Mais la suppression des droits d'entrée en Tunisie au bénéfice des seuls produits français est avant toute chose, il faut le reconnaître, une question d'opportunité et de politique internationale.

2. Un droit « d'octroi de mer » atteignait toutefois trois ou quatre articles quelle que fût leur provenance.

d'individus qui habitent le Quang-Si, le Yun-nan, le Kouei-tcheou, le Se-tchouen, provinces méridionales de la Chine. L'Indo-Chine et la voie du Song-Koï avaient été conquises par nos armes, il importait que notre industrie profitât de cette conquête. La question posée fut résolue dans le sens de la protection. Depuis le 1er juillet 1887, les territoires de la Cochinchine, du Cambodge, de l'Annam et du Tonkin forment une « Union douanière »; les produits français y pénètrent en franchise, tandis que les produits étrangers sont soumis à un tarif qui avait hier pour base le « tarif général » de la métropole et qui a pour base aujourd'hui le « tarif maximum » qu'on vient de lui substituer [1] (loi du 26 février, décrets du 8 septembre 1887 et du 9 mai 1889, loi du 11 janvier 1892).

Ces dispositions assurent aux marchandises françaises une large protection, et même, — il ne faut pas hésiter à le dire, — une trop large protection. Dès le premier jour les négociants français ou étrangers établis en Indo-Chine ont protesté. Ils ont fait remarquer que les droits nouveaux allaient renchérir tous les produits, changer les conditions du commerce, entraver son développement. Ces plaintes étaient-elles exagérées? Peut-être pour une part, mais le fond en était certainement juste. L'application du « tarif général » français en Indo-Chine a eu, en effet, pour résultat non seulement d'empêcher le développement du commerce, mais, ce qui est plus, de le restreindre. En 1887 le mouvement d'affaires des quatre pays de l'Indo-Chine représentait un total de 147 millions : il n'est plus en 1890, ainsi qu'on l'a vu plus haut, que de 118 millions. C'est une perte de 29 millions. Il faut ajouter que les maisons d'importation souffrent du mauvais état des affaires, que les commerçants chinois, — intermédiaires entre l'Européen et l'indigène, — émigrent. Pour les industriels français, ils n'ont jusqu'ici que très peu profité du régime de faveur qui leur est assuré : leurs ventes ont certainement augmenté, mais elles restent très inférieures à celles des étrangers [2].

1. Les alcools de toute provenance importés en Cochinchine y acquittent, en addition du droit de douane, un « droit de consommation » représentant la taxe intérieure qui frappe les alcools de fabrication locale. Il existe en outre, en Cochinchine et au Tonkin, un « droit de sortie » sur les riz. Ceux exportés en France sont exemptés de ce droit.
2. Voir plus loin, page 236.

Il est à craindre que la situation du commerce indo-chinois déjà mauvaise ne s'aggrave encore. Depuis le 1er février 1892 les marchandises étrangères sont, en effet, frappées, non plus des droits inscrits au « tarif général », mais de ceux beaucoup plus élevés portés au « tarif maximum ». C'est là certes une augmentation de protection pour les industriels français; mais n'est-ce point aussi un renchérissement général, qui affaiblira la faculté de consommation des indigènes?

L'Indo-Chine, obligée de recevoir nos produits libres de droits, est payée de retour : les produits des quatre pays de l'Union douanière importés en France sont admis en franchise, à l'exception toutefois des « denrées coloniales », sucres, mélasses, cafés, cacaos, poivres, épices, etc., qui sont frappées par notre législation de taxes fiscales plutôt que douanières (lois du 30 mars 1888 et du 11 janvier 1892).

L'établissement du protectorat français à Madagascar n'a pas eu pour conséquence la modification du régime douanier qui existait auparavant. Un traité de commerce signé entre les deux pays le 8 août 1868 frappe les marchandises importées et exportées d'un droit de 10 pour 100. Le gouvernement hova ayant, à différentes dates, assuré à l'Angleterre, à l'Allemagne et aux États-Unis « le traitement de la nation la plus favorisée », le commerce de la nation protectrice ne peut bénéficier aujourd'hui à Madagascar d'aucun traitement de faveur. Les produits de l'île importés en France sont, d'autre part, soumis aux droits du « tarif maximum ».

Le « pacte colonial », sous le régime duquel se trouvaient encore nos anciennes colonies au commencement de la seconde partie de ce siècle, a été aboli par la loi du 3 juillet 1861[1]. A cette époque nos

---

1. Si le plan de cet ouvrage comportait une étude complète de la situation économique de nos colonies, nous ne pourrions nous dispenser de consacrer plusieurs pages à l'abolition de l'esclavage, — révolution politique et économique qui a précédé la réforme commerciale, — autre révolution traversée en ce siècle par nos établissements d'outre-mer.

En 1848, le gouvernement républicain décréta brusquement l'abolition de l'esclavage. Aucune mesure transitoire ne fut prise ; du jour au lendemain les esclaves attachés aux plantations devinrent libres et électeurs. Ce fut pour nos îles à sucre l'origine d'une crise qui dura plusieurs années. Les noirs, avides de liberté, avaient abandonné les plantations, refusaient d'y travailler comme « ouvriers libres », l'exportation du sucre baissait très sensiblement. Jusqu'en 1861, les planteurs cherchèrent partout des travailleurs, en trois colonies sucrières souffraient d'une crise grave, se voyaient menacées d'une ruine certaine : l'importation des marchandises étrangères étant interdite, ou rendue, pour les articles autorisés, difficile et coûteuse, les marchandises françaises, qui n'avaient aucune concurrence à redouter, atteignaient des prix extrêmement élevés ; — d'autre part, l'exportation sous pavillon étranger étant également interdite, les bâtiments français qui opéraient les transports entre la colonie et la métropole n'ayant, de même que les négociants importateurs, aucune concurrence à craindre, maintenaient les frets à un taux extrêmement élevé ; — enfin, les nouvelles lois sucrières votées en France réduisaient à rien la protection jusque-là accordée dans la métropole aux sucres coloniaux contre les sucres étrangers. Les colons, devant une situation aussi menaçante, ne cessaient de réclamer l'abrogation des règles dans lesquelles ils étaient enserrés, c'est-à-dire « le droit d'exporter leurs sucres par tous pavillons et pour toutes destinations et celui d'importer les marchandises de toutes provenances par tous pavillons ». Dans la métropole aussi bien que dans nos possessions, on reconnaissait d'ailleurs qu'il n'était pas possible de maintenir les dispositions du « pacte colonial » à la charge des colonies quand les dispositions stipulées à leur profit n'existaient plus.

La loi de 1861 répondit à ces justes demandes en autorisant à la Martinique, à la Guadeloupe et à la Réunion l'importation, par tous pavillons, de toutes les marchandises étrangères admises en France et

Chine, en Afrique. A cette époque le gouvernement impérial jugea qu'il convenait de prendre des mesures pour assurer un contingent régulier de travailleurs à nos colons. Dans ce but il signa avec l'Angleterre une Convention (1ᵉʳ juillet 1861) qui autorisait l'administration coloniale française à recruter et engager pour les transporter à la Réunion, à la Guyane, aux Antilles des travailleurs indiens.

La signature de cette Convention assura des bras aux planteurs, mais après une vingtaine d'années de ce régime « d'immigration ouvrière », entreprise, subventionnée par l'administration, des difficultés survinrent. Les anciens affranchis et leurs fils protestèrent contre l'introduction, *aux frais de la colonie*, des travailleurs indiens, qui, disaient-ils, venaient faire concurrence au « travail libre ». La « question de l'immigration » était désormais posée. Elle l'est aujourd'hui à la Réunion et aux Antilles. Depuis quelques années, l'introduction des immigrants indiens est partout suspendue. A la Guyane et à la Réunion, cette suspension a sa cause dans certaines difficultés entre les gouvernements français et anglais ; aux Antilles, elle est le fait des conseils généraux, dont la majorité noire est hostile à l'« immigration subventionnée ». — Les planteurs des Antilles et de la Réunion se plaignent et réclament le retour au système de « l'immigration », prétendant que le « travail libre » est à la fois trop cher et insuffisant.

aux mêmes droits, — l'exportation des produits des îles à l'étranger sous tous pavillons, — la liberté de se servir de la navigation étrangère, concurremment avec la navigation française, pour les échanges entre la colonie et la métropole.

Ainsi cette loi constituait un grand et incontestable progrès sur le passé. Elle n'accordait pas cependant à nos colonies une liberté suffisante, car la faculté de commercer avec l'étranger était rendue illusoire par l'élévation des tarifs d'entrée. Ces tarifs, empruntés à la métropole, où ils étaient établis pour favoriser l'industrie nationale, étaient fort lourds : en France ils « protégeaient » nos industries; aux colonies ils « prohibaient » en fait, par leur élévation, les marchandises étrangères. Le sénatus-consulte du 4 juillet 1866 parut heureusement, qui, complétant la réforme de 1861, autorisa les conseils généraux de la Martinique, de la Guadeloupe et de la Réunion à voter « les tarifs d'octroi de mer sur les objets de toute provenance, ainsi que les tarifs de douane sur les produits étrangers naturels ou fabriqués importés dans la colonie ». C'était rendre les colonies maîtresses de leurs tarifs. Les assemblées coloniales supprimèrent aussitôt les droits de douane et les remplacèrent par un « octroi de mer », taxe purement fiscale, que durent acquitter les marchandises françaises comme les marchandises étrangères.

Dès lors il ne restait plus rien du « pacte colonial », la liberté commerciale était faite. Il est à peine besoin d'ajouter que la liberté commerciale, ayant été accordée aux Antilles et à la Réunion, ne pouvait être refusée à nos autres colonies. Toutes bénéficièrent donc, sous des formes diverses, du sénatus-consulte de 1866.

La conséquence du nouveau régime fut, ainsi qu'il était inévitable, une diminution de l'importation française dans nos colonies au profit de l'importation étrangère. Les fabricants métropolitains semblèrent d'abord se résigner, ou du moins compter sur eux seuls pour reprendre l'avantage, puis dans ces dernières années ils firent entendre des plaintes. Ils firent observer que les colonies devaient être « un débouché naturel pour l'industrie métropolitaine » et que d'ailleurs, si les sucres coloniaux étaient taxés à leur entrée en France, ils bénéficiaient encore, par le mode de perception des droits, d'un régime de faveur sur les sucres étrangers. Ne convenait-il pas d'exiger des conseils coloniaux, à titre de réciprocité, l'adoption de tarifs douaniers protecteurs des marchandises métropolitaines?

Ces plaintes furent entendues du gouvernement. Sur sa demande, les colonies de la Martinique, de la Guadeloupe, de la Réunion, de la Guyane, consentirent à établir, à côté des tarifs d'octroi de mer, des tarifs douaniers qui frappaient un certain nombre de marchandises étrangères (Martinique, décret des 25 avril 1885 et 19 juin 1890. — Guadeloupe, décrets des 16 novembre 1884 et 10 mai 1889. — Réunion, décret du 19 janvier 1885)[1]. Ces quatre colonies ne furent point seules entraînées dans le mouvement nouveau : le Sénégal, le Gabon, Nossi-Bé, Mayotte, Saint-Pierre et Miquelon durent également adopter des tarifs protecteurs des marchandises métropolitaines.

Les lignes que nous venons d'écrire étaient vraies hier, elles ne le sont plus aujourd'hui. La loi douanière du 11 janvier 1892 a abrogé le sénatus-consulte de 1866 et imposé à toutes nos colonies, aussi bien les « anciennes » (Martinique, Guadeloupe, Réunion, Guyane) que les autres, une nouvelle règle singulièrement restrictive de la liberté commerciale. Cette loi ne modifie en rien la législation de l'Algérie et de la Tunisie; elle ne touche point non plus au régime établi en Indo-Chine en 1887, puisqu'elle se borne à décider que le « tarif général » supprimé y sera remplacé par le « tarif maximum ». Mais l'Algérie, la Tunisie, l'Indo-Chine sont les seules colonies dans lesquelles la loi de 1892 n'introduit aucune innovation. Pour les autres établissements d'outre-mer de la France, ils sont divisés en deux classes : d'une part sont les colonies obligées à recevoir en franchise les marchandises françaises et à imposer aux droits du « tarif maximum » métropolitain les marchandises étrangères ; en compensation de cette obligation, ces colonies voient leurs produits bénéficier dans la métropole d'une exemption soit totale, soit partielle ; — d'autre part, sont les colonies libres — ou plutôt relative-

---

1. Ces décrets sont pris par l'autorité métropolitaine, mais seulement après le vote des tarifs par le conseil général de la colonie intéressée, en application du sénatus-consulte de 1866.

SAINT-DENIS, ILE DE LA RÉUNION.

ment libres de protéger ou de ne point protéger les marchandises françaises ; mais cette liberté, elles doivent la payer, car leurs produits, au lieu de bénéficier de la franchise, sont soumis à leur entrée dans la métropole aux droits inscrits au « tarif minimum ».

Dans la première classe sont la Martinique, la Guadeloupe, la Réunion, la Guyane, Saint-Pierre et Miquelon, le Gabon, Mayotte, la Nouvelle-Calédonie. Ces colonies perdent donc le droit, qu'elles avaient jusqu'ici, de réserver aux marchandises étrangères le traitement qui leur convenait; elles doivent les frapper des lourdes taxes du « tarif maximum », afin d'assurer une faveur marquée aux marchandises métropolitaines. Qu'est-ce que ce régime, si contraire au principe inscrit dans le sénatus-consulte de 1866? Ce n'est pas le rétablissement du « pacte colonial », du système de l' « exclusif » et du « privilège pour le pavillon national », mais c'est presque exactement le retour à la loi de 1861, qui portait, ainsi qu'on l'a vu : franchise pour les produits métropolitains, — tarif général pour les produits étrangers, — liberté de pavillon. Sur un point toutefois le législateur de 1892 a été plus libéral que celui de 1861 : après avoir posé en principe que le « tarif maximum » devrait être appliqué aux marchandises étrangères, il a admis, comprenant combien ce tarif était excessif, que des décrets rendus en Conseil d'État détermineraient les marchandises qui, par exception au principe, pourraient bénéficier d'une tarification spéciale. Ces décrets n'ont point paru encore, mais on comprend qu'ils accorderont des diminutions de droit soit aux marchandises que ne fournit pas la métropole, soit aux denrées de première nécessité, telles que les farines, les viandes fraiches, etc.

Les importations faites en France par les colonies, appartenant à la première classe, bénéficient du tableau E annexé à la loi de 1892. D'après ce tableau, les produits coloniaux sont exempts, à l'exception : 1° des sucres, mélasses et sirops frappés des droits inscrits au tarif métropolitain en vertu des lois sur les sucres ; 2° des cacaos, cafés, thés, poivres, piments, frappés de moitié des droits inscrits au tarif métropolitain ; cette exemption de moitié des droits constitue évidemment une protection notable en faveur des « denrées coloniales » originaires de nos possessions.

Les colonies appartenant à la seconde classe imaginée par la nouvelle loi douanière sont le Sénégal et les autres territoires français de la côte occidentale d'Afrique (le Gabon excepté), Sainte-Marie de Madagascar, Nossi-Bé, Diego Suarez, Obok, les Établissements de l'Inde, Tahiti et ses dépendances. Ces possessions conservent le droit de réserver aux marchandises étrangères le traitement qui leur convient; l'obligation de soumettre les marchandises aux charges du « tarif maximum » ne les atteint pas.

D'ailleurs, l'application d'un tarif protecteur quelconque aurait été impossible dans nos possessions d'Afrique qui reçoivent les « marchandises de troc », comme une véritable monnaie, en « échange » des produits naturels du pays. Une semblable impossibilité se serait rencontrée dans nos comptoirs de l'Inde, enclavés dans l'Empire Anglais, à Tahiti, si éloignée de la métropole. Ces différentes colonies ne protégeant pas les marchandises françaises, la métropole ne doit, en retour, aucune faveur à leurs importations : elles seront donc frappées des droits inscrits au « tarif minimum ».

Mais il convient d'ajouter que les règles posées pour les colonies appartenant à la seconde classe comportent de nombreuses exceptions : 1° le Sénégal, libre, en principe, de recevoir les marchandises étrangères franches de droits, s'est vu obligé par la métropole de les taxer, afin d'assurer une protection aux marchandises françaises; — 2° les « guinées » de Pondichéry importées dans nos ports bénéficient de la franchise; — 3° des décrets rendus en Conseil d'État accorderont aux produits originaires de nos colonies frappés, en principe, du « tarif minimum », des exemptions ou des détaxes; — 4° le « tarif minimum » n'atteignant ni les arachides, ni l'ivoire, ni le caoutchouc, ces matières premières exportées de nos possessions africaines à destination de la France continueront, comme par le passé, à jouir d'une complète franchise, sans même qu'un décret soit nécessaire.

Doit-on approuver les restrictions apportées par la loi de 1892 à la liberté commerciale des colonies? Non assurément! La question du mode des relations commerciales entre la métropole et ses colonies est, certes, délicate et complexe. Nous n'avons pas hésité à approuver le système d'union douanière existant entre la France et l'Algérie, celui, à demi réalisé, entre la France et la Tunisie ; ces pays sont voisins : il est naturel et juste que les relations d'échanges soient favorisées entre eux. Nous aurions pu approuver également l'établissement, au profit des fabricants français, de tarifs douaniers modérés en Indo-Chine, aux Antilles, à la Réunion et dans quelques autres colonies. On comprend, en effet, que la métropole demande à ses colonies, surtout lorsqu'elle les paye de retour, certains sacrifices en matière de commerce. Mais il n'est pas douteux que lorsque les colonies n'accordent pas de bonne grâce ces sacrifices, lorsqu'elles les trouvent trop lourds, lorsqu'elles les subissent au lieu de les accepter, la métropole dépasse la mesure, et, pour favoriser les industriels métropolitains, ruine les colons et les négociants établis dans les colonies. Or c'est précisément ce que nous observons aujourd'hui : l'Indo-Chine est ruinée par la barrière douanière que l'on a établie à ses portes ; avant peu on verra les colonies frappées par la loi de 1892 se plaindre du renchérissement général des produits, de la cherté de la vie. Comment pourrait-il en être différemment, puisque les industriels métropolitains, protégés par les lourdes taxes du « tarif maximum », n'auront plus à craindre sur les marchés coloniaux la concurrence des fabricants étrangers ?

L'étude qui vient d'être faite du régime douanier en vigueur dans nos colonies conduit, par une transition naturelle, à l'examen de cette importante question : la situation du commerce français dans nos établissements d'outre-mer est-elle satisfaisante ? Les adversaires des colonies et de la politique coloniale disent que, si l'on excepte l'Algérie, nos possessions ne consomment pas suffisamment de produits métropolitains, qu'elles sont des marchés dont les fabricants étrangers profitent plus que les fabricants français, en un mot qu'elles n'ont point pour notre pays une suffisante « utilité commerciale ».

L'objection est trop sérieuse pour qu'on la néglige.

Lorsque l'on veut juger les relations commerciales d'une colonie, il faut tout d'abord examiner sa situation géographique. Est-elle voisine de la métropole, les rapports marchands sont-ils faciles, alors un important mouvement d'échanges s'établira entre les deux pays. Il en est ainsi de la France et de l'Algérie ; il en est de même, depuis hier, de la France et de la Tunisie, l'ancien régime douanier — régime absolument anormal, — ayant été modifié. Si, au contraire, la colonie est éloignée de la métropole et proche de pays étrangers pouvant lui fournir les marchandises dont elle a besoin, les relations se dédoubleront : la colonie commercera à la fois avec la métropole et avec l'étranger. Il est parfaitement naturel que les Antilles achètent leurs vivres et divers produits aux États-Unis plutôt qu'en France, plus naturel encore que la Réunion s'approvisionne en partie à Madagascar, Pondichéry dans l'Inde, Tahiti à San Francisco ou en Australie.

Les colonies britanniques sont, aussi bien que les nôtres, soumises à cette « loi de nature » et il n'est pas sans intérêt de remarquer qu'elles paraissent même y obéir davantage. Les Antilles ont avec le Honduras et la Guyane une population de 1 598 000 âmes ; elles consomment pour 77 275 000 francs de marchandises anglaises, soit pour 42 fr. 10 par individu. À côté d'elles, la Martinique, la Guadeloupe et la Guyane, peuplées de 591 000 habitants, reçoivent pour 23 493 000 francs de produits français. C'est donc une consommation de 60 fr. 10 par tête.

Dans l'océan Indien la situation est la même : Maurice a 386 000 habitants et achète pour 8 000 000 de francs de marchandises métropolitaines, soit pour 20 fr. 98 par individu. La Réunion, peuplée de 165 000 âmes, achète en France pour 9 178 000 francs. La consommation de 58 fr. 83 par tête, accusée par ces chiffres, dépasse de beaucoup celle de l'île anglaise voisine.

Ces comparaisons sont loin de nous être défavorables et l'on peut dire que les industriels français ont ici moins sujet de se plaindre que les industriels anglais. Il est vrai que la même situation ne se retrouve pas dans toutes nos colonies. Dans les Rivières du Sud, dans le golfe de Bénin, au Gabon, en Indo-Chine, notre commerce, — on l'a noté plus haut, sans rien céler de la vérité, — est en état de grande infériorité à côté du commerce étranger. L'éloignement des colonies de la métropole ne saurait être donné comme raison. La cause du mal est ailleurs : il faut la voir dans ce fait que les maisons françaises d'importation se trouvent contraintes de vendre des produits anglais et allemands, nos industriels ne fabriquant pas ou vendant trop cher les produits réclamés par les consommateurs. C'est ainsi, notamment, que les fils et les tissus de coton, — principal objet d'échanges en Afrique et en Asie, — viennent de Manchester, de Bombay ou de Madras, et non de Rouen, de Roanne ou des Vosges.

L'objection de nos industriels se plaignant que nos établissements d'outre-mer ne soient pas pour eux des débouchés assez larges porte donc en partie : il est vrai que nos colonies d'Afrique, moins l'Algérie et la Tunisie, sont, ainsi que l'Indo-Chine, des marchés dont les fabricants étrangers profitent beaucoup plus que les nôtres. Mais, s'il en est ainsi, n'est-ce point la faute de nos industriels eux-mêmes? ne sont-ils point responsables de la situation dont ils se plaignent? Pourquoi ne produisent-ils pas à aussi bon marché que leurs rivaux d'Angleterre ? Lorsqu'ils disent que l'industrie française travaille dans des conditions moins favorables que l'industrie anglaise, qu'elle subit des prix plus élevés pour la main-d'œuvre, les machines, le charbon, le coton, etc., ils veulent excuser leur infériorité, mais ils ne donnent point sa véritable cause. Elle est, cette cause, dans leur indifférence, dans leur manque d'initiative, dans la méconnaissance voulue des goûts des consommateurs. Tandis que les industriels britanniques cherchaient des débouchés nouveaux en Afrique et en Asie, augmentaient sans cesse le chiffre de leurs affaires, les nôtres ne donnaient à ces contrées lointaines qu'une faible attention, se refusaient à la lutte pour conserver les marchés acquis ou s'en ouvrir d'autres. Les négociants marseillais établis depuis longtemps en Afrique se souviennent qu'en 1850 et 1855 on vendait encore au Sénégal et dans le golfe de Bénin des quantités importantes d'articles de Rouen (des « rouenneries »), puis, que peu à peu les mêmes articles, de fabrication anglaise, ont paru dans ces régions, offerts à des prix bien inférieurs. Malgré les sollicitations des négociants marseillais, les manufacturiers rouennais ne tentèrent pas alors de soutenir la concurrence. Pensant que le marché métropolitain et l'exportation vers quelques pays d'Europe ou d'Amérique suffirait toujours à leur activité, ils se désintéressèrent de l'Afrique au grand profit des fabricants britanniques, et plus tard aussi des Allemands. En Chine nos industriels n'ont été ni plus clairvoyants ni plus audacieux qu'en Afrique : le traité de 1860 leur assurait les mêmes avantages commerciaux qu'aux Anglais ; ils n'ont pas un seul jour essayé d'en profiter. Aujourd'hui, heureusement, ils reconnaissent leur erreur, ils veulent la réparer ; ils comprennent que les marchés d'Afrique et d'Asie sont des marchés considérables, qu'ils ne peuvent en demeurer exclus sans un très grave préjudice.

Dans le but d'encourager ce mouvement, ces bonnes volontés, d'aider les fabricants français à regagner le terrain perdu, le gouvernement a consenti, ainsi qu'on l'a vu plus haut, à l'établissement de tarifs protecteurs dans plusieurs de nos colonies. Nous parlons ici des tarifs qui ont précédé la loi douanière de 1892, car pour cette dernière nous ne saurions l'approuver. Aux Antilles et à la Réunion les tarifs de 1884, 1885, 1889 et 1890 auraient déjà favorisé la vente de nos articles, si ces colonies n'avaient traversé de 1882 à 1887 une crise sucrière qui a eu pour conséquence une baisse très sensible de leur commerce, une réduction dans leurs achats. Un chiffre mérite toutefois d'être relevé à titre d'indication : en 1883, à la veille de l'application des droits protecteurs, la Réunion, dont le commerce s'élevait à 51 millions, importait 7 832 000 francs de marchandises françaises ; — en 1889, alors que son mouvement d'affaires se ressentant encore de la crise sucrière n'atteignait pas 35 200 000 fr., elle a importé 9 178 000 francs de marchandises françaises. C'est là un chiffre sensiblement supérieur, qui représente une augmentation réelle de 1 300 000 francs dans la part prise par la métropole dans l'approvisionnement de sa colonie. (En 1883, les marchandises françaises importées dans la colonie représentaient 28 pour 100 des importations ; en 1889 elles représentent 45 pour 100.)

Le « tarif général » est entré en vigueur en Indo-Chine au mois de juillet 1887. On a vu plus haut comment son élévation trop grande avait porté un coup au commerce de la colonie. Il est une limite que la protection ne doit pas dépasser. Toutefois il convient de reconnaitre qu'au lendemain de l'établissement de ce tarif de faveur, des syndicats de fabricants français se sont formés, ont envoyé des représentants en Indo-Chine et, en même temps, ont noué des relations avec les négociants importateurs et les commerçants chinois. Ces premiers efforts ont été récompensés par des résultats appréciables : les importations de fils et tissus de coton de provenance française, qui représentaient seulement 1 500 000 fr. en 1888, au lendemain de l'application des droits, se sont élevées en 1890 à 5 270 000 francs.

Ces premiers résultats observés à la Réunion et en Indo-Chine doivent-ils donner confiance en l'avenir ? Il ne faut certes pas en conclure que les marchandises françaises sont dès maintenant assurées d'une large vente aux Antilles, en Afrique et en Asie. Il est, en effet, nécessaire que les efforts de nos fabricants ne faiblissent pas, mais redoublent au contraire, et, d'autre part, la protection exagérée qui leur est aujourd'hui accordée ne pourra être longtemps maintenue ; il convient aussi de prévoir que nos rivaux d'Angleterre et d'Allemagne feront, pour conserver leur situation, de nombreux sacrifices, abaisseront leurs prix. La lutte sera donc vive. Il est toutefois permis d'espérer que l'industrie française en tirera avantage, — et, à ce sujet, l'histoire du développement industriel de l'Angleterre mérite d'être rappelée.

Seeley s'est appliqué à montrer, dans l'ouvrage déjà cité, que le préjugé d'après lequel la Grande-Bretagne aurait été de tout temps un grand pays industriel était absolument démenti par les faits. « La base de notre grandeur manufacturière, dit-il, n'a pu être posée qu'à une époque très récente. L'Angleterre des Plantagenets occupait une position économique tout à fait différente. Sans doute nous avions des manufactures, mais la nation était encore si loin de se faire remarquer pour son activité industrielle et son génie pratique, qu'une description écrite au xve siècle dit que les Anglais, rarement fatigués par le travail manuel, mènent une vie « intellectuelle et raffinée ». — Voilà donc ce qu'était l'Angleterre au xve siècle ! N'en doit-on pas conclure qu'il ne faut jamais dire qu'un peuple manque de certaines aptitudes, car on ne saurait prévoir si le jugement que l'on porte à la hâte ne sera pas bientôt infirmé ? L'observateur du xve siècle cité par Seeley n'aurait certes pas hésité à déclarer que les Anglais n'étaient ni colonisateurs ni commerçants. « Au moyen âge, ajoute en effet Seeley, l'Angleterre n'était pas au point de vue des affaires un pays avancé; c'était plutôt un pays arriéré. Elle doit avoir été méprisée des vrais pays commerciaux ; les sentiments que lui inspire aujourd'hui le système d'affaires et de banque de pays comme l'Allemagne et la France, système que nous trouvons démodé et vieilli relativement au nôtre, les Italiens du moyen âge devaient les éprouver pour l'Angleterre ; avec leur existence de citadins, leurs grandes villes, leurs vastes relations commerciales et leur finesse en affaires, ils doivent avoir classé l'Angleterre au même rang que la France parmi les contrées du vieux monde, agricoles, féodales, restées en dehors du courant principal des idées de l'époque. »

Et l'Angleterre a conservé jusqu'au seuil des temps modernes cette infériorité qu'on remarquait en elle au moyen âge. Ce n'est qu'après la chute de la Hollande qu'elle s'est élevée peu à peu à la tête du commerce. « Si nous passons en revue tous les éléments de sa grandeur, dit encore Seeley, nous arrivons à cette conclusion que l'Angleterre, que nous connaissons avec sa suprématie maritime, commerciale et industrielle, est tout à fait moderne, que ses traits caractéristiques ne se sont dessinés clairement qu'au xviiie siècle et que c'est pendant le xviie qu'elle a pris graduellement cet aspect. Si nous demandons l'instant précis où cette transformation commença, la réponse est remarquablement nette et facile. C'est l'époque de la reine Élisabeth. Or c'est à l'époque où le Nouveau Monde commence à exercer son influence. Et, ainsi, les faits les plus évidents suggèrent cette conclusion, que l'Angleterre, dès le commencement, a dû au Nouveau Monde son caractère moderne et sa grandeur particulière. »

Ainsi la situation géographique de leur île, la découverte du Nouveau Monde, la fondation ou la conquête de grandes colonies en Amérique et en Asie, ont fait les Anglais marins d'abord, puis industriels.

La France est déjà, du fait de sa situation géographique, de son ancienneté parmi les États, de sa richesse, de l'émigration de ses enfants dans différents pays, et de la possession de ses colonies, la première nation industrielle du monde après l'Angleterre et une des premières nations maritimes[1]. Peut-être précéderait-elle aujourd'hui l'Angleterre si au XVIII° siècle elle n'avait dû renoncer à la possession du Canada et de l'Inde. La perte de ces immenses marchés a certainement eu pour conséquence de limiter le champ ouvert à notre industrie et à notre marine, tandis que leur acquisition a considérablement favorisé le développement de l'industrie et du commerce britanniques. Lorsque, la France vaincue, les Anglais n'ont plus connu de rivaux, lorsqu'ils ont dominé dans toutes les parties du monde, gouverné et administré de nombreux peuples, eux seuls ont fabriqué des produits pour toutes les parties du monde, pour tous les peuples, quels qu'ils fussent. C'est sur leurs colonies que s'est élevé l'édifice de leur incomparable prospérité.

Est-il interdit de penser, en songeant au phénomène économique retracé par Seeley, que les acquisitions coloniales faites par la France dans ces soixante dernières années peuvent avoir une heureuse influence sur le développement de son industrie et de sa marine? Non assurément. Certes l'avance considérable prise par l'Angleterre, les progrès de l'Allemagne, l'activité de la concurrence entre toutes les nations rendent les conditions d'une lutte singulièrement plus difficiles à la fin du XIX° siècle qu'elles n'étaient au XVIII° siècle. On ne peut plus espérer conquérir un monopole, mais seulement prendre et garder une situation privilégiée dans la concurrence universelle.

La conquête de l'Algérie, de la Tunisie, puis du Soudan et du Congo français, de Madagascar, de l'Indo-Chine ont constitué à notre pays un nouvel Empire colonial, élargi sa sphère commerciale en même temps que sa sphère politique. Il se trouve, à l'heure actuelle, directement invité à étendre ses relations d'affaires avec ses possessions nouvelles et, indirectement, par une loi naturelle souvent observée, avec les pays qui les avoisinent. Nos possessions produi-

---

1. Voir à ce sujet les faits et les chiffres rappelés au chapitre VII.

sent déjà et produiront chaque année davantage des matières premières et des denrées que travaille ou consomme notre pays ; elles demandent en échange, elles demanderont plus encore, des marchandises qui sont fabriquées ou peuvent l'être en France aussi bien qu'en Angleterre et en Allemagne ; enfin, ces marchandises ne sont pas consommées exclusivement par les habitants de nos colonies, elles le sont aussi par ceux des régions voisines, de telle sorte que si les industriels français réussissent à fournir les indigènes de nos comptoirs africains ou de l'Indo-Chine, ils pourront espérer voir, en même temps, augmenter leurs importations dans toutes les régions de l'Afrique et en Chine.

A ces différentes observations il faut en ajouter une dernière, d'une incontestable valeur. Tous les pays civilisés veulent aujourd'hui posséder une industrie nationale qui fournisse le pays lui-même, puis rivalise, au dehors, avec celle des pays voisins ; le travail manufacturier ne se développe point seulement en Europe, mais encore aux États-Unis, au Canada, dans l'Amérique du Sud, en Australie. En présence de ces faits, nos fabricants n'hésitent plus à comprendre que l'Europe et l'Amérique ne sauraient leur offrir, dans les conditions actuelles de la concurrence entre tous les peuples, des marchés suffisamment étendus; ils voient qu'ils doivent chercher des débouchés nouveaux, que l'Afrique et l'Asie seront au siècle prochain les premiers parmi les pays consommateurs. — La « nécessité de vivre » n'est-elle pas le plus puissant des aiguillons ?

Nous venons de parler longuement des exportations de la France dans ses colonies ; le mouvement commercial inverse ne donne matière qu'à de courtes observations.

Ainsi que nous l'avons vu plus haut, l'ensemble des importations de nos colonies dans les ports métropolitains s'élève à 334 millions. Ce mouvement n'a pas cessé de s'élever et l'on peut prévoir qu'il ne cessera pas. Sous ce rapport « l'utilité commerciale » de nos colonies n'a pas besoin d'être démontrée. Elles n'envoient pas seulement en France des produits qui sont mis tout de suite en consommation, comme les vins, les céréales, le bétail, les cafés, les vanilles ou le rhum et qui augmentent le bien-être de la population, elles envoient aussi, — et en quantités considérables, — des matières premières qui procurent à nos fabricants un accroissement d'industrie, à nos ouvriers un supplément de main-d'œuvre. Il serait assurément d'un haut intérêt de rechercher, à ce sujet, dans une histoire de la ance industrielle la grande part que les importations de nos « colonies d'État » d'Amérique, d'Afrique et d'Asie et de nos « colonies libres » d'Orient ont eue depuis quatre siècles sur la naissance et le développement de nos industries nationales. On montrerait ainsi un des côtés de l'influence considérable autant que bienfaisante exercée par le Nouveau Monde sur l'ancien.

Aujourd'hui les peaux, les laines, les lièges, les bois de l'Algérie sont manufacturés ou travaillés dans la métropole; nos huileries, nos stéarineries, nos savonneries s'enrichissent à traiter les graines oléagineuses importées d'Afrique et de l'Inde ; les raffineries des ports travaillent les sucres bruts de nos colonies, puis les réexportent pour la plus grande partie ; l'industrie lyonnaise reçoit de nos « colonies libres » d'Orient et d'Extrême Orient, de notre « colonie d'État » d'Indo-Chine, plus des deux tiers des soies qu'elle importe et cette industrie seule occupe tous les jours plus de six cent mille de nos compatriotes[1].

Si nous n'avions pas de colonies, seraient-elles apportées ces matières premières, qui occupent nos navires, alimentent nos industries, donnent du travail à nos ouvriers, les font vivre?

Nous pourrions à la vérité aller les chercher en pays étranger ; mais est-il certain que nous irions, que nos fabricants auraient songé à les employer? Est-il certain, par exemple, que les industries de l'huile, de la bougie et du savon seraient prospères à Marseille, que des raffineries se seraient établies dans nos ports, que la fabrication des soieries serait une des premières de notre pays, si nous ne possédions pas aux côtes d'Afrique et sur divers points du monde des colo-

---

1. A de la Berge, *Les industries de la soie en France.* — *Revue des Deux Mondes.* 1er septembre 1890.

nies qui considèrent le marché métropolitain comme leur débouché naturel, qui nous apportent leurs produits pour acheter les nôtres? On pourrait, avec bien plus de vérité, soutenir que, si notre pays était resté resté indifférent au commerce maritime et aux entreprises coloniales, il serait demeuré fort longtemps ce qu'était l'Angleterre du xv⁵ siècle, un pays agricole possédant très peu de manufactures, au lieu qu'il est aujourd'hui, en même temps qu'un grand pays agricole, un des principaux centres industriels du monde.

Un dernier chiffre affirmera une fois encore l'utilité commerciale de nos colonies. Elles emploient annuellement 8 000 navires métropolitains ou coloniaux, jaugeant 6 300 000 tonnes et servis par environ 70 000 matelots, — entrées et sorties réunies.

La question de « l'utilité » ou de la « non-utilité commerciale » de nos colonies est la première, la principale objection formulée par les adversaires de la politique coloniale ; mais il en est une seconde, appartenant également à l'ordre économique, qu'ils présentent souvent : nos colonies, disent-ils, n'ont point de colons; ce sont des « colonies de fonctionnaires ».

Une semblable critique serait-elle fondée?

Pour l'examiner, il convient de rappeler, tout d'abord, que nous avons défini trois types bien distincts de colonies : les colonies de peuplement, les colonies d'exploitation et les colonies de commerce. La France, nous l'avons également remarqué, ne possède que des colonies d'exploitation et de commerce qui, par leur nature, ne réclament point la venue d'un grand nombre d'immigrants. L'Algérie et la Tunisie elles-mêmes ne sont pas de véritables colonies de peuplement, mais des « colonies mixtes » de peuplement et d'exploitation.

Ces points essentiels fixés, il est facile d'examiner l'objection et d'y répondre.

Dans nos anciennes possessions des Antilles et de la Réunion, colonies d'exploitation, la population d'origine européenne, dite « population créole », établie au xvii⁵ et au xviii⁵ siècle, est suffisamment importante. Sur la côte occidentale d'Afrique et dans l'océan Indien, où d'ailleurs l'Européen ne peut vivre, il suffit d'un petit nombre de Français pour présider aux opérations commerciales des comptoirs qu'ils ont fondés; des « traitants » indigènes les assistent, se rendent, pour leur compte, sur certains marchés. En Asie, enfin, notre Empire indo-chinois n'est, comme l'Inde anglaise, qu'une vaste colonie d'exploitation. Quelques centaines de colons, banquiers, négociants, planteurs, industriels, forment « l'élément dirigeant ». « L'élément dirigé » est la population indigène qui récolte l'arachide, le riz, l'indigo, la canne ou le café, tisse la soie ou le coton, travaille aux mines. On peut ajouter, — et ce fait mérite d'être opposé à ceux auxquels nous répondons, — que, comparativement à l'importance de la population indigène, les Français sont beaucoup plus nombreux en Cochinchine que les Anglais dans l'Inde. C'est ainsi que l'on a recensé dans ce pays, qui est une des plus anciennes possessions de la Grande-Bretagne, 30 188 individus de race anglaise (fonctionnaires et soldats non compris), perdus au milieu d'une population de 253 982 995 natifs; soit une proportion de 1 Anglais par 8 413 Indous. D'autre part, la Cochinchine est conquise depuis trente-deux ans et nos nationaux y sont au nombre d'environ 500 — fonctionnaires et soldats non compris — dans une population asiatique de 1 864 214. On y compte donc 1 colon français pour 3 728 indigènes.

Le chiffre de la population française établie en Algérie et en Tunisie mérite davantage d'être retenu. Si l'objection des « colonies de fonctionnaires » ne porte point dans nos autres possessions, serait-elle exacte dans l'Afrique du Nord? L'Algérie et la Tunisie ont un caractère mixte : s'il est vrai que l'importance et la vitalité de l'élément indigène opposent des limites au développement de la colonisation européenne, il est, d'autre part, certain que les Européens peuvent s'établir à demeure et travailler dans ces régions fertiles et tempérées. L'Algérie, où nos troupes ont débarqué il y a soixante-deux ans à peine, mais dont la conquête n'est guère terminée que depuis trente-cinq ans[1], compte 260 000 colons français (et 220 000 étran-

---

1. L'expédition de Kabylie, dernière étape de la conquête, fut terminée en 1857.

gers). La Tunisie, « protégée » seulement depuis onze années, où il n'existe encore que de « grandes exploitations » dirigées par des Européens, mais cultivées par les indigènes, possède plus de 10 000 Français (et 25 000 étrangers). En présence de pareils résultats, il ne viendra à la pensée de personne de soutenir que l'Algérie et la Tunisie sont des « colonies de fonctionnaires ». Ce n'est point à dire toutefois que le mouvement de l'émigration vers ces pays soit assez rapide; on peut le souhaiter plus important.

La population de la France, on le sait, est loin d'augmenter chaque année dans des proportions comparables à celles constatées dans les pays voisins. Tandis que la moyenne annuelle de l'excédent absolu des naissances sur les décès a été, dans la dernière période, d'environ 440 000 individus en Angleterre, 530 000 en Allemagne, 310 000 en Italie, elle n'a pas atteint beaucoup plus de 60 000 en France.

Il suit naturellement de ces chiffres que l'émigration française est singulièrement plus lente que l'émigration anglaise, allemande ou italienne. C'est ainsi que l'on évalue seulement à 20 ou 25 000 le nombre des Français qui s'expatrient chaque année, alors que les émigrants anglais sont 250 000, les Allemands 95 000, les Italiens 125 000. Cette émigration française, bien que faible, serait cependant plus que suffisante pour la colonisation du nord de l'Afrique. Si environ 15 000 à 18 000 de nos émigrants se rendaient chaque année en Algérie et en Tunisie, leur établissement, augmenté de l'excédent naturel des naissances sur les décès observé dans ces pays, assurerait à l'élément français la place qu'il doit prendre dans la France africaine. Mais on ne saurait évaluer aujourd'hui à plus de 8 000 ou 10 000 le nombre de nos compatriotes qui traversent la Méditerranée. La plus grosse part de l'émigration française se dirige vers la République Argentine, les États-Unis, l'Uruguay, le Brésil.

Là est véritablement le point faible de la « colonisation française » en tant que l'on considère l'établissement de nos nationaux dans nos colonies : ce n'est point au Sénégal ou en Indo-Chine que les colons ne viennent pas assez nombreux, c'est en Algérie et en Tunisie; ce n'est pas l'insuffisance de l'émigration française qu'il faut regretter, mais bien la direction que prend cette émigration.

Chaque émigrant français qui passe en Amérique représente pour l'Afrique du Nord, où il aurait pu se rendre, « une perte » qu'il ne serait pas impossible d'évaluer[1]. Ses capitaux, s'il en possède, ou au moins son pécule, son métier, ses bras, son intelligence, son ambition, au lieu de contribuer au développement d'une colonie qui fait partie du patrimoine national, vont augmenter la richesse et la prospérité de nations amies, mais étrangères. Il se mariera, il fondera une famille; ses enfants, plus encore que lui-même, seront perdus pour sa patrie : ce ne seront point des Français, mais des citoyens de l'Argentine ou des États-Unis, ayant les opinions et les intérêts de leur nouvelle patrie. On évalue à 175 000 ou 200 000 le nombre des émigrants qui, depuis les premières années de ce siècle, ont quitté nos ports pour la République Argentine : ils ont pris une part considérable à la mise en valeur de ce pays ; ils y ont d'abord créé en partie l'industrie de l'élevage, puis construit des minoteries, des huileries; depuis quelques années ils y fondent des usines à sucre, ils y plantent la vigne. Les esprits soucieux de l'avenir n'hésitent point à dire que l'on verra l'importance de nos importations diminuer en Argentine à mesure que les émigrants français et leurs enfants développeront l'agriculture et l'industrie locales[2].

La part qui revient à nos nationaux dans la prospérité chaque jour grandissante de la République Argentine[3] fait assurément honneur à notre pays et témoigne de la vertu colonisatrice indiscutable de notre race; elle n'est pas non plus sans assurer aujourd'hui à

---

1. Les économistes ont, en effet, tenté d'établir la valeur moyenne de l'homme adulte qui émigre et leurs estimations varient le plus souvent entre 4000 et 8000 francs.

2. Cette opinion est exprimée par M. Daireaux dans son ouvrage *La vie et les mœurs à la Plata*, 2 vol., Hachette, éditeur, Paris. — On la rencontre également dans un rapport du ministre de France à Buenos-Ayres (*Bulletin consulaire*, mai 1889). Notre agent fait notamment remarquer que d'ici à un certain nombre d'années la production locale diminuera dans une forte proportion l'introduction des vins communs d'Espagne, d'Italie et de France.

Il convient encore de remarquer que le gouvernement argentin ne veut signer avec les nations européennes aucun traité de commerce. Si donc il venait à adopter des taxes douanières prohibitives, en vue de protéger les industries naissantes du pays, l'importation française pourrait être sérieusement atteinte. — Les droits de douane, les mêmes pour tous à la vérité, sont aujourd'hui déjà fort élevés.

3. Nous ne disons rien ici de la crise qui a éclaté il y a deux ans dans ce pays, parce que cette crise, pour aiguë qu'elle soit, ne nous paraît qu'un accident.

nos industriels un important débouché[1] ; mais combien l'Algérie serait plus prospère, plus riche, pour le grand profit de la mère patrie, si depuis la conquête elle avait reçu une partie des émigrants et des capitaux qui ont contribué à la fortune de l'Argentine !

Nous disons « une partie des émigrants », parce qu'il convient de distinguer les malheureux sans autres ressources que leurs bras et un modique pécule de ceux qui connaissent une industrie, un métier spécial ou possèdent quelques capitaux. Les premiers trouveront des moyens d'existence à la Plata, en s'employant aux humbles travaux des champs ou des villes; ils risqueraient, par contre, de mourir de faim en Algérie, où la population indigène constitue un « prolétariat ouvrier » qui travaille partout à bas prix. Les seconds, au contraire, sont assurés, avec l'intelligence et la persévérance, de réussir aussi bien dans nos colonies africaines qu'ils le peuvent faire en Amérique. Ce sont eux dont l'Algérie et la Tunisie ont besoin, eux qui font éprouver à ces provinces une « perte » véritable, lorsqu'ils portent leur industrie ou leurs capitaux de l'autre côté de l'Océan.

Mais une question se présente à l'esprit : pourquoi ces colons, susceptibles de réussir dans l'Afrique du Nord, se dirigent-ils vers l'Amérique plutôt que vers l'Algérie et la Tunisie ? Serait-il possible de les détourner ?

Le courant de l'émigration française se portait vers l'Amérique avant que l'Algérie fût conquise. Il a continué depuis, pour une trop grande part, sous l'influence de plusieurs causes : le renom peu favorable de l'Algérie pendant la longue et ingrate période de la conquête et du défrichement; l'habitude, qui fait suivre au nouvel émigrant le chemin pris par celui de la veille, ou plus exactement « l'appel » adressé par ce dernier, qui, satisfait de son sort, écrit dans sa patrie, conseille à un parent, à un ami, à un voisin de le rejoindre; quelquefois le « recrutement » organisé dans notre pays par les nations qui ont besoin de bras[2] ; enfin, l'indifférence à cer-

---

1. Voir plus loin, page 250.
2. Le gouvernement argentin ne donne pas à proprement parler des passages gratuits aux émigrants, mais il a imaginé, pour notre pays notamment, un habile système de recrutement : 1° il y a à Paris et dans certaines villes de province des bureaux officiels d'informations chargés de donner à ceux qui désirent émigrer les renseignements néces-

taines époques, l'inhabileté à d'autres, de l'administration algérienne, qui n'a jamais cherché à attirer les colons utiles, qui ne sait point « solliciter » l'émigrant disposé à porter par delà les mers son travail et son pécule.

Le devoir d'une administration soucieuse du développement de nos colonies africaines est tout tracé. Il faut qu'elle consente à employer, pour faire connaître en France l'Algérie et la Tunisie, les moyens de publicité si pratiques et si simples dont usent avec succès les colonies australiennes. Celles-ci possèdent en Angleterre de nombreuses agences d'émigration qui sollicitent, par leurs affiches et leurs brochures, partout répandues, ainsi que par les prix modérés du transport, toutes les familles qui pourraient songer à s'expatrier. Grâce à cette propagande, les laboureurs, les fermiers, les artisans s'embarquent par milliers chaque année, sachant qu'ils ont chance de trouver en Australie une vie plus heureuse, des bénéfices plus élevés, ou une existence moins misérable que dans leur patrie.

Qu'un pareil système soit adopté par les administrations algériennes et tunisiennes et bientôt ses résultats seront appréciables. Les Français, aujourd'hui encore, ignorent presque l'existence de notre Afrique ; aussi passent-ils en Amérique avec leurs ressources lorsqu'ils veulent émigrer. Si des brochures, des affiches, des articles de journaux leur apprenaient demain les cultures que l'on peut entreprendre en Algérie et en Tunisie, les bénéfices qu'elles permettent d'espérer, les salaires et les conditions de vie qu'on y trouve, ils ne tarderaient pas à se rendre dans ces régions méditerranéennes, puis ils appelleraient à leur suite leurs parents ou leurs amis, attireraient les capitaux....

Le prodigieux succès de la culture de la vigne en Algérie et en Tunisie a déjà fait passer la mer depuis une douzaine d'années à un nombre appréciable de colons et de capitalistes. Il importe au rapide

---

saires et de viser les pièces établissant leur identité ; — 2° l'émigrant muni de ce visa se présente à l'agence de la Compagnie des Chargeurs Réunis, qui le transporte et le nourrit gratuitement. Ce n'est là, à la vérité, qu'une avance, — garantie à la Compagnie par le gouvernement argentin, — que l'émigrant doit rembourser par semestre en deux ans et demi ; mais niera-t-on que cette avance facilite considérablement l'émigration de nos compatriotes vers la République Argentine ?

développement de la France africaine que cet heureux mouvement soit encouragé, hâté, par une habile propagande. Ce ne sont, il faut le redire, ni les colons, ni les capitaux qui manquent à notre pays : c'est un bon esprit de direction, qui porte ces forces dans nos colonies plutôt qu'à l'étranger!

Il n'entre pas dans le cadre de cet ouvrage de donner de plus longs développements au chapitre consacré à nos « colonies d'État ». L'étude des nombreuses questions politiques, militaires, administratives et financières que soulève l'action de la France dans ses possessions des quatre parties du monde demanderait un volume entier[1].

Il a suffi de montrer ici l'étendue de notre Empire comparé à celui des autres puissances, ses productions, son commerce, son avenir, puis d'examiner brièvement les deux principales objections d'ordre économique qui sont faites à notre politique coloniale. On a pu juger que le nouvel Empire fondé par la France au delà des mers dans ces soixante dernières années est suffisamment vaste et permet de concevoir de grandes espérances. Pour compléter le tableau de l'expansion extra-européenne de notre pays, il convient maintenant, d'après le plan adopté dès les premières lignes de ce livre, de retracer la situation présente de nos « colonies libres ».

1. Nous avons déjà renvoyé le lecteur à nos deux précédents ouvrages : *Les colonies françaises* ; — *La France dans l'Afrique du Nord; Algérie et Tunisie*. Guillaumin, éditeur.

VI

Nos colonies libres.

L'expansion de la France dans le monde. — Ses cinq grandes « colonies libres ». — La colonie de la République Argentine. — Son importance, son commerce. — Nombre des Français établis à la Plata. — La colonie des États-Unis. — Son origine, son importance. — Chiffre des Français établis aux États-Unis. — Envahissement des provinces du nord par les Franco-Canadiens. — La colonie du Canada. — Vitalité des Canadiens-Français; leur nombre, leur esprit, leur langue. — Les colonies d'Orient. — Turquie d'Europe, Turquie d'Asie, Égypte. — Ancienneté de notre influence politique, religieuse et commerciale. — La concurrence des principales nations européennes. — Situation du commerce français en Turquie et en Égypte. — Importance des capitaux français engagés dans ces pays. — Les capitaux anglais et allemands placés à côté des nôtres. — Le protectorat catholique de la France en Orient. — Les communautés catholiques indigènes. — Heureuse influence exercée par la France; ses écoles, ses hôpitaux. — Les ordres religieux et les sœurs de Charité. — Concurrence religieuse de la Russie, de l'Angleterre, de l'Italie. — Rivalités suscitées par notre protectorat religieux. — Nos intérêts commerciaux, politiques et religieux sont une part du patrimoine national. — La France en Grèce. — Les colonies d'Extrême Orient. — La France en Chine. — Situation de l'Angleterre, de l'Allemagne et de la Russie à côté de nous. — Notre commerce. — Comment l'Angleterre paye en Chine les soies achetées par la France. — Le protectorat catholique en Chine. — Influence qu'il nous donne. — La France voisine de la Chine par la possession du Tonkin. — L'industrie française en Chine. — Part que notre commerce, notre industrie et nos capitaux peuvent prendre dans ce pays au siècle prochain. — La France en Corée et au Japon. — Notre situation dans ces pays.

Ce n'est point seulement dans les provinces orientales de la Méditerranée que la France possède aujourd'hui des « colonies libres ».

Il est dans le monde d'autres pays dans lesquels elle jouit d'une situation ou d'une autorité morale particulière, appuyée, ici, par la présence d'un grand nombre d'hommes de son sang et de sa langue, agriculteurs, ouvriers, industriels, négociants, — là, sur la possession d'une influence politique et religieuse acquise grâce à nos soldats, à nos diplomates et à nos missionnaires. C'est, en effet, le privilège d'une vieille et riche nation, brave et entreprenante comme est la nôtre, dont la langue, l'histoire, les armes, les idées, le commerce ont toujours dépassé les frontières, d'être connue sur tous les points du globe. Le patrimoine de la France, on l'a observé avec raison, ne se compose pas seulement de villes conquises, de provinces réunies, de colonies fondées par delà les mers, — territoire matériel dont les limites varient avec les victoires et les défaites ; il se compose encore de sa gloire, de ses grandes actions, du bien qu'elle a fait, des écrits de ses penseurs, de l'influence qu'ils ont au dehors, — territoire moral qui est indépendant des caprices de la fortune. Il est des pays « étrangers » où notre langue est parlée par des « amis », notre pavillon salué avec joie.

Les « colonies libres » nées de l'expansion française forment cinq groupes principaux, ayant chacun une origine différente, un caractère propre : le groupe argentin, le groupe des États-Unis, le groupe canadien, les anciennes « colonies franques » du bassin de la Méditerranée orientale et les jeunes colonies des ports ouverts de l'Empire Chinois et du Japon.

On a vu plus haut, en étudiant la direction du courant de l'émigration française, qu'un nombre considérable de nos nationaux étaient établis dans la République Argentine. Nous avons même regretté qu'une partie de ces émigrants ne se fût pas rendue en Algérie plutôt qu'en Amérique, ajoutant que l'établissement d'un colon à la Plata représente une « perte » véritable pour l'Algérie, où il aurait pu se rendre.

Si ces observations sont justes, il convient cependant de reconnaître, voyant les deux faces des choses, que notre « colonie libre » de la République Argentine assure à la France dans ce pays une haute situation morale, en même temps que de larges profits commerciaux.

La Plata, ancienne possession espagnole devenue indépendante en 1814, ne cesse pas d'être au regard de l'Europe une grande « colonie de peuplement ». Ce pays neuf, fertile mais peu peuplé, attendait et attend encore du vieux monde les bras et les capitaux nécessaires à la mise en valeur de ses richesses naturelles, au développement de son agriculture, à la création de son industrie. Depuis un demi-siècle, tous les peuples, les Italiens, les Espagnols, les Français surtout, contribuent à la constitution de la race argentine[1]. Bien que la loi impose la nationalité argentine à tous les enfants nés dans le pays, bien que nos nationaux et plus encore leurs enfants adoptent les intérêts et les sentiments de leur nouvelle patrie, bien que souvent même ils oublient leur langue maternelle[2], les Argentins qui ont dans les veines du sang français forment un « groupe français » qui aime toujours le pays d'origine, ne cesse pas de s'intéresser à ses affaires. Ce « groupe » fait pénétrer partout les idées, les usages, les modes, les livres de France. On rencontre des Français et des fils de Français parmi les savants, les professeurs, les ingénieurs, les médecins, les administrateurs, les agriculteurs, les industriels. C'est peut-être dans la création des industries qui ont pour objet de transformer les

---

1. On pouvait, il y a quelques années, suivant M. Daireaux (livre déjà cité), diviser ainsi la population de la République Argentine :

Argentins	1 907 000
Italiens	359 000
Espagnols	161 000
Français	155 000
Germains et Suisses	54 000
Anglais	51 000
Divers	265 000

On évalue aujourd'hui la population totale de l'Argentine à 3 800 000 âmes.

Dans la période de dix ans qui va de 1872 à 1882 le nombre des immigrants arrivés a été de 476 000, ainsi répartis : Italiens 330 000 ; — Espagnols 48 000 ; — Français 47 000 ; — Germains et Suisses 19 000 ; — Anglais et Irlandais 10 500 ; — Divers 21 500. — Il faut calculer que 100 000 de ces immigrants au moins sont retournés dans leur pays.

2. Ce fait n'est point contesté ; on en trouve d'ailleurs la confirmation dans le relevé suivant des journaux publiés en 1888 à Buenos-Ayres : Sur 106 journaux ou publications, 86 étaient rédigés en espagnol, 7 en italien, 5 en français, 4 en anglais et 4 en allemand.

produits de l'agriculture que le « groupe français » a surtout fait sentir son action. Les minoteries, les amidonneries, les fabriques d'huile et de produits alimentaires ont été pour la plupart fondées par nos compatriotes; ils ont engagé dans cette affaire des capitaux très importants[1]. En même temps, l'influence du « groupe français » a beaucoup contribué à la naissance et au développement d'un mouvement commercial considérable entre la France et la République Argentine. La Plata occupe aujourd'hui la huitième place parmi nos acheteurs et la sixième parmi nos vendeurs.

Les importations françaises à Buenos-Ayres, — boissons, tabletterie, bimbeloterie, fils, tissus, lingerie, substances alimentaires, etc., — progressent chaque année. En dix ans, de 1879 à 1889, — année qui a précédé la crise dont souffre encore l'Argentine, — elles ont plus que doublé, s'élevant de 75 millions à 169 698 000 francs. La France figure sur les statistiques argentines au second rang, le premier étant tenu par l'Angleterre, le troisième par l'Allemagne, le quatrième par la Belgique ou les États-Unis suivant les années.

Ces faits et ces chiffres témoignent du grand profit à la fois moral et matériel que la France retire de sa « colonie libre » de l'Amérique du Sud. Elle a, dans ce riche pays, un marché étendu, qu'elle doit s'appliquer à conserver malgré la double concurrence des importateurs étrangers et des producteurs locaux. Une « Chambre de commerce française », fondée à Buenos-Ayres il y a quelques années, travaille précisément dans ce but. Composée des négociants français importateurs de la place, elle s'est donné pour principale mission de renseigner le gouvernement, les chambres de commerce et les négociants de la métropole sur toutes les questions relatives au développement de l'importation des articles français dans le pays où elle

1. Les capitaux français ne se sont pas seulement portés pour une somme considérable, qui est peut-être d'une centaine de millions, dans les affaires industrielles et commerciales. Ils ont aussi répondu, et pour une large part, aux appels adressés au public européen par l'État Argentin, les provinces, les banques et les chemins de fer. On peut évaluer de ce chef les placements français à environ 300 à 400 millions. Ce chiffre même explique comment la crise commerciale et monétaire qui a éclaté il y a près de deux ans en Argentine intéresse les capitalistes français.

est établie, à la concurrence étrangère, aux moyens de la combattre et de développer les relations avec la France.

Si la République Argentine est la première des « colonies libres » de la France dans l'Amérique du Sud, elle n'est point la seule. Nos compatriotes se portent, en effet, volontiers dans ces régions, comme dans l'Amérique Centrale et les Antilles. C'est ainsi que nos consuls, invités, il y a quelques années, à dénombrer leurs nationaux, ont recensé : 14 000 Français dans l'Uruguay, qui reçoit environ 900 à 1 000 de nos compatriotes chaque année sur 10 à 13 000 immigrants (chambre de commerce française à Montevideo); — 6 800 au Brésil (chambre de commerce française à Rio de Janeiro; — 1 760 au Chili (chambre de commerce française à Santiago; — 1 500 au Pérou (chambre de commerce française à Lima); — 8 800 au Mexique (chambre de commerce française à Mexico); — 3 500 à Haïti (chambre de commerce française à Santiago); — 2 330 à Cuba (chambre de commerce française à la Havane). Ces chiffres, il convient de le remarquer, sont très inférieurs à la vérité, car ils ne comprennent point les Français ayant renoncé à leur nationalité, les descendants de Français et les Français qui ont négligé de se faire inscrire au consulat. Par une conséquence naturelle de l'établissement de ces groupes français, sans cesse alimentés par la venue de nouveaux émigrants, notre commerce tient dans ces différents pays une situation honorable.

Les immenses régions de l'Amérique du Nord qui forment aujourd'hui la Confédération des États-Unis ont été, du xvie au xviiie siècle, attaquées de deux côtés différents par la colonisation française. Au nord-est, notre colonie du Canada, dépassant les limites actuelles de ce pays, s'étendait sur les rives méridionales des Grands Lacs et descendait la vallée de l'Ohio; au sud, notre possession de la Louisiane ouvrait à nos compatriotes la vallée entière du Mississipi, de telle sorte que les Canadiens et les Louisianais pouvaient se joindre sur les bords d'un de ses affluents. C'est ainsi que les voyageurs retrouvent encore à notre époque d'anciens villages canadiens dans l'Indiana et que, d'autre part, on rencontre à la Nouvelle-Orléans et dans la région voisine une population d'origine française d'environ

200 à 300 000 âmes, composée d'anciens Acadiens[1] et de créoles louisianais.

L'émigration française a fourni, dans ce siècle, un élément plus nouveau aux États-Unis. Les statistiques témoignent que nos compatriotes se portent en grand nombre dans ce pays, eu égard toutefois au faible chiffre de notre émigration. De 1821 à 1890 inclusivement, 370 000 Français ont débarqué dans les ports de la République Américaine[2]. C'est là un chiffre très sensiblement supérieur à celui de l'émigration française dans la République Argentine, et cependant l'élément français possède à la Plata une importance beaucoup plus considérable que dans la grande Confédération Américaine. Que représentent, en effet, 370 000 de nos compatriotes au milieu de plus de 15 millions d'immigrants[3] et dans une population totale de 63 millions d'âmes? Établis, comme en Argentine, sans esprit de retour, nos émigrants perdent le plus souvent leur nationalité et quelquefois leur langue dès la seconde génération. Le dernier recensement n'accuse que 106 000 Français aux États-Unis : 20 000 habitent l'État de New-York, 10 000 l'Ohio, 10 000 la Louisiane, 10 000 la Californie, etc. Ces « colonies » ne doivent assurément pas être oubliées dans une histoire de l'expansion de notre pays ; elles forment çà et là de petits groupes entretenus par la venue annuelle de nouveaux émigrants ; ils parlent de leur pays, le font connaître. Le

---

1. En 1755, Lawrence, gouverneur anglais de la partie de l'Acadie cédée par la France au traité d'Utrecht, effrayé de voir les colons français augmenter chaque année, étendre leurs cultures et menacer ainsi d'exclure ses compatriotes d'une « colonie britannique », décida l'exil des Français et la confiscation de leurs terres. 6 000 à 8 000 furent chassés sans pitié ou embarqués et jetés, les uns sur les côtes des colonies anglaises d'Amérique, les autres en Angleterre ou en France. — Dans ce triste exode, un groupe d'Acadiens atteignit la Louisiane sur une flottille de bateaux, suivant en dérive le courant de l'Ohio et du Mississipi. Ils étaient environ 500 et furent rejoints dans les années suivantes par un nombre plus considérable d'Acadiens, — 2 000 à 2 200, — venus des ports de France où ils avaient été « déportés ».

D'après M. Rameau de Saint-Père (*loc. cit.*), les Acadiens de toute provenance étaient en Louisiane, en 1790, au nombre d'environ 4 000. De nos jours les « familles canadiennes » qui se distinguent encore des « créoles louisianais » comprendraient peut-être 32 000 individus.

2. Ce chiffre est emprunté, comme les suivants, aux statistiques officielles des États-Unis. — Dans les seize à dix-huit dernières années, la moyenne annuelle des Français débarqués aux États-Unis a été de 5 500.

3. La Grande-Bretagne et l'Irlande sont comprises dans ce chiffre pour environ 6 300 000, l'Allemagne pour 4 550 000, la Suède et la Norvège pour 1 000 000, etc.

Français débarqué aux États-Unis conserve le souvenir de sa patrie ; il ne se confond point dès le premier jour, comme l'Anglais ou l'Allemand, avec la population américaine. Toutefois, si l'on excepte le groupe de la Nouvelle-Orléans, des « colonies » aussi dispersées et aussi faibles ne peuvent posséder dans le milieu où elles sont établies une autorité très appréciable. Les citoyens américains n'ont point oublié l'appui que nos pères ont apporté à leurs ancêtres lors de la guerre de l'Indépendance : quelques noms français sont restés dans les mémoires (Lafayette, Rochambeau, l'amiral de Grasse) ; mais l'Union, recevant l'incessante alluvion de l'émigration anglaise, irlandaise et allemande, subit ces influences bien plus que les nôtres. Aussi le grand mouvement d'affaires existant entre la France et les États-Unis doit être attribué beaucoup plus aux lois naturelles des échanges, à la richesse des deux pays, à la perfection de certains de nos articles, qu'à la présence de notre « colonie libre[1] ».

Mais il est un fait curieux, qu'il importe de noter : si nos compatriotes se rendent en nombre trop faible aux États-Unis pour former dans la grande République des « groupes » importants, d'autres immigrants qui parlent notre langue, professent notre religion, aiment notre pays, conservent son souvenir, viennent par dizaines de mille sur la terre américaine et y ont fondé dans ces quarante dernières années une « colonie » considérable. Ce sont les Canadiens français. 700 000 sont établis aujourd'hui dans le nord des États-Unis (Nouvelle-Angleterre et État de New-York). Leur nombre, leur extraordinaire natalité, la persistance de leur nationalité première et de leur culte au milieu des populations de l'Union, ne sont point sans frapper les esprits curieux de l'avenir. Quelle destinée est réservée à ces 700 000 Franco-Canadiens installés sur les terres de la Confédération Américaine ? Seront-ils absorbés par la population de langue anglaise qui les entoure, ou bien, au contraire, — le développement de la race anglo-saxonne et le courant de l'émigration euro-

---

1. D'après le *Tableau général des douanes* pour 1890, les États-Unis occupent la quatrième place parmi nos acheteurs et la cinquième parmi nos vendeurs. D'autre part, les statistiques américaines témoignent que la part de notre pays dans les importations de l'Union a varié dans ces dernières années entre 10 et 13 pour 100. — Une chambre de commerce française a été fondée à la Nouvelle-Orléans.

péenne paraissant diminuer en même temps, — la multiplication des petits-fils des colons français du Canada apportera-t-elle dans le nord des États-Unis une langue, des traditions, un type nouveau?

Des différentes « colonies libres » que la France possède dans le monde, la plus importante par le chiffre de ses membres, la persévérance de la langue et de la nationalité est la « colonie » du Canada.

En 1763, au lendemain du traité de Paris qui livrait à l'Angleterre notre magnifique possession de la « Nouvelle-France », on comptait environ 80 000 Canadiens-Français; ils sont aujourd'hui au nombre d'environ 1 500 000, dans une population totale de 4 800 000 âmes[1]. Ce prodigieux accroissement s'est accompli sans que l'émigration française y ait eu une part appréciable, car il n'y a pas plus d'une vingtaine d'années que l'on voit des émigrants français se rendre au Canada, et leur nombre ne dépasse jamais quelques centaines. L'augmentation des anciennes familles anglaises, — émigrants du siècle dernier, « loyalistes » venus des treize colonies qui conquirent leur indépendance en 1783, — l'incessante arrivée d'immigrants anglais, irlandais, scandinaves, fortifient l'élément britannique au Canada sans réduire ni assimiler les Franco-Canadiens. Les familles canadiennes comptent en moyenne cinq ou six enfants, alors que les familles anglaises n'en ont que deux ou trois; aussi ne saurait-on dire où s'arrêtera leur invasion. Dans les territoires occupés autrefois par nos colons, depuis la mer jusqu'aux bords de l'Ottawa, les Franco-Canadiens jouissent d'une prépondérance que l'élément anglais ne saurait leur ravir; Québec et Montréal sont leurs capitales; dans l'Ontario, dans le Manitoba, ils forment des groupes importants, des minorités respectables, qui progressent chaque jour. Ici, on voit, en une quarantaine d'années, un village anglo-saxon se dénationaliser, ses habitants s'enfuyant vers l'Ouest, chassés par des familles canadiennes; là, d'autres familles s'avancent

---

1. Les Franco-Canadiens établis au Canada étaient, en 1774, 98 000, — en 1871, 1 005 000, — en 1881, 1 295 000, — en 1889, 1 490 000. — Dans ces derniers chiffres ne sont naturellement pas compris les 700 000 Canadiens émigrés aux États-Unis.

vers les rives de la mer d'Hudson; ailleurs encore, ainsi que nous l'avons dit plus haut, les fils de nos colons, se sentant à l'étroit, débordent sur les États-Unis.

Cette race si féconde est restée pure; elle a conservé tous les caractères de la race française; elle parle notre vieille langue, elle suit avec une extrême ferveur notre religion. Religion et langue, — église et école, — affirment une nationalité que les Anglo-Saxons ont renoncé à vaincre. Longtemps les descendants de nos colons ont dû lutter contre l'hostilité de l'administration anglaise; ils ont vaincu enfin, obtenant l'égalité des droits politiques et la reconnaissance de leur langue : on peut aujourd'hui se servir de l'anglais ou du français dans les Chambres fédérales; les documents publics sont imprimés dans les deux langues.

Faut-il ajouter que les Canadiens n'ont point oublié le « vieux pays » ? Ils ont toujours au cœur l'amour de l'ancienne patrie; rien de ce qui lui arrive ne les laisse indifférents; en 1870, beaucoup sont venus pour la défendre; leurs journaux s'impriment en français; les jeunes gens de la province de Québec ont adopté comme emblème les trois couleurs.

Par une contradiction étrange et qui ne laisse point de surprendre, cette vivante « colonie franco-canadienne » n'entretient avec notre pays que de faibles relations commerciales. Le trafic du Canada se fait presque exclusivement avec l'Angleterre, puissance suzeraine, et les États-Unis, pays voisin qui exerce sur notre ancienne colonie une attraction considérable. Les marchandises classées comme françaises ne représentent guère plus de 2 pour 100 de l'importation totale ; il est vrai que ce chiffre est très certainement inférieur à la réalité, parce que beaucoup de marchandises originaires de France, mais importées d'Angleterre, sont classées comme anglaises. Une chambre de commerce française fonctionne à Montréal.

La constatation du faible mouvement commercial entre la France et son ancienne colonie, pour regrettable qu'elle soit, ne permet pas de méconnaître la saisissante vérité qui se dégage de l'état actuel du Canada : la prodigieuse multiplication des colons français établis en Acadie et sur les rives du Saint-Laurent, leur fidélité au pays d'origine, la conservation de la pureté de la race au milieu de la population anglaise, sont un vivant exemple de nos vertus colonisatrices, et témoignent que notre ancienne possession de la « Nouvelle-France » serait aujourd'hui la première de nos « colonies d'État » si Louis XV n'avait point entrepris, contre l'intérêt de son pays, la malheureuse guerre de Sept Ans.

On ne peut, lorsque l'on parle du Canada, possession française devenue anglaise, oublier l'île Maurice, qui a eu les mêmes destinées. — A Maurice, que les Anglais tiennent depuis 1814, vit et se perpétue une importante « colonie française », qui n'a oublié ni le souvenir ni la langue de l'ancienne métropole, qui est en relations d'affaires et de bon voisinage avec les créoles de la Réunion. La présence de cette « colonie française » à Maurice et la fidélité de ses goûts ont une heureuse conséquence commerciale, puisque nous vendons annuellement dans l'île pour 11 à 13 millions de nos produits, soit 18 à 19 pour 100 des importations totales.

Les « colonies libres » que la France possède à l'orient de la Méditerranée sont de toutes les plus anciennes, les plus intéressantes et les plus précieuses. Nous avons dit dans les chapitres précédents les traits principaux de leur histoire. On a vu les négociants marseillais commercer de bonne heure avec l'Égypte et la Syrie, François Ier signer avec Soliman les premières Capitulations qui assuraient à la nation française en pays ottoman des avantages commerciaux et religieux; Richelieu, Louis XIV, Colbert, Choiseul, Louis XVI favoriser le développement de notre commerce, poursuivre l'établissement de notre protectorat religieux, assurer notre influence politique à Constantinople, défendre l'intégrité de l'Empire Ottoman.

Cette politique, suivie durant trois siècles avec plus ou moins de succès suivant les circonstances, mais jamais abandonnée, est aujourd'hui encore une des meilleures traditions de notre pays. L'expédition de Bonaparte en Égypte, l'abandon de la Turquie aux ambitions du tsar consenti par Napoléon Ier, l'expédition d'Alger entreprise sous Charles X, l'accession de la République à l'œuvre du

Congrès de Berlin, puis en dernier lieu l'installation du protectorat en Tunisie, n'ont point fait oublier à notre diplomatie la « politique traditionnelle de la France dans le Levant ». Notre gouvernement reste fidèle à la cause de la conservation de l'Empire Ottoman et, en ce moment encore, ses vues relativement à l'Égypte sont conformes à celles de la Sublime Porte. D'autre part, en même temps qu'il poursuit cette politique, il ne cesse pas de prendre à Constantinople, à l'abri des Capitulations de 1740, la défense de nos intérêts commerciaux et de nos privilèges religieux.

Les temps sont loin assurément où la France avait presque le monopole du commerce européen dans les provinces du Sultan et le monopole de la politique à Constantinople. La concurrence commerciale, politique et religieuse des différentes nations, qui se dessinait au siècle dernier, s'affirmait dans les premières années de celui-ci, devient de jour en jour plus vive et plus redoutable; nos négociants, nos capitalistes, nos religieux, nos diplomates en ressentent également les effets. C'est que les temps ont changé : le monde de la civilisation et du travail s'est agrandi depuis quatre siècles; en Europe, en Amérique, de grands États sont nés, des industries se sont développées; toutes les nations sont ambitieuses, rivales, toutes sont désireuses de faire sentir leur autorité, de compter dans la « politique internationale ». Ce serait dépasser les limites données à ce volume que de montrer ici l'importance politique du poste de Constantinople, où il semble que la « question d'Orient » ne cesse d'être posée. La vie diplomatique y est toujours active et souvent des intrigues internationales viennent compliquer des problèmes déjà suffisamment difficiles en eux-mêmes. Il est bien rare que les chancelleries ne soient point occupées d'une ou plusieurs affaires : question bulgare, question crétoise, question de la Macédoine, observations de l'Angleterre ou de la Russie touchant l'exécution de certaines stipulations de l'Acte du Congrès de Berlin, prétentions ou susceptibilités de la Grèce, questions soulevées par l'exercice du protectorat catholique de la France, rivalités d'influence de l'Autriche et de la Russie, concurrence entre les financiers anglais, français et allemands pour l'obtention des concessions ou des entreprises, etc.

En matière commerciale nous avons aujourd'hui perdu le premier rang ; il appartient aux négociants anglais, qui nous ont considérablement distancés. Dans les principales villes, la colonie française, groupée autour du consul, élisant pour ses affaires ses « députés de la nation », forme encore un groupe important ; on a recensé il y a quelques années 2 000 Français en Turquie d'Europe, 3 000 en Turquie d'Asie, 16 000 en Égypte, et l'on sait que ces chiffres sont très inférieurs à la réalité[1]. Mais à côté de la « nation française » sont les « nations » anglaise, allemande, autrichienne, russe, italienne, qui rivalisent avec la nôtre, sont plus nombreuses et plus riches qu'elle.

Leur concurrence est si active, que si, dans l'ensemble général du commerce de l'Orient, importations et exportations comprises, nous tenons encore la seconde place, il est des ports où la France ne vient qu'au troisième ou même au quatrième rang.

Les produits français jouissent à leur entrée dans toutes les provinces de l'Empire Ottoman, y compris l'Égypte, du traitement de la nation la plus favorisée, en vertu d'un ancien traité signé le 25 juin 1802[2] et d'un traité spécial, — additionnel aux Capitulations, aux traités de 1802 et de 1838, — en date du 29 avril 1861[3], traité toujours en vigueur, bien qu'il soit à la lettre venu à échéance le 13 mars 1890[4]. Mais ce traitement, qui pourrait être exceptionnel,

---

1. Recensement de 1886 fait par nos consuls. — Constantinople 1 951 Français, Salonique 242, Andrinople 134, Smyrne 988, Beyrouth 550, Port-Saïd 701, Le Caire 2 154, Alexandrie ? etc. En transmettant ces chiffres au département des Affaires étrangères, nos agents observent qu'ils doivent être considérés comme des *minima*, beaucoup de Français refusant de se soumettre à une déclaration, et un dénombrement en Orient étant chose particulièrement difficile. (Ces renseignements inédits sont dus à l'obligeance de M. Turquan, chef de bureau au Ministère du commerce.)

2. L'article 9 du traité de 1802 est ainsi conçu : « La République française et la Sublime Porte ayant voulu, par le présent traité, se placer dans les États l'une de l'autre sur le pied de la nation la plus favorisée, il est entendu qu'elles s'accordent respectivement, dans les deux États, tous les avantages qui pourraient être ou avoir été accordés aux autres puissances comme si lesdits avantages étaient expressément stipulés dans le présent traité. »

3. L'article 1er du traité de 1861 reproduit presque mot pour mot l'article 1er du traité de 1838 (voir celui-ci plus haut, p. 136). L'article 15 assure aux marchandises turques importées en France le traitement de la nation la plus favorisée.

4. Des discussions se sont élevées, il y a environ deux ans, à la Chambre et au Sénat (séances du 27 fév., du 13 et du 24 mars 1890), au sujet de l'expiration dut traité de 1861. Le gouvernement a fait connaître qu'à son sentiment, et après accord avec la Sublime

est, au contraire, le droit commun: les produits de l'Angleterre, de l'Allemagne, de l'Autriche, de la Russie, de presque tous les pays qui commercent avec la Turquie, sont soumis, comme les nôtres, à une taxe de 8 pour 100 *ad valorem*. Sous un semblable régime les industriels et les négociants français se trouvent naturellement exposés à la concurrence des autres nations; il n'est point douteux qu'ils aient reculé devant cette concurrence. Les rapports de nos agents consulaires ne cessent malheureusement pas de rappeler que nos rivaux, Anglais, Allemands, Autrichiens, Russes, Italiens, offrent aux acheteurs des produits de leur goût à plus bas prix que les nôtres, qu'ils témoignent dans toutes les affaires d'un esprit d'entreprise bien supérieur à celui de nos compatriotes, que leurs procédés de vente sont préférables aux nôtres, que sur plusieurs points ils prennent l'avantage, que sur d'autres ils nous menacent.

A Salonique, ville où aboutissent aujourd'hui les lignes de fer européennes par Belgrade, Pest et Vienne, les importations totales s'élevant à 27 845 000 francs, la France ne vend que pour 3 857 000 francs de produits français[1]; à Smyrne, la première des places commerciales de l'Asie Mineure, où les négociants français furent pendant longtemps sans rivaux, les importations des principaux pays européens étaient il y a quelques années les suivantes : Angleterre 22 500 000 francs, Autriche 15 600 000 francs, France 13 millions, Allemagne 13 millions, Italie 10 millions, Suisse 10 millions[2]; à Beyrouth, entrepôt du commerce de la Syrie, les

---

Porte, les deux nations, se référant à tous les traités existants, devaient continuer, jusqu'à conclusion d'un nouvel arrangement commercial, à s'assurer mutuellement le traitement de la nation la plus favorisée.

1. Commerce du port de Salonique en 1888 :
    Importations . . . . 27 845 000 fr.
    Exportations 25 635 000
    53 480 000 fr.

Importations sous pavillon français : 6 409 000 francs, sur lesquels 3 857 000 francs de produits de fabrication française.

Exportations sous pavillon français : 6 717 000 francs, dont 3 376 000 francs à destination de la France. (*Bulletin consulaire*, juillet 1889.)

2. Commerce du port de Smyrne en 1883 :
    Importations . . . . 130 000 000 fr.
    Exportations 90 000 000

(*suite page* 264.) 220 000 000 fr.

importations sous pavillon français atteignent 9 778 000 kilogrammes, supérieures ainsi à celles des navires autrichiens et russes, mais très sensiblement inférieures à celles faites sous les couleurs britanniques, qui ne sont pas moindres de 25 876 000 kilogrammes [1].

En Égypte, notre situation commerciale est sensiblement la même que dans les provinces européennes et asiatiques de l'Empire Ottoman. L'Angleterre tient toujours la première place : dans la vallée du Nil, pays exclusivement agricole, le grand avantage du commerce britannique est de demander pour ses fabriques les produits textiles du sol et de pouvoir fournir en retour aux indigènes des cotonnades à bon marché. Grâce à cette double action, l'Angleterre fait, depuis longtemps, plus de la moitié du commerce extérieur de l'Égypte, tandis que la France, bien qu'occupant le second rang (si on fait abstraction de la Turquie, qui autrement prendrait place après la Grande-Bretagne), vient en arrière, parce qu'elle achète les produits indigènes en quantité beaucoup moindre et ne vend que des articles consommés par la colonie européenne. En 1890 les importations de la Grande-Bretagne en Égypte représentent 78 811 000 francs, soit 36 pour 100 du chiffre total, ses exportations 200 376 000 francs, soit 63 pour 100. La même année les importations de la France s'élèvent à 20 165 000 francs, soit 9 1/2 pour 100 ; ses exportations à 24 079 000 francs, soit 11 pour 100. C'est un fait digne de remarque, que les tristes événements de 1882 [2] n'ont point eu pour consé-

---

Les principales exportations de Smyrne sont : en Angleterre 28 800 000 francs, — en France 14 400 000 francs, — en Autriche et Allemagne 21 600 000 francs. (*Bull. cons.*, nov. 1884.)

1. Les renseignements fournis par le *Bulletin consulaire* de juillet 1888 ne contiennent aucun chiffre, même approximatif, touchant le commerce total de Beyrouth, ou le commerce — en valeur — des principales nations.

Cette publication fait seulement connaître que les importations et exportations, en poids, des quatre principaux pavillons sont les suivantes :

Importations : pavillon anglais 25 876 000 kilogrammes, — français 9 778 000 kilogrammes, — autrichien 6 646 000 kilogrammes, — russe 1 951 000 kilogrammes. — Total 44 252 000 kilogrammes.

Exportations : pavillon anglais 3 964 000 kilogrammes, — français 2 621 000 kilogrammes, — autrichien 1 934 000 kilogrammes, — russe 1 347 000 kilogrammes. — Total 9 867 000 kilogrammes.

2. Voir plus loin (p. 279) ce qui est dit au sujet de l'établissement des Anglais dans la vallée du Nil.

CONSTANTINOPLE.

quence l'augmentation de la part de l'Angleterre dans le commerce de l'Égypte ; il semble plutôt qu'elle soit en décroissance. Mais si nos fabricants n'ont point à craindre une plus large concurrence des industriels britanniques, ils sont, en revanche, menacés par les réels progrès de l'importation austro-hongroise et de l'importation russe. De grosses maisons françaises sont établies au Caire et à Alexandrie ; le commerce de détail est aux mains de nos nationaux ; il importe cependant que notre « nation » ne néglige aucun effort pour conserver son rang.

En résumé, la France est loin d'avoir conservé dans le Levant la situation commerciale qu'elle possédait autrefois. Son mouvement d'affaires avec l'Empire Ottoman, — Égypte comprise, — n'atteint pas 200 millions de francs, alors que celui de l'Angleterre seule s'élève à environ 570 000 000 francs et que, sur tous les points, dans la péninsule des Balkans, en Anatolie et dans la vallée du Nil, l'Autriche, la Russie, l'Allemagne font à notre industrie une concurrence chaque jour plus vive et trop souvent heureuse[1]. La chambre de commerce française établie à Constantinople a tout récemment encore, dans le compte rendu de ses travaux pour 1890, insisté sur la « concurrence acharnée » faite à notre commerce par l'étranger, en même temps qu'elle signalait la « diminution des affaires françaises en Turquie ». Cette chambre, ainsi que les chambres de Smyrne et d'Alexandrie, ne cessent pas de renseigner et de stimuler les fabricants métropolitains.

Il ne faudrait pas conclure de ces faits et de ces chiffres que la situation « matérielle » de la France dans le Levant a cessé d'être fort honorable : tandis, en effet, que nos industriels et nos négociants

---

1. Commerce de la France d'après les statistiques turques pour 1888-1889 (du 1er mai au 28 février) et les statistiques égyptiennes pour 1890 :
Avec la Turquie d'Europe, d'Asie et la Tripolitaine : Importations (peaux préparées et ouvrages en peau, tissus de laine, de coton et de soie, passementeries, sucres, poteries, outils et ouvrages en métaux, verreries, bimbeloterie, etc.) 55 451 000 francs. — Exportations (céréales, soies, fruits, peaux et laine brutes, vins, graines oléagineuses, etc.) 93 823 000 francs.
Avec l'Égypte : Importations (tissus et passementeries de soie et de coton, peaux préparées et ouvrages en peau, outils et ouvrages en métaux, vins, etc.) 20 165 000 francs. — Exportations (coton, graines oléagineuses, légumes secs, sucres en poudre, mélasses, etc.) 24 079 000 francs.

luttent contre la concurrence universelle, nos capitalistes et nos ingénieurs assurent à notre pays une large place dans toutes les affaires. Ils ne sont point seuls assurément, car il n'y a plus de « monopole » en Orient. L'Angleterre, l'Allemagne, l'Autriche, l'Italie se partagent avec nous les titres ottomans et égyptiens, l'Angleterre et l'Allemagne les grandes entreprises de travaux publics. La part réservée à la France reste cependant la première, grâce à la belle entreprise du percement de l'isthme de Suez. Elle devance ainsi l'Angleterre et plus encore l'Allemagne : un quart environ des titres émis par la Turquie est en la possession de nos compatriotes, et, bien que jusqu'à présent les revenus affectés aux obligations de la Dette ottomane aient été insuffisants pour le service complet de l'intérêt et de l'amortissement, les rentiers français ont reçu de ce chef environ une centaine de millions depuis huit ans[1] ; — on évalue à plus d'un tiers la part de notre pays dans la Dette égyptienne, soit à 40 ou 45 millions la somme versée annuellement par le gouvernement khédivial aux porteurs français[2] ; — la Banque Impériale ottomane, dont la moitié au moins du capital (250 millions) a été souscrite en France, est intéressée dans un grand nombre d'entreprises ; — la Régie des Tabacs et l'Administration des Phares de l'Empire rémunèrent d'importants capitaux français, ainsi que les Sociétés qui ont entrepris de grands travaux publics (chemins de fer, ports, routes, etc.), dans la péninsule des Balkans, à Smyrne, à Beyrouth, à Damas et sur d'autres points de la Syrie ; — les quais de Constantinople ont été récemment concédés à un de nos compatriotes ; — enfin, en Égypte, plus de 100 millions appartenant à des Français sont engagés dans les principales affaires : Crédit foncier égyptien, Sociétés du gaz, des eaux, des moulins, Monts-de-Piété et Banques, etc.... Dans ce chiffre de

---

1. Le service des intérêts de la Dette turque ayant été suspendu en 1875, un concordat fut conclu en 1881 entre la Sublime Porte et les représentants des porteurs de titres ottomans, en suite duquel le capital nominal de la dette a été réduit à 4 pour 100 et six des principaux revenus de l'Empire abandonnés aux créanciers. La gestion de ces revenus est confiée à un Conseil d'administration de la Dette publique ottomane représentant des porteurs de titres et dont la présidence appartient alternativement au délégué français et au délégué anglais.

2. L'Angleterre, elle aussi, a plus d'un tiers de la Dette égyptienne ; sa part semble même être plus forte que celle de notre pays. Les titres n'appartenant ni à la France ni à l'Angleterre sont dans diverses mains, mais surtout dans des mains allemandes.

LE CANAL DE SUEZ.

100 millions n'est naturellement pas comprise la part de nos nationaux dans le canal de Suez. C'est là, tant au point de vue financier qu'au point de vue politique et commercial, une affaire, « une œuvre » qui prime toutes les autres. On évalue à plus de 835 millions et demi la valeur actuelle, en capital, des actions, parts de fondateurs et parts civiles qui sont aujourd'hui dans des mains françaises, et à 575 384 000 fr. les intérêts, dividendes, primes d'amortissement et lots qui ont été payés dans notre pays depuis les débuts de l'entreprise jusqu'au 1ᵉʳ juillet 1890. Enfin, le revenu annuel de ces différents titres apporté en France dans ces cinq dernières années a été en moyenne de 28 à 30 millions[1].

La France, — et c'est ici le premier de ses privilèges, le fait qu'il convient de mettre surtout en lumière, — n'a pas seulement en Orient une situation, une influence « matérielle » qu'elle tire de son commerce et de ses capitaux; elle possède aussi une situation, une influence « morale » particulière du fait de son long établissement dans ces régions et du protectorat religieux qu'elle y exerce depuis quatre siècles.

Les Capitulations de 1535 ont fondé notre protectorat catholique; les actes suivants, ainsi que le temps et l'action persistante de nos ambassadeurs auprès de la Sublime Porte, l'ont précisé et étendu. Alors que nous avons perdu depuis un siècle le monopole du commerce et de la politique dans le Levant, nous y avons conservé encore, du moins dans une certaine mesure, le monopole religieux ou plus exactement le monopole « catholique ». C'est ainsi que nous sommes les protecteurs naturels, *obligatoires*, de toutes les populations catholiques indigènes, arabes, grecques ou autres, de tous les établissements catholiques français, italiens, autrichiens, espagnols, por-

---

[1]. Tous ces chiffres, on le voit, se rapportent aux titres appartenant à des Français, aux bénéfices retirés par la France dans cette grande entreprise. Il est à noter que, sur les 575 584 000 francs de revenus apportés dans notre pays jusqu'au mois de juillet 1890, une somme de 30 900 000 francs représente l'impôt retenu aux actionnaires par l'Administration des Finances.

La répartition des actions du canal de Suez (actions seules) paraît être la suivante :
Sur 396 658 actions (originairement 400 000), 176 602 appartiennent au gouvernement anglais ; 154 039 sont en France ; 33 000 en Angleterre ; 33 001 en Suisse, Belgique, Allemagne, Alsace-Lorraine, Italie, etc.

tugais, de tous les clergés catholiques sans distinction d'origine et de rite[1]. Il n'y a plus, comme autrefois, aux yeux des musulmans une seule famille européenne dont nous soyons les chefs, mais il y a encore une seule famille catholique, à la tête de laquelle nous sommes placés, dont nous avons la direction. La Porte admet, en effet, l'exterritorialité de tous les établissements latins; ces établissements, ainsi que toutes les missions, étrangères aussi bien que françaises, sont placés sous l'autorité de nos consuls et de notre ambassadeur. Établissements, communautés, missions ne peuvent faire un acte quelconque d'achat ou de vente sans l'autorisation du consul de France, et, il convient de le noter au passage, cette loi nous assure contre l'hostilité des missionnaires étrangers, les empêche, au moins dans une certaine mesure, de nous combattre.

La France, nation protectrice, traite les clergés indigènes comme les congrégations; elle défend chaque jour la liberté et les intérêts des populations catholiques contre le gouvernement turc, elle a même pris les armes pour eux lorsqu'elle a fait, en 1860, l'expédition de Syrie. La situation privilégiée qu'elle s'est ainsi assurée lui donne un prestige considérable dans tout l'Empire. Les musulmans ne considèrent point d'ailleurs nos religieux comme des ennemis, bien au contraire. La raison en est simple : c'est d'abord parce que les congrégations s'abstiennent d'entreprendre des conversions parmi les croyants; c'est ensuite parce qu'elles ne se consacrent pas seulement à la religion.

Les congrégations n'offrent leur action religieuse qu'à ceux qui la sollicitent, à la « clientèle catholique » : Maronites, Grecs unis, Syriens unis, Coptes unis, Arméniens unis, etc. Mais, si elles limitent ainsi sagement leur propagande religieuse, elles fondent partout des écoles, des fermes modèles, des ateliers, des hôpitaux qu'elles ouvrent également aux enfants et aux malades de toutes les races et de toutes les croyances. La Syrie, la Palestine, le Liban, — qui a une organisation

---

[1]. Voir sur cette intéressante question du protectorat catholique de la France en Orient et de l'influence qu'il lui procure : Gabriel Charmes, *Politique extérieure et coloniale*, Calmann Lévy, éditeur, Paris. — Paul Deschanel, Discours à la Chambre, *Journal officiel*, séance du 29 février 1888. — Gaston Deschamps, « l'Influence française dans le Levant, » *Revue bleue*, 16 mars 1889.

administrative et politique spéciale, — sont de toutes les provinces de l'Empire celles où cette large et intelligente propagande est le plus activement suivie. Elle y a assuré à la France une autorité morale considérable, une situation unique telle, que le Congrès de Berlin a dû la reconnaître en nous confirmant expressément la protection des Lieux Saints. En Syrie et en Palestine, nos missionnaires et nos sœurs instruisent la jeunesse, soignent les malades. Beyrouth est, grâce aux jésuites français, le siège d'une université, d'une école de médecine, d'un hôpital, d'une école des arts et métiers ; cet enseignement supérieur est apprécié, recherché par les populations ; l'École de médecine fournit des docteurs à la Syrie, à l'Égypte, à la Grèce. D'autre part, des écoles primaires sont établies dans un grand nombre de villages.

Des écoles, des hôpitaux, sont également ouverts dans les principaux centres de la vallée du Nil, d'Alexandrie à Louqsor (Institut des Jésuites, École normale du Caire, frères de la Doctrine chrétienne, sœurs de Charité). D'autre part, à Constantinople, le lycée de Galata-Séraï — lycée impérial dont le sous-directeur et tous les professeurs sont des Français — et une école de filles reçoivent un grand nombre d'élèves ; l'hôpital français, que l'on reconstruit en ce moment, est ouvert à tous les malades. On peut évaluer à 400 le nombre des écoles françaises en Orient, à 40 000 le nombre des élèves.

Les écoles congréganistes, tenues par les jésuites, les lazaristes, les dominicains, les capucins, les frères de la Doctrine chrétienne, où se coudoient les enfants de toutes les religions, vivent de subventions religieuses et laïques.

Les premières sont fournies par la congrégation de la Propagande[1], les secondes par le ministère des Affaires étrangères, qui a la dis-

---

1. Les évêques, prêtres, missionnaires, congrégations, établis en Orient — et en Extrême Orient, — sont placés sous l'autorité et l'administration (au point de vue religieux) de la Sacrée Congrégation *de Propaganda Fide*, fondée il y a près de trois siècles pour « propager la foi » chez les nations infidèles. Son siège est à Rome ; elle est administrée par un « préfet » qui a la dignité de cardinal. Elle exerce son action dans tous les pays où la hiérarchie catholique n'est point organisée en diocèses réguliers ; c'est ainsi que les « vicariats aspotoliques » du monde entier relèvent d'elle. La Propagande possède des biens considérables, et d'autre part la piété des fidèles lui assure chaque année, — notamment en France, — des sommes très importantes.

position d'un crédit annuel de 700 000 francs et par « l'Alliance française », société dont le but est la propagation de notre langue dans nos colonies et à l'étranger.

La Propagande vient en aide à toutes les écoles, à tous les missionnaires, français ou étrangers. Le ministère des Affaires étrangères et l'Alliance ne subventionnent, au contraire, que les écoles tenues par des congréganistes français, ou quelquefois par des étrangers lorsque ceux-ci prennent l'engagement d'enseigner notre langue à leurs élèves. Le crédit de 700 000 francs dont dispose le gouvernement en faveur des écoles françaises d'Orient est, du moins quant au chiffre, tout récent. Jusqu'au vote du budget pour 1892, ce crédit avait été maintenu à 520 000 francs, ce qui était trop peu. Un relèvement était d'autant plus nécessaire que l'Italie et l'Autriche, — sans parler de la Russie qui, elle, protège les « orthodoxes », — consacrent chaque année des sommes importantes à leurs missionnaires et à leurs écoles; c'est ainsi qu'on a vu un moment l'Italie porter jusqu'à 1 400 000 francs le crédit affecté à ses écoles d'Orient.

Si les écoles congréganistes françaises sont de beaucoup les plus nombreuses en Orient, il y a cependant quelques écoles laïques. Le ministre des Affaires étrangères et l'Alliance française en subventionnent plusieurs.

Il serait injuste de ne pas dire des congrégations le bien qu'elles méritent. « Elles ont le bon esprit de ne pas s'occuper de politique et de se vouer exclusivement à leur tâche religieuse et éducatrice. Avant d'être romaines, elles sont françaises, et, tout en enseignant notre langue à leurs élèves, elles leur apprennent aussi à aimer la France. Sœurs de Charité, frères de la Doctrine chrétienne, lazaristes, capucins, etc., luttent de zèle dans leurs écoles et leurs bonnes œuvres. Ils sont généralement estimés, et parmi eux les défaillances sont rares. Les sœurs de Charité sont au premier rang pour les soins à donner aux malades, pour les distributions de vivres, pour les fourneaux économiques, sans distinction de religion et de nationalité[1]. » Il y a peu de mois encore, un fait passé inaperçu

---

1. Le *Temps* du 13 janvier 1883.

chez nous, mais remarqué en Palestine, a témoigné une fois de plus de la confiance que les musulmans ont dans les sœurs françaises : on a vu le pacha de Jérusalem, qui avait fait construire un hôpital municipal où doivent être recueillis les malades de toute la ville, le confier aux Filles de la Charité.

Cette politique traditionnelle de la France, — religieuse, éducatrice, hospitalière, — poursuivie par tous les régimes, sans excepter la première République, assure à notre pays en Orient une popularité et une autorité particulières. Le consul de France paraît aux sujets du Sultan le premier des consuls. « On a de la peine à croire, écrit Gabriel Charmes dans le livre que nous avons cité, lorsqu'on n'en a pas été témoin, quel effet produit, non seulement sur les indigènes, mais même sur la masse des colons européens, l'appareil avec lequel nos consuls assistent et président aux cérémonies du culte catholique. Ceux-ci ont droit dans toutes les églises à une place particulière, à un prie-Dieu en évidence vers lequel le prêtre doit se tourner à certaines parties de l'office pour saluer le représentant de la France, l'encenser ou le bénir. Les jours de fête, le clergé tout entier vient l'attendre jusqu'à la porte du temple et le conduit en procession jusqu'à son prie-Dieu. Au moment de l'évangile on lui porte le missel pour qu'il puisse en faire la lecture, et, lorsque la messe est terminée, c'est en se courbant devant lui que les officiants, fussent-ils archevêques ou patriarches, rentrent à la sacristie. »

Ainsi notre nation a été vaincue en Europe, son commerce est dépassé ou menacé par celui de ses rivaux, et cependant elle est la grande nation européenne, on salue partout avec joie son pavillon promené par l'escadre de la « Méditerranée » ou du « Levant »; en Turquie d'Europe, en Turquie d'Asie, en Égypte, en Syrie surtout, on parle notre langue; elle est, dans la plupart des Échelles, la seule dont on veuille se servir pour le commerce; en Égypte, elle demeure l'idiome officiel du gouvernement, malgré l'occupation anglaise; on lit nos livres, on s'intéresse à nos affaires; dans les villages les plus reculés nos religieux portent le nom de la patrie[1].

1. Dans la vallée du Tigre, depuis près de deux cents ans, résident à Mossoul de

Ce qui prouve d'une manière certaine la valeur de cette influence morale, — de notre protectorat catholique tel qu'il s'exerce, — ce sont les efforts tentés par les nations qui commercent avec l'Orient pour nous la ravir. Notre situation est attaquée à la fois par la Russie, par l'Angleterre, par l'Allemagne, par l'Italie. La Russie, — la « Sainte Russie, » — est la protectrice des « orthodoxes »; son prestige est grand au milieu des populations des Balkans et de l'Arménie, qui attendent d'elle leur délivrance; elle dépense au service d'une propagande habile des sommes considérables, ses établissements religieux s'élèvent en face des nôtres à Jérusalem. L'Angleterre soutient son commerce par une armée de missionnaires méthodistes et anglicans, fonde partout des écoles et des hôpitaux, entame la Syrie elle-même, qui est cependant le centre de notre influence; elle exerce, en fait sinon en droit, le protectorat protestant. L'Allemagne, venue plus tard, n'est pas moins empressée d'acquérir une influence morale, aussi bien qu'une influence commerciale et financière; elle crée sur les points qui lui semblent les mieux choisis de grandes entreprises agricoles, — notamment en Syrie, — des écoles, des hôpitaux, et aussi des églises depuis la fin du Kulturkampf. L'Italie, surtout dans ces dernières années, multiplie ses efforts, envoie des missionnaires, des instituteurs, fonde des sociétés d'action; elle voudrait affranchir ses congrégations de notre tutelle, et, puissance catholique comme la France, elle fait à Rome, malgré la politique du Quirinal, d'actives démarches envue d'obtenir du pape qu'il lui confie une part des droits dont nous avons jusqu'ici le monopole.

Notre situation, on le voit, pour être encore presque entière, n'en a pas moins besoin d'être vivement défendue : d'une part, nous ne sommes plus comme autrefois les seuls en Orient à ouvrir des établissements scolaires ; de l'autre, on veut nous ravir notre « clientèle catholique » et par elle atteindre d'abord notre commerce, puis notre juste influence. Le souverain pontife a-t-il intérêt à ce que la France

dominicains et des carmes à Bagdad. Ils ont fondé des écoles où presque tout ce qui n'est pas musulman (c'est-à-dire les populations chaldéennes) vient chercher l'instruction.

soit dépossédée du protectorat religieux ? Il a été sollicité : on lui a demandé de consentir quelques concessions à notre préjudice, des évêques italiens ont voulu s'élever contre notre légitime autorité. Léon XIII n'a pas cédé. Il a même rappelé, il y a deux ans, par une lettre-circulaire adressée aux évêques d'Orient, les droits et privilèges de la France. Pourquoi d'ailleurs le pape voudrait-il nous déposséder du protectorat religieux ? A qui le pourrait-il confier ? L'Angleterre, l'Allemagne sont « hérétiques », — l'Italie est en guerre ouverte avec le Vatican, — l'Autriche a bien peu d'influence. Quant à enlever à notre pays le protectorat pour ne le confier à aucune autre puissance, ce serait abandonner sans défense les missionnaires et les communautés indigènes catholiques à toutes les vexations et tous les abus de pouvoir des fonctionnaires musulmans. Il est vrai que nous avons à craindre de la part de nos rivaux une « campagne » plus habile : ils peuvent réclamer, à la fois, auprès du pape et du sultan l'abolition du « monopole religieux » et le droit pour chaque nation de « protéger » elle-même ses missionnaires et leurs ouailles. Le catholicisme n'y gagnerait rien assurément, mais la France y perdrait !

La question est délicate autant qu'importante. Ce n'est point ici le lieu de la traiter; mais une chose est certaine : c'est que nos « colonies libres » du Levant sont, de toutes, les plus intéressantes, les plus « utiles », tant au point de vue « moral et politique » qu'au point de vue « matériel ». L'Empire turc, en même temps qu'il est considéré par les chancelleries comme « l'homme malade », est pour les ingénieurs et les capitalistes d'Europe un « pays neuf » : son agriculture est barbare, il n'a ni routes ni ports, ses immenses richesses sont rendues stériles par l'absence d'instruments d'exploitation. Ainsi, il faut mettre ces régions en valeur, arracher les populations à la misère, les appeler au travail; la Syrie, terre d'une rare fertilité, habitée par des populations travailleuses, est plus encore que les autres imprégnée de nous.... La France pourrait-elle se désintéresser ?

Une grande part du patrimoine national est en Orient; il importe de la défendre pour la conserver, et cela, — il faut le dire, — est d'autant plus nécessaire qu'il y a peu d'années la France a subi dans ces régions une diminution réelle d'influence, en même temps qu'un grave échec moral : le rappel des événements d'Égypte jettera une ombre sur le tableau qui vient d'être tracé.

L'Égypte, la plus riche des provinces de l'Empire Ottoman, la mieux située, seule route commerciale entre l'Europe et l'Inde avant que celle du cap de Bonne-Espérance fût connue et toujours la plus courte, devait être de tout temps, de par sa situation géographique, une position commerciale et politique de premier ordre.

Les Marseillais y trafiquent déjà lorsque sont signées les premières Capitulations; ils développent leurs relations à l'abri de cet Acte; au XVIIe siècle leur commerce est considérable dans la vallée du Nil et, à cette époque, l'autorité de la France est telle dans le monde catholique, que Leibniz adresse un mémoire à Louis XIV pour l'engager à arracher l'Égypte aux Infidèles. Plus tard, Louis XVI songe à établir un canal de jonction entre la Méditerranée et la mer Rouge; puis la France devient un instant maîtresse de l'Égypte lorsque Bonaparte veut atteindre, par elle, les Anglais dans l'Inde. Nos troupes parties, nos savants restent dans le pays à côté de nos négociants; Champollion, Mariette retrouvent dans les hypogées un monde évanoui; Méhémet-Ali appelle nos officiers et nos ingénieurs, M. de Lesseps perce le canal de Suez, nos capitalistes souscrivent aux emprunts du khédive Ismaïl[1], nos administrateurs l'aident à établir l'ordre et la justice dans ses États, notre langue est la langue officielle.... Mais alors la France n'est plus seule en Égypte, les négociants des principales nations européennes l'ont suivie sur la terre des Pharaons comme dans les autres provinces de l'Empire Ottoman, et l'Angleterre a conquis à nos côtés une situation « matérielle » considérable : son commerce dépasse le nôtre, ses capitalistes sont, ainsi que les nôtres, créanciers du gouvernement khédivial, ses administrateurs se partagent les principaux postes avec les Français. Un instant même les Anglais paraissent prendre sur nous un réel avantage, lorsque en

---

1. Ismaïl (1863-1879), troisième successeur de Méhémet-Ali, premier vice-roi d'Égypte (1806-1849). La Sublime Porte l'autorise à changer son titre de vice-roi pour celui de Khédive (ou souverain). — Le prince Tewfik a succédé en 1879 à Ismaïl. A sa mort (janvier 1892), son fils Abbas a reçu du Sultan un firman d'investiture.

1875 ils achètent à Ismaïl les 177 000 actions du canal de Suez dont il est propriétaire. Mais le gouvernement de la République, profitant en 1878 de circonstances favorables, arrête leurs progrès; les cabinets de Paris et de Londres s'entendent pour se partager l'administration de l'Égypte, établir un équilibre d'influence : c'est ce que l'on a appelé le *condominium* (1878). Ainsi, la France n'est pas à même de tenir seule une situation prépondérante, mais elle a l'autorité nécessaire pour lier intimement l'action de l'Angleterre à la sienne propre.

Le *condominium* anglo-français fonctionnait sans la moindre difficulté et au mieux des intérêts de l'Égypte, lorsque éclata en 1881 une insurrection « nationale » contre les « étrangers » et le gouvernement du Khédive. Les deux nations unies devaient la réprimer en commun, mais la France commit la lourde faute de ne pas intervenir et l'Angleterre fut seule victorieuse des bandes d'Arabi à la bataille de Tel-el-Kébir (1882).

Depuis ce jour le *condominium* est dénoncé, l'Angleterre tient garnison dans la vallée du Nil, ses fonctionnaires remplacent les nôtres dans toutes les administrations publiques, la langue anglaise pénètre de plus en plus dans les écoles, tandis que l'on veut restreindre l'enseignement de la nôtre, la colonie française a perdu quelque chose de sa légitime autorité, et les indigènes s'étonnent que la France paraisse oublier son glorieux passé. Les craintes qu'exprimait Gambetta dans la séance du 19 juillet 1882, lorsqu'il conjurait le gouvernement et les Chambres d'adopter une politique d'intervention commune avec l'Angleterre, se sont réalisées. « Et précisément, disait-il, — je livre toute ma pensée, car je n'ai rien à cacher, — précisément ce qui me sollicite à l'alliance anglaise, à la coopération anglaise dans le bassin de la Méditerranée et en Égypte, c'est que ce que je redoute le plus, entendez-le bien, — outre cette rupture néfaste, — c'est que vous ne livriez à l'Angleterre, et pour toujours, des territoires, des fleuves et des passages où votre droit de vivre et de trafiquer est égal au sien. »

La situation actuelle s'affermira-t-elle? Les Anglais resteront-ils en Égypte? Il est permis de compter sur les événements et d'espérer un autre avenir, mais il faut reconnaître que la bataille de Tel-el-Kébir a fait du bruit en Orient et que les temps sont loin où la France, à demi maîtresse en Égypte, pouvait espérer établir à l'abri de son protectorat catholique et de son influence séculaire une sorte de protectorat effectif sur la Syrie, — autre route des Indes, autre clef de la Méditerranée[1].

Le plan de cet ouvrage ne permet pas de traiter plus longuement ici des « colonies libres » de l'Orient. Il n'est cependant pas possible d'oublier la Grèce, ancienne province chrétienne de l'Empire turc, que la France a aidé en 1827 à reconquérir sa liberté.

Aux siècles précédents, les négociants marseillais commerçaient avec la Grèce comme avec les autres parties de l'Empire Ottoman. Aujourd'hui, bien que notre commerce avec le jeune royaume rencontre la concurrence de plusieurs nations européennes, il ne cesse pas d'atteindre un chiffre assez important. D'après les statistiques grecques pour 1890, le commerce total du pays, importations et exportations comprises, s'étant élevé à 216 millions et demi de francs, la part de la France a été de près de 32 millions. Toutefois, pourquoi le nier? ici comme en Turquie, comme en Égypte, nos rivaux menacent de nous devancer; il faut que nos négociants redoublent d'activité, d'intelligence des affaires. L'influence de la France en Grèce n'est heureusement pas limitée au chiffre de son commerce : les affinités de race, les souvenirs de la guerre de l'Indépendance, des relations plusieurs fois séculaires nous assurent dans ce pays des avantages « moraux » très appréciables : les dispositions du Code civil et du Code pénal, les règlements de l'armée et de la marine sont calqués sur les nôtres; l'enseignement du français est obligatoire

[1]. L'Angleterre n'a jusqu'ici fixé aucune date à la réalisation de la promesse qu'elle a faite d'évacuer l'Égypte.

Un seul acte diplomatique est intervenu dans ces dernières années qui touche non ce pays lui-même, mais le canal de Suez. Il porte, avec la date du 29 octobre 1888, la signature des gouvernements de France, d'Allemagne, d'Autriche-Hongrie, d'Espagne, de Grande-Bretagne, d'Italie, des Pays-Bas, de Russie et de Turquie. Le canal de Suez est déclaré neutre ; il sera libre et ouvert en temps de guerre comme en temps de paix à tout navire de commerce ou de guerre sans distinction de pavillon. Les parties contractantes s'engagent à ne porter aucune atteinte à son libre usage, en temps de guerre comme en temps de paix.

LE CAIRE. — UNE RUE.

dans plusieurs établissements publics et privés; on parle notre langue, on lit nos livres; deux missions militaires viennent de réorganiser l'armée et la flotte; l'École française d'Athènes ne cesse de poursuivre des fouilles importantes; les grandes entreprises de travaux publics sont dirigées par des ingénieurs français, etc.

A l'extrême orient de l'Europe, l'immense Empire de Chine, avec ses 360 millions d'habitants, producteurs et consommateurs, ses richesses considérables, non encore exploitées, doit être considéré comme un « pays neuf », ouvert au commerce, à l'industrie, aux capitaux, à la civilisation des deux mondes. Des Français sont venus s'y établir sous la garantie des traités de 1844 et de 1860; ils ont fondé dans les ports ouverts, sur des terrains « concédés » et à l'abri de la juridiction consulaire, des « colonies libres » assez semblables à celles du Levant[1]. Ces « colonies » ont déjà leur importance et l'on peut espérer qu'elles prendront au siècle prochain un grand développement. Elles forment, avec celles du Japon, le cinquième groupe des « colonies libres » que notre pays possède dans le monde.

Moins heureuse dans les mers de Chine que dans le bassin oriental de la Méditerranée, la France n'a jamais été la première nation commerçante dans ces parages. Au xviie siècle et dans les quarante premières années du xviiie siècle, alors que nos pères jésuites possédaient une grande influence à la cour de Pékin, la Compagnie des Indes Orientales ne sut point profiter de cette situation pour étendre ses affaires : les Célestes commerçaient surtout à cette époque avec les Anglais de la Compagnie des Indes, puis avec les « Moscovites », maîtres d'une partie de la Sibérie et les Portugais établis à Macao.

Dans la première moitié de ce siècle, la nation britannique avait presque le monopole du commerce maritime de la Chine; c'est ainsi qu'elle entreprit seule, en 1840, la « guerre de l'opium ». Aujourd'hui, bien que nous ayons fait, à côté des Anglais, deux expéditions pour assurer à nos négociants l'ouverture du Céleste Empire, nous sommes

---

1. Voir plus haut les expéditions de la France en Chine, page 146.

loin d'y posséder la situation commerciale que méritait notre effort militaire. L'Angleterre, maîtresse de Hong-Kong, entrepôt commercial considérable, a dans ce pays une avance décidée sur les nations concurrentes, Allemagne, États-Unis, France, Russie. La direction des douanes de l'Empire est, en fait, presque dans ses mains, ses maisons de commerce sont nombreuses, ses banques puissantes; elle fournit aux Chinois l'opium et les cotonnades, les deux produits qu'ils demandent le plus; on peut évaluer approximativement qu'elle fait avec l'Inde au moins la moitié du commerce de l'Empire, peut-être même les deux tiers.

En 1890, le commerce direct de la Chine avec les pays étrangers, — déduction faite du commerce indigène de port à port et des réexportations, — s'est élevé à 1 milliard 286 millions, soit 763 millions à l'importation et 523 millions à l'exportation. Dans l'importation les cotons filés et tissus de coton représentent 270 millions, l'opium 174 millions. Ce ne sont point les négociants français que l'Angleterre doit craindre, mais les Allemands, dont les progrès sont très réels depuis quelques années, les Américains, qui ont un notable courant d'affaires. Un jour viendra peut-être où, lorsque le Transsibérien sera achevé, elle devra compter avec la concurrence de la Russie[1].

---

1. En 1890 le commerce international était ainsi représenté dans les ports ouverts :

Angleterre	327 maisons de commerce.	3 317 nationaux.
Allemagne	80	—	648	—
Amérique	32	—	1 155	—
France	19	—	589	—
Russie	12	—	131	—

Viennent ensuite l'Espagne, l'Italie, l'Autriche. — Nous ne citons pas ici le Japon, — pays asiatique, — qui, du fait de sa situation géographique et de sa civilisation, a naturellement d'importantes relations avec le grand Empire extrême-oriental (29 maisons, servies par 883 nationaux).

Quant au commerce de la Russie avec la Chine, il ne paraît pas, autant toutefois qu'il est possible de juger, — les documents statistiques faisant défaut, — être considérable. Et cependant la Russie possède en Chine une situation commerciale plus que privilégiée, — unique. — Elle jouit dans toute la Mongolie demeurée chinoise, jusqu'à la Grande Muraille, d'un *modus vivendi* particulier. Outre qu'elle peut seule installer dans presque toutes les villes de cette région, y compris Soutchéou qui appartient à la Chine proprement dite, des consuls favorisés de mille façons, elle a stipulé pour ses marchands le droit de s'établir à demeure dans toutes les localités de cette région, même là où il n'y a pas de consul russe ni d'autorités chinoises, et de faire, par telle route

Pour notre commerce, il souffre en Chine du même mal que dans notre colonie indo-chinoise[1]; jusqu'ici les industriels français n'ont point su fabriquer les articles demandés par les individus de race jaune : aussi n'ont-ils qu'une faible clientèle, presque réduite à la colonie européenne et américaine. Nos importations consistent surtout en vins, beurre, outils, plomb et ouvrages en métaux, tissus et passementeries de laine et de soie, etc.; leur total est des plus modestes et varie suivant les années entre 4 millions et 4 millions et demi.

La faiblesse de ce chiffre donnerait toutefois, si on s'y arrêtait, une idée très inexacte de notre situation commerciale. On compte à Shanghaï, la métropole commerciale de la Chine, à Canton, à Tien-Tsin et dans quelques autres ports dix-neuf maisons françaises, dont plusieurs importantes, servies par près de 600 nationaux. Si, en effet, la France vend peu en Chine, elle y achète beaucoup. C'est de ce pays que l'industrie lyonnaise tire plus du tiers des soies qu'elle emploie[2]; ce sont, pour une large part, les soies chinoises qui assurent la prospérité d'une de nos grandes industries. Un fait intéressant doit même être noté à ce sujet : la France devant payer avec des produits la soie qu'elle achète en Chine, — car les produits, on le sait, s'achètent avec des produits, — et ne pouvant

qu'il leur plaira, le commerce d'importation et d'exportation franc et libre de tous droits (traité de 1881).
Mais si la Russie a pu, par des conventions heureuses, assurer de semblables facilités à son commerce, elle n'a pu vaincre, au moins jusqu'à ce jour, les obstacles que la situation géographique de la Sibérie et de la Chine apporte aux transactions. La Chine reçoit « naturellement » d'Europe par la voie maritime mille produits que la Sibérie ne saurait lui fournir et les routes de terre de Russie et de Sibérie sont sensiblement plus onéreuses que les routes maritimes. Aussi n'évalue-t-on pas les ventes de la Sibérie en Chine à plus de 1 252 000 francs. Il est vrai que les exportations de la Chine en Russie par la Sibérie dépassent 50 millions, représentés surtout par le thé dit chez nous « thé de la caravane ».

1. Voir plus haut p. 201.
2. L'importation totale des soies en France s'élevait en 1889 à 291 646 000 francs. (Les chiffres de l'année 1890 paraissant au-dessous de la moyenne, nous ne les donnons pas.)
Les principaux pays de provenance sont : la Chine pour 115 174 000 francs, — l'Italie pour 52 574 000 francs, — le Japon pour 52 403 000 francs, — la Turquie pour 24 054 000 francs.
Après la soie, la France achète en Chine des tissus de soie et du thé. — Les importations totales de Chine en France varient entre 130 et 135 millions.

offrir aux indigènes des articles de sa fabrication, acquitte en Europe ses dettes contractées en Extrême Orient, auprès d'une nation qui, elle, consomme nos produits et se charge de fournir aux Chinois des articles de leur goût. C'est ainsi que l'Angleterre paye pour nous, en Chine, les soies dont nous avons besoin et que nous la remboursons chez elle de cette avance[1]. On trouve dans cette curieuse opération la démonstration de cette vérité, enseignée par Adam Smith, que la colonisation d'une contrée peut profiter même à l'industrie de pays qui ne pourraient envoyer dans cette contrée un seul article de leur propre fabrication[2].

---

1. En 1890 les importations de l'Angleterre en France s'élèvent à 627 386 000 francs, tandis que les exportations de France en Angleterre atteignent 1 029 000 000 francs. (Chiffres du commerce spécial.)

C'est un écart de plus de 400 millions à notre préjudice. Comment l'expliquer ? Nous ne *donnons* assurément pas, sans retour, aux Anglais pour 400 millions de nos produits.

Voici comment s'explique l'écart, comment se fait la balance : D'abord, dans une certaine mesure, par des retours qui proviennent des placements de capitaux anglais en France, — ensuite, parce que l'Angleterre importe en Chine, soit directement, soit de Hong-Kong, soit des Indes et de ses autres possessions, pour 500 millions de francs ou plus. Elle paye là la différence qui existe entre ses importations et ses exportations dans son commerce européen avec nous, en faisant pour nous en Orient des achats et des transports. — On pourrait dire que nous chargeons l'Angleterre d'acheter pour nous en Chine, avec ses produits, la soie dont nous avons besoin et de nous la transporter.

Cette opération, l'Angleterre la répète dans d'autres pays, toujours pour nous, notamment au Japon et en Afrique.

2. Dans son ouvrage sur la *Richesse des nations*, Adam Smith distingue les avantages généraux que l'Europe, considérée comme un seul vaste pays, a retirés de la colonisation, et les avantages spéciaux dont chaque mère patrie a profité du chef de ses colonies particulières. « Ce qui est moins évident, ajoute-t-il, c'est que ces grands événements (la découverte et la colonisation des deux Indes) aient dû pareillement contribuer à encourager l'industrie de pays qui peut-être n'ont jamais envoyé en Amérique un seul article de leurs produits, tels que la Hongrie et la Pologne : c'est cependant ce dont il n'est pas possible de douter. On consomme en Hongrie et en Pologne une certaine partie de produits de l'Amérique et il y a dans ces pays une demande quelconque pour le sucre, le chocolat et le tabac de cette nouvelle partie du monde. Or ces marchandises, il faut les acheter ou avec quelque chose qui soit le produit de l'industrie de la Hongrie ou de la Pologne, ou avec quelque chose qui ait été acheté avec une partie de ce produit. Ces marchandises américaines sont de nouvelles valeurs, de nouveaux équivalents, survenus en Hongrie et en Pologne pour y être échangés contre l'excédent du produit de ces pays. Transportées dans ces contrées, elles y créent un nouveau marché, un marché plus étendu pour cet excédent de produits. Elles en font hausser la valeur et contribuent par là à en encourager l'augmentation. *Quand même aucune partie de ce produit ne serait jamais portée en Amérique, il peut en être porté à d'autres nations qui l'achètent avec une partie de la portion qu'elles ont dans l'excédent du produit de l'Amérique et ainsi ces nations trouveront un débit au moyen de la circulation du commerce nouveau que l'excédent du produit de l'Amérique a primitivement mis en activité.* »

Ainsi qu'en Orient, la France n'a pas seulement en Chine une situation commerciale ; elle y jouit, en même temps, d'une autorité morale particulière comme la première puissance catholique du monde. Les traités de 1844 et de 1860 sont l'origine du « protectorat religieux » qu'elle exerce dans le Céleste Empire [1]. Avant le premier de ces traités, les Portugais, à qui la possession de Macao donnait depuis longtemps un pied en terre chinoise, étaient les protecteurs des missionnaires dans le Céleste Empire. La France, avec l'agrément de la cour de Rome, se substitua au Portugal. Lorsque commença cette situation nouvelle, il ne restait malheureusement plus rien de la grande influence dont les jésuites français avaient joui à Pékin au xviie siècle et pendant les quarante premières années du xviiie siècle. Cette influence avait été ruinée par une regrettable décision prise contre l'Ordre par le pape Clément XI en 1704 et maintenue par Benoît XIV en 1742. La cour de Rome reprochait alors aux jésuites leur indulgence pour les rites chinois ; condamnés, ils durent quitter le pays ou virent s'amoindrir leur situation. C'est ainsi qu'en 1844 et 1860 il n'y avait plus en Chine que quelques missions sans influence et persécutées.

Aujourd'hui, grâce à nous, la situation est différente : les missionnaires et les sœurs, étrangers comme français, ressortissent de nos consuls et de notre ministre à Pékin. Nous « protégeons » les indigènes convertis ; notre représentant dans la capitale fait appel à l'Empereur des décisions vexatoires ou injustes de ses mandarins ; nous secourons les malheureux, nous ouvrons des écoles ; le gouvernement central autorise — à regret peut-être, mais il autorise — les missionnaires à s'établir dans toutes les provinces et à prêcher la religion du Christ. A Siu-Kia-Weï, près Shanghaï, est un collège de jésuites donnant une haute instruction scientifique, à Shanghaï un asile français ; dans tout l'Empire des missionnaires ont fondé des hôpitaux, des hospices, des asiles, des écoles. Ces écoles sont encore trop peu nombreuses, et il faut souhaiter l'ouverture d'établissements qui donneraient dans les grandes villes un enseigne-

---

1. Sur « Les missions catholiques en Chine et le protectorat de la France » voir la *Revue des deux Mondes* du 15 décembre 1886.

ment scientifique, afin d'attirer la classe dirigeante. Près des trois quarts des missionnaires sont Français; on évaluait en 1881 à près de 1 million le nombre des fidèles. Ce chiffre est assurément faible en présence de la population totale de l'Empire ; il est juste aussi de reconnaître que les conversions sont peu nombreuses et la qualité des convertis médiocre, la plupart appartenant aux dernières classes de la société. On ne saurait nier cependant que la propagande de nos missionnaires jusque dans les provinces les plus reculées, l'exercice des droits qui découlent du protectorat catholique, donnent à notre pays une influence morale et politique dans l'Empire. Les voyageurs louent l'heureuse action qu'exercent les missions sur leurs petits troupeaux ; elle est, disent-ils, comme « une aurore de civilisation européenne qui commence à éclairer le vieux monde oriental et prélude à son rapprochement avec le nouveau monde de l'Occident[1] ».

Pour les nations concurrentes de la nôtre, elles ne peuvent se dissimuler l'avantage que la France retire de sa situation de première puissance catholique : elles envient en Extrême Orient comme en Orient l'autorité morale et politique que nous assure notre protectorat religieux ; elles seraient, assurément, heureuses si notre privilège venait à être entamé. Il a failli l'être en 1886, lorsque le vice-roi du Petchili envoya à Rome M. Dunn, ancien employé de la douane à Tien-Tsin, pour proposer, au nom de la Chine, l'établissement de rapports diplomatiques directs entre le saint-siège et la cour de Pékin. L'acceptation d'une semblable ouverture eût rempli d'aise les lettrés chinois, qui n'aiment point les chrétiens; ils sentaient que la présence d'un envoyé du pape leur permettrait d'opposer le nonce au ministre de France et d'affaiblir ainsi le rôle protecteur de ce dernier. Mais au Vatican on comprit le danger ; la France d'ailleurs protesta. La proposition de l'envoyé de Li-hung-tchang fut écartée. Depuis cette époque se sont produits en Chine les troubles de 1891; des missions ont été pillées, des prêtres et des chrétiens indigènes massacrés. Les nations européennes qui, avec

---

1. Francis Garnier, *De Paris au Thibet*.

PÉKIN

la France, ont saisi le gouvernement de Pékin de réclamations diplomatiques, n'ont point discuté notre situation de nation protectrice des intérêts confessionnels. Elle subsiste donc.

Jusqu'aux événements du Tonkin, la France n'a dû son influence en Chine qu'à l'exercice du protectorat catholique. Nos victoires dans la vallée du Song-Koï, la signature du traité de 1885, des conventions de 1886 et 1887, notre établissement définitif en Annam, ont eu pour conséquence, ainsi qu'il est naturel, de modifier sensiblement notre situation en Extrême Orient. Comme la Russie, comme l'Angleterre, la France devient voisine du Céleste Empire et, de ce fait, les relations politiques sont plus actives à Pékin entre la légation de France et le tsung-li-yamen. Notre ministre est chargé à la fois de la défense des intérêts des missionnaires et de toutes les questions de police, de commerce qui peuvent naître sur la frontière du Tonkin. La Chine, d'ailleurs, où la Russie et l'Angleterre ont des intérêts contraires, devient de plus en plus un élément de politique européenne; peut-être est-elle à la veille d'entrer dans les combinaisons diplomatiques.

En même temps que la légation de Pékin devient pour le ministre de France un poste politique plus actif et un poste d'observation plus important qu'autrefois, elle devient aussi une place où les questions et les rivalités commerciales et d'affaires ne cesseront d'augmenter d'importance. D'une part, un mouvement commercial s'est déjà établi entre le Tonkin, le Yu-nan et les Kouangs, tandis que les Anglais, pour concurrencer ces routes nouvelles, cherchent des voies à leur commerce par la Birmanie et le Yang-Tse-Kiang ; — d'autre part, le gouvernement impérial semble disposé à accueillir, depuis quelques années, — on pourrait dire depuis notre établissement à Hanoï — les ingénieurs et les découvertes des deux mondes[1]. Déjà il a construit des lignes télégraphiques et quelques kilomètres de chemin de fer. Un article du traité de Tien-Tsin stipule que

---

[1]. Il faut cependant rappeler que la Chine avait auparavant manifesté quelquefois, sous des influences malheureusement passagères, son intention de faire des emprunts à l'Europe. C'est ainsi qu'après l'expédition de 1860 les Chinois chargèrent un lieutenant de la marine française, M. Giquel, de construire l'arsenal de Fou-tchéou (1867). On sait que cet arsenal a été détruit lors des hostilités de 1884 par la flotte de l'amiral Courbet.

lorsque la Chine aura décidé de construire des voies ferrées, elle s'adressera à l'industrie française. Sans attendre l'exécution de cette promesse, les grandes maisons industrielles françaises ont envoyé des représentants à Tien-Tsin. Appuyées sur un établissement financier de premier ordre, le Comptoir d'Escompte, elles ont obtenu d'assez nombreuses commandes, dont la plus importante est celle des travaux de Port-Arthur, évalués à environ 7 millions. Depuis, leurs agents établis à Tien-Tsin cherchent de nouvelles commandes, s'efforcent d'entraîner le gouvernement du vieil Empire dans les entreprises de grands travaux publics propres à la civilisation occidentale. L'industrie française a rencontré et ne cesse de rencontrer la concurrence anglaise, allemande, américaine. Les ingénieurs étrangers disputent aux nôtres, à des prix inférieurs même au coût réel, les plus petites commandes, car leur concession paraît aujourd'hui aux uns et aux autres le moyen le plus propre à obtenir plus tard les grandes entreprises, qui, espère-t-on, procureront de suffisants bénéfices.

Ainsi notre « colonie libre » de Chine représente à l'heure actuelle un faible mouvement commercial, une grande influence morale et quelques premiers succès industriels. Cette situation, pour comporter une large part « d'intérêts sentimentaux », nullement négligeables d'ailleurs, n'est pas médiocre. Que sera l'avenir? Nul ne saurait le prévoir, surtout au lendemain des troubles, des émeutes, des actes de brigandage qui ont ensanglanté l'année 1891 et que le gouvernement impérial paraît avoir eu grand'peine à réprimer.

Avant ces événements on pouvait penser : la Chine est à peine ouverte à l'Europe et à l'Amérique, elle est prodigieusement peuplée, travailleuse, fertile en beaucoup de provinces, riche en charbon ; son commerce est à ses débuts et promet de devenir considérable ; elle demandera à l'ancien et au nouveau continent dans le siècle prochain des capitaux[1], des travaux publics, des machines, des

---

[1]. La Chine a déjà fait quelques emprunts, les uns à des banquiers de Londres ou de Berlin, les autres aux banques étrangères et françaises (Comptoir d'Escompte) établies dans les ports ouverts. Ces emprunts ont été demandés tantôt par le « gouvernement impérial », tantôt par les « gouverneurs de province », tantôt par la « maison impériale ». Toutefois le Céleste Empire n'a pas encore eu besoin d'importants capitaux, parce qu'il

ingénieurs; elle produira, sans doute, à bas prix des objets qui viendront jusque dans nos pays; elle pourra, par une diplomatie habile, une armée instruite et bien commandée, devenir une force en Asie. Aujourd'hui quelques esprits peuvent juger ces espérances trop optimistes. Ils se demandent si le vieux parti chinois n'est pas encore assez fort, assez imprudent pour tenter de repousser les étrangers, s'il ne poursuit pas la fermeture des ports ouverts, si les puissances européennes et les États-Unis ne seront pas obligés d'intervenir en armes pour défendre leurs nationaux et si, dans de semblables circonstances, des villes ou des territoires ne pourraient pas être enlevées au gouvernement impérial. Ce serait le démembrement du Céleste-Empire.

La situation morale et matérielle que, dès aujourd'hui, la France possède dans ce pays et à ses portes nous permet de ne pas nous désintéresser des choses de Chine, nous assure un droit d'intervention quels que soient les événements. L'Angleterre, l'Allemagne, la Russie, les États-Unis seront à nos côtés; nations concurrentes, elles poursuivront un but politique, soutiendront des intérêts commerciaux, industriels, financiers; mais si nos nationaux font preuve d'initiative, nos diplomates d'habileté, nous ne paraîtrons pas, à côté d'elles, une puissance de second ordre.

L'exposé de la situation que possède déjà la France en Extrême Orient et de celle, plus grande, qu'elle peut y acquérir, serait incomplet si nous négligions de parler de deux pays voisins du Céleste Empire, la Corée et le Japon. Nous ne possédons certainement pas dans ces pays la première place, mais notre influence, notre religion et notre commerce y sont suffisamment connus pour que nous comptions à côté de nos rivaux.

n'a pas jusqu'ici entrepris de grands travaux publics. Lorsque, les résistances du « vieux parti » chinois vaincues, le gouvernement impérial entrera dans la voie des travaux et des emprunts, il faudra évidemment qu'il donne à ses prêteurs, — qui ne seront plus des maisons de banque, mais le public lui-même, — des garanties sérieuses, garanties qui seront d'autant plus exigées que le budget chinois est loin d'être établi d'après les règles et avec la certitude des budgets de l'Europe ou de quelques États de l'Amérique.

Le royaume de Corée, sur lequel l'empereur de Chine exerce des droits de suzeraineté, est encore semi-barbare et presque fermé aux Européens et aux Américains. Trois ports leur sont ouverts, depuis 1882 seulement, et presque tout leur commerce passe par l'intermédiaire des Japonais. Le mouvement d'affaires de la Corée s'est élevé en 1890 à 50 millions ; les produits importés sont, par ordre d'importance, d'origine anglaise, japonaise, chinoise, allemande, américaine, française et autrichienne. Les ventes de nos industriels dans ce pays sont, on le voit, encore faibles. Toutefois la France, imitant l'Angleterre, la Russie, l'Allemagne, les États-Unis, a pris soin de réserver l'avenir en obtenant, au mois de juin 1887, un traité d'amitié et de commerce qui assure à nos nationaux la juridiction consulaire et le droit de commercer dans les ports ouverts, en même temps qu'à nos produits un tarif modéré. La Russie et l'Angleterre, voisines de la Corée, la première par sa frontière de Sibérie, la seconde par sa grande situation dans les mers de Chine, paraissent devoir se disputer à Séoul l'influence politique ; quant à notre pays, il possède dans ce royaume des intérêts religieux qu'il tient de l'exercice du protectorat catholique.

La situation « matérielle » et « morale » que la France possède au Japon est bien autrement importante. L'Empire du « Soleil Levant » mérite d'ailleurs d'être comparé non avec la Corée, mais avec la Chine même, et cette comparaison ne lui serait pas désavantageuse. Le Japon, comme le Céleste Empire, s'est ouvert au commerce européen et américain en 1858, mais, à la différence de la Chine, il l'a fait de sa propre volonté. Dix ans plus tard, en 1868, une révolution intérieure y condamnait les vieux usages, y brisait les vieux moules, conduisant brusquement le pays vers la civilisation européenne et américaine. Le Céleste Empire n'a pas encore fait une pareille évolution.

Aujourd'hui, l'Empire du Soleil Levant, dont la superficie est sensiblement moindre que celle de notre pays, compte 40 millions d'habitants et fait un commerce de plus de 600 millions de francs. Ces chiffres suffisent pour que l'on juge de l'avance prise par le Japon sur la Chine, qui, peuplée de 360 millions d'hommes, ne fait encore qu'un commerce de 2 milliards (y compris le commerce indigène de port à port et les réexportations). Il est vrai que la situation géographique de l'archipel japonais est singulièrement plus favorable à la pénétration du commerce et des idées que celle du massif Empire de Chine, que les Européens n'ont guère pu aborder jusqu'ici que par sa frontière maritime ; — mais cette situation ne suffit point à expliquer l'écart considérable que nous signalons. On en trouvera bien plus la cause principale dans ce fait que les Japonais ont embrassé la civilisation européenne au lieu de la repousser, qu'ils se sont livrés activement au commerce et aussi à l'industrie, — voulant imiter les Européens et « faire eux-mêmes » après avoir pris leurs leçons. Peut-être même ont-ils trop vite imité l'Europe en adoptant plusieurs de ses mœurs, de ses lois, et même ses institutions parlementaires.

Quelle part la France a-t-elle prise dans ce double mouvement, si rapide, si intéressant ?

Sa situation commerciale est malheureusement au Japon assez semblable à celle observée en Chine, les Japonais, comme les Annamites et les Chinois, demandant avant tout des fils ou tissus de coton et des produits bon marché. C'est ainsi que notre pays ne vient qu'au quatrième rang parmi les nations importatrices, après l'Angleterre, les États-Unis et l'Allemagne. Il convient cependant de remarquer que nos ventes dépassent quatre fois au Japon celles que nous faisons en Chine (15 341 000 francs contre 4 125 000 francs ; chiffres de 1890), parce que nous y introduisons un article consommé par les indigènes : ce sont les tissus de laine, représentant une valeur de près de 8 millions. Pour l'exportation, nous rencontrons dans l'Empire du Soleil Levant le fait déjà observé chez la nation voisine : la France achète des quantités considérables de soie qui alimentent l'industrie lyonnaise, et, pour cette raison, elle passe au troisième rang, laissant l'Allemagne au quatrième.

L'influence « morale » de la France a été considérable au Japon : ce sont nos officiers, nos administrateurs, nos jurisconsultes qui ont d'abord guidé ce pays dans sa brusque évolution vers la civilisation occidentale. Les Anglais, les Américains, les Allemands sont, les uns et les autres, devenus nos rivaux; ces derniers surtout paraissent prendre l'avantage depuis quelques années. Mais ici, comme en Chine, la France trouve dans l'exercice du protectorat catholique un supplément d'influence, une autorité morale particulière. Qu'elle sache donc en profiter, que, d'autre part, nos industriels apportent plus d'énergie à lutter contre la concurrence étrangère, et nous pourrons tenir au siècle prochain, par notre commerce, notre protectorat religieux, notre influence civilisatrice et peut-être aussi nos capitaux, une place honorable parmi les nations des deux mondes établies dans l'Empire du Soleil Levant.

Nous n'avons pas abordé en parlant soit de la Chine, soit du Japon, une intéressante question qui préoccupe, à juste titre, les esprits soucieux de l'avenir : n'est-il pas à prévoir, — en considérant les qualités de travail et d'industrie des Chinois et des Japonais, le bas prix de la main-d'œuvre dans leur pays, — que les ouvriers de l'Extrême Orient, formés, instruits par nous, ne deviennent au siècle prochain des concurrents redoutables pour les ouvriers européens et américains? Ne verra-t-on pas un jour certains des produits que nous fabriquons et consommons en Europe importés d'Extrême Orient dans nos pays?

Nous sortirions des limites de cet ouvrage en examinant ces prévisions. Nous noterons toutefois, — signe précurseur, — que le Japon, plus avancé que la Chine, a déjà une industrie et exporte dans les pays voisins quelques objets fabriqués à l'imitation de l'Europe. C'est ainsi qu'en Corée les allumettes (consommation importante) de fabrication autrichienne, dites « viennoises, » tendent à disparaître devant la concurrence de celles qui sont fabriquées au Japon; de même encore, la bière japonaise semble ne pas devoir tarder à remplacer dans ce pays la bière allemande.

VII

Conclusions.
Politique continentale et politique coloniale.

La politique continentale et coloniale de la France durant quatre siècles. — Ses résultats. — Double conclusion. — Le passé. — Les succès et les revers. — Pourquoi avons-nous éprouvé des revers? — La France a « deux fers au feu » pendant le xviii° siècle. — La France commet les fautes d'une puissance continentale sous Napoléon Ier. — L'avenir. — Devons-nous « opter » ou suivre une double politique? — Nos charges militaires et maritimes. — Comparaison avec l'Angleterre et l'Allemagne. — Qualités de nos soldats, de nos colons et de nos explorateurs. — Sur quels faits repose la puissance d'une nation dans le le monde. — Puissance de l'Angleterre. — Puissance de l'Allemagne. — Puissance de la France. — Sa richesse, son commerce, sa marine, ses colonies. — Il ne faut pas « opter », mais « orienter » notre politique. — Orientation coloniale. — La France en Europe, son « recueillement », son rôle défensif. — L'unité nationale. — Comparaison avec l'Angleterre et l'Allemagne. — Notre avenir aux colonies. — La « Plus Grande Bretagne » et la « Plus Grande France ». — Notre domaine colonial est assez vaste. — La politique de demain. — Comment la politique coloniale est une œuvre de longue haleine. — La France hors d'Europe. — Grandeur de ses intérêts. — De la nécessité d'adopter et de suivre résolument une ligne de conduite. — Conclusion.

L'étude entreprise dans cet ouvrage est terminée. On a vu d'abord la nature assignant à notre pays une situation géographique qui l'invitait, le condamnait même à une double action sur le continent et sur les mers, — puis la France, lorsqu'elle est faite, poursuivre pendant quatre siècles tantôt la réalisation de justes espérances, — des frontières solides et un équilibre nécessaire en Europe, un empire colonial par delà les océans, — tantôt, pour son malheur, des rêves ambitieux et irréalisables de domination continentale. On a trouvé enfin, à la suite de cette partie historique et la complétant, un tableau de l'expansion actuelle de notre pays dans ses « colonies d'État » et ses « colonies libres », qui montre quelle est la grandeur présente de nos intérêts extra-européens.

Nous avons voulu donner dans ces pages l'idée, ou mieux, si l'on peut ainsi parler, la théorie de la France et de son rôle dans le monde.

Il faut maintenant conclure, — et notre conclusion sera double, parce qu'il faut, d'une part, envisager le passé, puis d'autre part, éclairé par ses résultats, tenter de prévoir l'avenir, chercher nos destinées futures.

Pour le passé, il faut tout d'abord reconnaître que jamais notre pays n'a été inférieur à la double tâche que lui a réservée la nature. Ses enfants ont, sur terre et sur mer, en Europe et aux colonies, fait preuve, dans la guerre comme dans la paix, de toutes les qualités physiques et intellectuelles nécessaires. On peut dire, rappelant un vieux mot du moyen âge, — *Gesta Dei per Francos*, — qu'ils étaient de taille à accomplir les volontés de Dieu. Et cependant, moins heureuse que l'Angleterre, la France arrive à la fin du xixe siècle n'ayant qu'à moitié rempli ses destinées : sur le continent, la magnifique frontière « naturelle » conquise par la Révolution est perdue, la solide frontière léguée par la monarchie entamée, le traité de Westphalie déchiré ; sur les mers, l'Empire colonial fondé par Richelieu et Colbert est passé aux mains de notre rivale et nous devons en créer aujourd'hui un autre. Il est vrai que ce n'est ni à ses soldats, ni à ses marins que la nation peut reprocher ces désastres : ils sont, non le fait de tous, mais seulement celui de trois hommes, de trois maîtres : Louis XV, Napoléon Ier, Napoléon III.

Nous avons tracé, dès les premières pages de cet ouvrage, un tableau rapide, que nous devions reprendre en détail dans les chapitres suivants, de la glorieuse expansion de la France en Europe et aux colonies au xvie et au xviie siècle. Pendant cette belle période l'unité française se fait et s'affirme ; les provinces se distinguent encore par divers privilèges, mais toutes sentent qu'elles constituent un même pays ; l'agriculture se développe, l'industrie naît et prospère, les relations commerciales se nouent et ne cessent de croître, les ports reçoivent des navires ; les routes, les fleuves, les canaux concourent au transport des produits : la France, victorieuse en Europe, maîtresse d'un grand empire colonial, est chez elle riche et prospère, — elle suit glorieusement ses destinées.

Mais dès les dernières années du xvii⁰ siècle la voici dévoyée : Louis XIV vieilli, puis, au siècle suivant, Louis XV l'entraînent sur le continent, au grand profit de l'Angleterre, dans des guerres ambitieuses, inutiles. A ce moment, notre pays a conquis en Europe des frontières solides, qui suffisent à sa puissance et à sa sécurité ; il ne possède pas, il est vrai, la frontière du Rhin, mais le traité de Westphalie empêche l'Allemagne d'être redoutable ; les Espagnols tiennent la Belgique, mais ils ont été souvent vaincus et la « barrière de fer » de Vauban couvre Paris ; — c'est alors qu'un gouverneur du Canada écrit au roi : « La France peut en dix ans, et à moins de frais, s'assurer en Amérique plus de puissance réelle que ne sauraient lui en procurer cinquante années de guerre en Europe » ; un peu plus tard, Dupleix voit comment un petit nombre d'Européens peut réduire à l'obéissance des millions d'Hindous, il entreprend la conquête d'un empire, il nous promet ses richesses.... Tout semble nous convier vers une politique coloniale active. — mais Louis XIV et Louis XV ne savent pas, n'entendent pas, ne voient pas ; les « guerres impolitiques » suivent les « guerres d'ambition » et la guerre de Sept Ans vient la dernière, faite pour Mme de Pompadour, en dépit des intérêts de la France. Alors des colonies magnifiques, acquises par le courage, l'esprit d'entreprise et d'aventure de nos compatriotes, peuplées de leurs enfants, enrichies déjà de leur travail, qui semblent devoir à tout jamais faire partie de notre domaine, payent aux mains de l'Angleterre nos fautes et nos défaites continentales.

Plus tard, dans les premières années du xix⁰ siècle, notre pays subit, et cette fois en Europe, un désastre plus grand encore que celui de 1763. La Révolution attaquée a dû se défendre, elle a pu porter nos frontières jusqu'aux Alpes et au Rhin, donnant ainsi à la

France des limites tracées par la nature; elle est assez forte pour garder ces conquêtes, assez riche, assez habile, assez heureusement douée pour « pénétrer » les populations des pays conquis, les assimiler, pour faire, avec le temps, des Niçois, des Savoyards, des Belges et même des Allemands — Allemands de France comme ils s'appelaient, — des citoyens français…. Mais la République est tombée aux mains de Napoléon et ses entreprises ambitieuses, ses plans gigantesques aboutissent aux lamentables traités de 1814 et 1815.

Enfin, il y a vingt ans à peine, les rêveries nuageuses et les ambitions dynastiques de Napoléon III nous ont attiré en Europe de nouveaux revers : la perte de l'Alsace, la constitution de l'Empire d'Allemagne sur notre frontière de l'Est.

Comment expliquer ces prodigieux retours de fortune, les plus grands que jamais une nation ait subis? Nous avons insisté plus haut sur l'acharnement de l'Angleterre contre notre pays durant tout le xviiie siècle et jusqu'en 1815, mais ce fait seul ne suffit point à expliquer nos désastres, notre diminution en Europe et sur les mers, après une magnifique période de prospérité longue de deux siècles. La victoire de l'Angleterre est un « effet »; — où est la « cause »? Seeley, la recherchant, a dit que la défaite de la France venait de ce que notre pays avait eu à la fois « deux fers au feu », que durant le xviiie siècle il s'était battu en même temps sur le continent et sur les mers, qu'il avait éparpillé ses efforts, aidant ainsi en quelque sorte à sa propre perte. Cette observation est assurément juste, et nous n'avons cessé de montrer dans le récit des événements passés l'habileté de l'Angleterre, occupant la France en Europe, pour aller plus sûrement l'attaquer dans ses colonies, en même temps que l'imprudence et la courte vue de nos ministres qui ne cessaient d'accepter avec insouciance cette double partie. Lorsque la France a « deux fers au feu », elle est vaincue (traité de Paris); lorsqu'elle n'en a qu' « un seul », elle est victorieuse aussi bien sur mer que sur terre (traité de Westphalie, traité des Pyrénées, traité de Versailles).

Mais à l'observation de Seeley il faut en ajouter une autre, qui n'est pas moins exacte que la première et qui la complète, — observation que nous avons cherché à bien dégager lorsque nous avons rappelé les « guerres d'ambition » de Louis XIV et plus encore celles de Napoléon Ier. C'est que la France, puissance continentale victorieuse, est exposée à céder à la tentation de vouloir rompre l'équilibre de l'Europe à son profit pour parvenir à la suprématie ; c'est que, arrivée sur la rive gauche du Rhin, il lui est facile de franchir le fleuve, — et alors qui peut l'arrêter, qui l'arrête ? L'Europe tout entière liguée pour la défense de sa liberté : c'est la ligue d'Augsbourg, c'est la guerre de la succession d'Espagne, ce sont les coalitions contre Napoléon Ier avec la défaite de Leipzig, la « bataille des nations », avec Waterloo.

La guerre de 1870-1871, il importe de le remarquer, ne tombe sous aucune des deux observations qui viennent d'être faites. La France n'y avait pas « deux fers au feu » et ce n'était pas, au moins dans son principe, une guerre « inutile » ou « d'ambition ». Il était, en effet, dans la politique constante, séculaire, de notre pays d'arrêter en Allemagne les progrès d'un État qui pourrait devenir une menace pour notre frontière de l'Est. Nous avons indiqué plus haut que Napoléon III devait arrêter la Prusse avant Sadowa ou, à ce moment, obtenir une compensation et une garantie à l'Est. Mais alors il « rêvait » d'un Empire latin au Mexique. Lorsque, quatre ans plus tard, il déclara la guerre à la Prusse, sans être prêt, sans attendre une occasion favorable dans la seule pensée de sortir des difficultés intérieures qu'il rencontrait, c'est beaucoup moins une « guerre politique » qu'il fit qu'une « guerre dynastique ».

Faut-il conclure du passé que nous venons de rappeler, — et ici nous abordons notre seconde conclusion, — que la double politique suivie par notre pays depuis quatre siècles lui impose des charges trop lourdes, que, pour l'avenir, la France doit y renoncer, qu' « elle doit opter » ? Non, assurément !

Certes, la nature, en donnant à notre pays une frontière territoriale ouverte vers l'Est, des intérêts continentaux considérables en même temps qu'une longue étendue de côtes sur deux mers, lui a imposé dans le monde une lourde tâche ! Sa situation est belle, avantageuse peut-être plus que celle d'aucune autre nation, mais aussi combien elle comporte plus d'exigences, plus d'efforts! Puissance continentale, il faut que la France ait des canons, des forteresses, des camps retranchés, une armée considérable, afin d'être prête contre toute attaque : le service militaire y est obligatoire, son armée compte 570 000 hommes en temps de paix, 3 millions en temps de guerre[1] ; ses dépenses annuelles pour la guerre atteignent environ 706 millions de francs[2].

Puissance maritime, il faut que la même France ait des arsenaux et des flottes pour défendre ses côtes, ses ports de commerce, ses colonies : aussi ses populations riveraines sont-elles soumises à l'inscription maritime, ses escadres fortes de 359 navires[3], ses dépenses maritimes annuelles d'environ 205 millions et demi[4].

Nos voisins n'ont point à s'imposer d'aussi lourds sacrifices. L'Angleterre, puissance maritime, a la première flotte du monde : elle comprend 431 navires[5], elle exige chaque année une dépense de plus de 228 millions[6] ; mais, grâce à sa position insulaire, la Grande-Bretagne ne tient pas à l'Europe et rien ne la contraint à payer une armée[7]. L'Allemagne est, au contraire, une puissance exclusivement

---

1. Discours du ministre de la guerre à la Chambre des députés, séance du 21 janvier 1889.
2. Ce chiffre — exactement 706 284 245 francs — représente le cinquième des dépenses ordinaires et extraordinaires votées par les Chambres pour le ministère de la guerre dans ces cinq dernières années. Le chiffre total des sommes consacrées à la dépense nationale de 1888 à 1892 inclus s'élève, en effet, à 3 531 421 228 francs.
En 1892, le budget ordinaire est de 578 519 015 francs et le budget extraordinaire de 66 105 500 francs.
3. Ces 359 navires (chiffre de 1892) comprennent 46 cuirassés, 161 non cuirassés et 152 torpilleurs. — 2025 officiers et 38 671 marins.
4. De 1888 à 1892 les dépenses totales, ordinaires et extraordinaires, de la marine se sont élevées à 1 028 357 833 francs.
En 1892, les crédits ouverts sont de 214 613 272 francs.
5. Ce chiffre, qui se rapporte à l'année 1890, se décompose ainsi : 71 cuirassés, 199 non cuirassés et 161 torpilleurs, — 1 818 officiers et 36 850 marins.
6. Le rapport de M. Gerville-Réache, député, sur le budget du ministère de la marine pour 1891 évalue les dépenses faites par l'Angleterre pour sa marine de 1871 à 1889 à 4 335 916 526 francs. C'est ce chiffre que nous avons divisé par 19 pour avoir la dépense annuelle moyenne de la Grande-Bretagne (exactement 228 206 132 francs). Mais ce chiffre doit être inférieur à la réalité. L'Angleterre, d'ailleurs, ne cesse d'augmenter ses dépenses navales. Elles sont inscrites au budget de 1890-1891 pour 353 133 950 francs.
7. Ce n'est point dire que l'Angleterre n'a pas un soldat, mais seulement que sa puissance militaire n'est rien à côté de celle des grandes puissances militaires. En temps de

continentale; il lui faut entretenir une armée formidable pour garder en Europe la situation qu'elle a conquise ; elle veut posséder des forces aussi importantes sur sa frontière orientale (la Russie) que sur sa frontière occidentale (la France); elle entretient sur pied de paix 558 000 hommes, sur pied de guerre 3 570 000[1]; ses dépenses annuelles atteignent plus de 614 millions et demi de francs[2]. Elle pourrait toutefois borner là son effort ; mais, cédant depuis ses victoires à des rêves ambitieux, atteinte d'une maladie que certains peuples ont connue, — la mégalomanie, — elle veut, puissance continentale, forcer la nature, posséder une flotte et des colonies (176 navires, 52 600 000 francs de dépense annuelle [3]).

Deux pays situés l'un à l'occident, l'autre au midi de l'Europe possèdent, comme le nôtre, une situation géographique qui leur permet d'adopter aussi une double politique : ce sont l'Espagne et l'Italie. Mais la première, que la barrière des Pyrénées sépare d'ailleurs de l'Europe presque autant qu'un bras de mer, n'a pas tenté, depuis ses rêveries des siècles passés, de reprendre sur le continent et sur l'océan le grand rôle qu'elle a autrefois tenu ; la seconde, moins heureusement située que notre pays, puisque toutes ses côtes sont baignées par une mer intérieure, est une nation jeune, née il y a trente ans, qui n'a encore, malgré ses progrès et ses ambitions, ni la richesse, ni l'autorité d'une vieille nation. Ses forces militaires et

---

paix l'armée anglaise compte 149 000 hommes (non compris naturellement l'effectif servant aux Indes) ; en temps de guerre elle pourrait lever 600 000 soldats pour sa défense, mais elle ne saurait disposer pour l'offensive que de 70 000 hommes.

1. *Revue militaire de l'étranger*, numéros 689 et 690, année 1888. — Il convient de remarquer que le chiffre de l'effectif de guerre de l'armée allemande proprement dite est de 2 686 000 hommes. — Le chiffre de 3 570 000 hommes comprend « l'arrière-ban », composé des hommes entre trente-neuf et quarante-cinq ans ; tous ces soldats ne sont point exercés.

Peut-être convient-il de noter, en prévision d'une comparaison entre les forces militaires de la France et de l'Allemagne, que la France n'a qu'une population de 38 343 000 habitants, alors que celle de l'Allemagne est de 49 421 000.

2. Ce chiffre représente la moyenne annuelle des dépenses, — ordinaires et extraordinaires, — faites pour la guerre pendant les cinq dernières années budgétaires de 1884-1885 à 1888-1889.

3. Soit 27 navires cuirassés, 35 non cuirassés, 114 torpilleurs (chiffres de 1890), — 606 officiers et 12 600 marins.

Le rapport de M. Gerville-Réache, déjà cité, évalue les dépenses de l'Allemagne pour sa marine de 1871 à 1889 à 1 000 724 404 francs. — C'est ce total divisé par 19 qui nous donne la dépense annuelle moyenne (exactement 52 669 703 francs).

maritimes n'en sont pas moins considérables à cette époque de
« paix armée » où chaque peuple donne un *maximum* d'efforts[1].

Ainsi la France, vieille et riche nation dont la situation géographique est unique en Europe, voisine de l'Angleterre, puissance maritime, et de l'Allemagne, puissance continentale, ne cesse pas de se considérer comme également intéressée à l'équilibre de la mer et à celui du continent. Ses lois, ses budgets, témoignent qu'elle n'hésite pas à s'imposer les lourdes charges qu'exige cette double politique. Elle les supporte d'ailleurs facilement sans que sa croissance ni sa prospérité soient atteintes, parce qu'elle est fertile et travailleuse, — elle les supporte vaillamment aussi, parce que dans les Chambres et dans le pays le sentiment de la patrie réunit tous les cœurs.

Mais ce n'est pas encore assez dire : il convient d'ajouter que la nation française n'a rien perdu de ses qualités d'autrefois. Les soldats de la République, du premier, du second Empire, ne se sont pas montrés moins braves, moins impétueux que ceux de la monarchie ; souvent ils se sont conduits en héros ; jamais ils n'ont cédé, sinon devant des forces supérieures et les tristes campagnes de 1814, 1815, 1870-1871 témoignent que dans la défaite ils savent sauver l'honneur. Nos flottes sous la République et le premier Empire, moins heureuses que nos armées, n'ont éprouvé que des désastres, mais, comme elles aussi, elles n'ont cédé que devant le nombre. Depuis 1814, tandis que l'Espagne et la Hollande renonçaient à la grandeur maritime, la France reconstituait ses flottes. Aucune grande guerre navale n'a réclamé nos marins ; toutefois on a pu, en diverses circonstances, juger de leur bravoure sur leurs vaisseaux et même sur terre (Navarin, Alger, Sébastopol, campagne de France, mer de Chine, Tonkin). Nos rivaux les Anglais n'hésitent pas à reconnaître d'ailleurs la science de construction et d'armement de nos ingénieurs, l'instruction de nos officiers, la valeur de nos matelots.

On voit, d'autre part, depuis soixante ans, la France fonder un

---

1. Armée italienne : pied de paix 235 000 hommes ; pied de guerre 2 853 000.
Marine italienne : 19 cuirassés, 38 non cuirassés, 130 torpilleurs, soit au total 187 navires, — 736 officiers et 22 450 marins.

nouvel Empire colonial en Afrique et en Asie ; ses soldats ne cessent de faire preuve dans des campagnes pénibles et trop peu connues (notamment dans le Soudan Français) des plus précieuses qualités ; ses colons s'établissent dans l'Afrique du Nord ; ses explorateurs, ses pionniers ouvrent à son influence et à son commerce des régions nouvelles (Brazza, Crampel, Binger, Trivier, Mizon, Dybowski. Dupuis. Pavie).

Les faits que nous venons de rappeler témoignent que notre pays *peut* ne rien abandonner de ses traditions historiques, qu'il ne lui manque pour les poursuivre ni soldats, ni vaisseaux, ni explorateurs. Mais ce qu'*il peut*, le *doit-il* ?

Il s'agit ici de convaincre les esprits hésitants.

Chaque nation tient aujourd'hui dans le monde la place qu'elle a su conquérir par ses vertus militaires, ses qualités de travail, sa richesse, son génie propre et l'énergie qu'elle ne cesse de développer dans la lutte universelle qui est la grande loi de la nature.

Quels éléments constituent donc la force, la grandeur, l'influence considérable de l'Angleterre, de l'Allemagne, de la France en Europe et dans l'univers entier ?

Pour l'Angleterre, c'est, à n'en point douter, l'ensemble des multiples avantages que lui procurent, directement ou indirectement, sa situation insulaire et la possession de son magnifique Empire colonial fondé depuis plus de deux siècles et sans cesse étendu : une flotte de guerre formidable, une large et incessante émigration qui peuple ses provinces d'outre-mer et déborde sur les pays étrangers, un commerce extérieur, le premier du monde, qui, alimentant une puissante industrie et lui donnant mille débouchés, présente un mouvement général d'affaires de plus de 18 milliards et demi[1], entretient sur les océans 21 500 navires, jaugeant 11 600 000 tonnes ; puis encore, de riches « colonies libres » en Orient et en Extrême Orient, des capitaux considérables engagés dans tous les pays du monde ; puis enfin, et comme résultante, la confiance en lui-même et en la

---

[1]. Commerce général de l'Angleterre en 1890 — importations et exportations comprises — 18 723 575 000 francs.

grandeur de son pays qui est au cœur de chaque citoyen anglais, le *civis romanus* de notre époque.

La force de notre voisin de l'Est repose sur des bases bien différentes de celles de l'Angleterre : la Prusse avait affermi sa suprématie en Allemagne par sa victoire sur l'Autriche, l'Allemagne a affirmé sa suprématie en Europe par sa victoire sur la France. Ainsi, cette puissance, la plus jeune parmi les nations, paraît être aujourd'hui la première, grâce à ses succès militaires. Elle fait peser sur le continent une lourde hégémonie, elle contraint tous les peuples à demeurer sous les armes. C'est la réputation qu'elle s'est acquise sur les champs de bataille qui lui a permis de réclamer un lot dans les partages de l'Afrique et de l'Océanie; c'est elle aussi qui, venant en aide à un état économique spécial[1], a grandement hâté le développement du commerce et des entreprises germaniques dans le monde. Ce développement est récent, mais on ne saurait nier qu'il est considérable : la flotte marchande de l'Empire compte 3 300 navires, jaugeant 1 300 000 tonnes ; son commerce s'élève entre 11 et 13 milliards de francs[2].

La France, différente à la fois de l'Angleterre et de l'Allemagne, réunit cependant les caractères distinctifs de chacun de ces pays, puisqu'elle trouve les éléments de sa force dans sa double situation de puissance continentale et de puissance maritime et coloniale. Comme l'Empire allemand, elle est une grande nation militaire,

1 Le bas prix de la main-d'œuvre et de quelques matières premières (fer, bois, charbon, etc.).

2. Le commerce général de l'Allemagne — importations et exportations comprises — a pour la seconde fois en 1890 atteint 13 milliards (exactement 13 192 125 000 francs). De 1870 à 1888, il a oscillé entre 10, 11 et 12 milliards. — Il n'est pas sans intérêt de remarquer que l'écart est toujours considérable dans les statistiques allemandes entre « le commerce général » et le « commerce spécial » ; en 1890, par exemple, le « commerce général » étant de 13 192 125 000 francs, le « commerce spécial » n'entre dans ce chiffre que pour 9 349 250 000 francs. La cause de cet écart a sa raison dans ce fait que l'Allemagne est, par sa situation géographique au centre de l'Europe, un grand pays de transit.

Nous ne mettons pas l'émigration allemande, pour considérable qu'elle soit, au nombre des principaux éléments de force du pays, parce que les sujets allemands perdent leur nationalité bien plus vite que les autres étrangers dans les pays où ils se rendent (surtout les États-Unis et l'Australie). — Il convient, en outre, de noter qu'ils s'établissent en petit nombre dans les colonies de l'Empire, ainsi qu'est d'ailleurs naturel, celles-ci étant des « colonies de commerce » inhabitables pour les Européens. — (Voir sur les colonies allemandes ce qui a été dit page 184).

appuyée sur une armée formidable; elle a, en outre, sur son voisin l'avantage d'être une vieille nation qui a promené ses armées dans toute l'Europe, vaincu de nombreuses coalitions. Comme l'Angleterre, et la première après cette glorieuse rivale, la France est une grande nation maritime et coloniale; sa flotte militaire est la plus forte après la flotte britannique. Riche par son agriculture, son industrie, ses capitaux, la possession de ses « colonies d'État », ses relations d'affaires avec ses « colonies libres » et tous les pays du globe, elle est, du fait de son ancienneté et de sa richesse, la seconde nation commerciale du monde [1], tandis que sa flotte marchande est la cinquième [2]. L'Allemagne, à la vérité, dont la flotte marchande est déjà supérieure à la nôtre, nous dispute vivement le deuxième rang

1. Le « commerce général » de la France, importations et exportations comprises, varie depuis douze ans entre 8 885 800 000 francs, — chiffre le plus bas, 1885 — et 10 725 900 000 francs, — chiffre le plus haut, 1882. — En 1890, il a été de 10 292 600 000 fr.
Si l'on se bornait à mettre en regard les chiffres du « commerce général » de la France et ceux de l'Allemagne, on devrait conclure que notre pays vient, non au second rang après l'Angleterre, mais au troisième après l'Allemagne, car de 1879 à 1890 le « commerce général » de l'Allemagne n'a pas cessé d'être plus élevé que celui de la France. Mais il ne faut pas oublier, ainsi que nous venons d'ailleurs de le remarquer à la note 2 de la page 506, que l'Allemagne est un grand pays de transit et que ce fait maintient toujours un large écart entre les chiffres du « commerce général » et ceux du « commerce spécial », — écart dont on ne trouve pas l'équivalent dans les statistiques françaises. (En 1890, Allemagne : commerce général 13 192 125 000 francs, — commerce spécial 9 340 250 000 francs ; — France : commerce général 10 292 600 000 francs, — commerce spécial 8 190 millions de francs.)
Si nous venons donc, pour supprimer l'influence de cet écart, à comparer le « commerce spécial » des deux pays, de 1879 à 1890, nous observons que la France et l'Allemagne se suivent de près, se distancent tour à tour; sept fois le commerce de l'Allemagne a été supérieur à celui de la France, cinq fois celui de la France supérieur à celui de l'Allemagne; quelquefois la différence est bien faible.
Les États-Unis tiennent le quatrième rang, venant après l'Angleterre, la France et l'Allemagne. Leur mouvement d'affaires, — importations et exportations comprises, « commerce général », — a été en 1889-1890 de 8 983 927 000 francs.
2. La flotte marchande française occupe, cela n'est point douteux, un rang très inférieur à celui qu'elle devrait tenir. Elle ne compte, en effet, que 2 100 navires, jaugeant 773 000 tonnes. Ces chiffres sont médiocres, comparés à ceux de l'Angleterre et de l'Allemagne — et même à ceux de l'Italie, de la Russie et de la Suède.
Si la France passe avant ces trois dernières puissances, bien qu'ayant moins de navires qu'elles, si sa flotte marchande vient la cinquième, après celles de l'Angleterre, de l'Allemagne, des États-Unis et de la Norvège, c'est qu'elle est riche en bateaux à vapeur, plus riche, proportionnellement au nombre total des navires, que d'autres nations. Or on ne doit pas apprécier le rang d'une marine marchande en se bornant à totaliser la jauge de ses vapeurs et de ses voiliers. Si l'on admet qu'un navire à vapeur peut faire trois voyages et même quatre pendant que le navire à voiles en fait un seul, il faut multiplier par trois le nombre des tonnes à vapeur. C'est en opérant ainsi que l'on trouve que, pour la puissance totale de transport, la France est au cinquième rang.

parmi les nations commerçantes, mais on peut dire qu'elle ne l'a pas encore définitivement conquis. D'ailleurs, notre pays n'exporte pas seulement des produits; il exporte aussi des capitaux, et l'Allemagne est loin de pouvoir offrir cette « marchandise » en quantité aussi considérable que la France. Il n'est pas excessif, en effet, d'évaluer à environ 20 milliards, — rapportant un intérêt annuel de plus de 1 milliard, — les capitaux français engagés dans les emprunts, les chemins de fer, les travaux publics étrangers, ainsi que ceux placés dans les grandes sociétés ou entreprises établies dans divers pays par nos compatriotes. L'Angleterre est la seule nation qui ait plus de capitaux productifs engagés au dehors.

Si l'on ne peut nier, devant un pareil tableau, que la grandeur de notre pays, son renom dans le monde soient la résultante de ces divers contingents, — comme aussi la situation de l'Angleterre et de l'Allemagne tient aux causes que nous avons rappelées, — comment est-il possible de demander que la France renonce à l'une de ses deux politiques, qu'elle « opte » pour l'une d'elles, c'est-à-dire qu'elle abandonne quelque chose d'elle-même, une part de son patrimoine lentement acquis par les générations précédentes?

Il s'agit assurément, lorsqu'une semblable proposition est formulée, d' « opter » pour la politique continentale, de renoncer à toute expansion extra-européenne, à notre Empire colonial. Mais n'est-il pas évident que si une semblable voie était adoptée, notre situation continentale elle-même serait amoindrie, au lieu d'être fortifiée? Se représente-t-on nos amis, nos rivaux, nos ennemis apprenant qu'une loi a été votée par les Chambres françaises ordonnant le désarmement de notre flotte, l'abandon d'une colonie, le renoncement à notre protectorat catholique? Quelle surprise dans le monde entier à l'annonce d'une pareille nouvelle, quels commentaires, et peut-être aussi quelles joies! Qui hésiterait à douter de notre faiblesse? Combien tomberait aussitôt en Europe l'autorité d'une puissance qui doute d'elle-même, combien fléchirait dans le monde le commerce d'un pays qui abdique et renonce à son rang! Que l'on songe seulement, pour avoir une faible idée de l'effroyable diminution à laquelle nous nous condamnerions, au « Sedan économique » qui a été la conséquence du « Sedan militaire », ou bien encore à la grave atteinte portée au prestige du nom français en Orient au lendemain de la bataille de Tel-el-Kébir?

Laquelle de nos colonies d'ailleurs pourrions-nous abandonner? L'Algérie, la Tunisie? Qui l'oserait? Le Tonkin sans doute? Des représentants français se sont trouvés pour faire une semblable proposition[1]. Mais ne sait-on pas déjà avec certitude que ce pays est riche, susceptible de le devenir davantage, que des colons y sont établis, y commercent, ont foi en l'avenir? Faut-il ajouter encore que si la France cessait d'avoir des colonies, renonçait à son protectorat catholique, elle ne cesserait pas d'avoir besoin d'une flotte pour défendre ses nationaux, ses capitaux, ses navires marchands engagés dans toutes les parties du monde, ainsi que ses côtes et ses grands ports qui font une partie de la richesse nationale?

Non! il ne faut point « opter », mais il faut « orienter » notre politique extérieure et l'orienter résolument vers le commerce maritime et les colonies. Là est le succès certain, l'avenir, la richesse.

Est-ce à dire que nous devons renoncer à nos intérêts continentaux et par conséquent compromettre notre sécurité, notre indépendance même? Qui pourrait y songer? Nous l'avons écrit dans les premières pages de cet ouvrage, la France n'est pas protégée par une « barrière » naturelle du côté de l'est comme au sud-est ou au midi, et pour cette raison notre pays est d'abord une puissance continentale. Mais que nous a rapporté la politique continentale poursuivie par Louis XIV après le traité de Nimègue, par Louis XV, par Napoléon Ier? Beaucoup de gloire, un grand renom, mais aussi d'effroyables désastres, la perte d'un Empire colonial, la perte d'une partie de nos frontières. Ce sont là de dures leçons, dont il serait insensé de ne pas profiter. D'ailleurs nos récentes défaites nous condamnent sur le continent à une « politique de recueillement », à une « politique défensive ». Une semblable attitude n'est pas un signe de faiblesse; elle n'est même pas sans grandeur. La guerre de 1870-1871 a, il est vrai, rompu l'équilibre européen, mais des puissances demeurent,

---

[1]. Séances de la Chambre des députés des 21, 22, 23, 24 décembre 1885, où furent discutés et enfin votés les crédits demandés par le gouvernement pour le Tonkin

sur le continent, qui font contrepoids à l'omnipotence germanique, et parmi elles la France même — si vite relevée, couverte aujourd'hui par une armée qui défie toutes les attaques et dont personne ne peut dire qu'elle serait vaincue si la guerre éclatait. Il y a plus, d'ailleurs, depuis que pendant l'été de 1891 la réception faite à notre flotte par un pays ami a révélé à l'Europe l'existence d'une situation nouvelle des puissances.

Elle a, en outre, cette France, notre patrie, un élément de force que ses voisins ont le droit de lui envier et qui peut-être double sa puissance de résistance à l'ennemi : — c'est sa profonde unité. La collaboration de la nature, du temps et des hommes, la politique de nos rois et celle de la Révolution qui ont réuni en une même armée les habitants du nord, du midi, de l'est et de l'ouest, qui ont brisé les groupements locaux, détruit les privilèges, imposé partout les mêmes lois, a fait de 38 millions d'hommes dont les aïeux appartenaient à des peuples divers, — hommes encore différents par la condition ou l'esprit, mais habitant le même sol, associés à la même vie, — une nation parfaitement unie devant l'étranger, que rien ne saurait diviser, dont chaque membre se considère comme un copropriétaire de la patrie. Peut-on dire que nos voisins jouissent d'un si précieux avantage lorsque l'on voit l'Angleterre, — nation vieille cependant autant que la nôtre, — toujours déchirée par la « question irlandaise » ? — l'Allemagne, unie depuis vingt ans à peine dans l'enthousiasme d'une victoire, maintenue depuis dans cette union par la crainte de l'étranger, mais encore morcelée entre plusieurs États à demi indépendants, travaillée par les idées particularistes ?

Ainsi prête contre toute attaque, forte de son unité, de son ancienneté, de sa richesse, de son rôle parmi les nations voisines, de la nouvelle situation qui s'est révélée récemment, la France « recueillie » ne paraîtra jamais absente ni désintéressée des grands mouvements qui peuvent se produire sur le continent ; elle demeurera, comme on l'a dit, indispensable à l'existence de l'Europe.

Quant à son action, à son activité, à son besoin d'expansion, elle doit les diriger résolument vers les choses maritimes et coloniales.

Le jour est venu où notre pays, maintenant libre et seul maître de ses actions, doit comprendre et poursuivre les destinées que la nature lui a promises par delà les mers.

En l'état actuel du monde la réussite des entreprises coloniales de la France est d'ailleurs pour elle, comme on l'a dit justement, *une question de vie ou de mort*. Les principales nations de l'Europe, l'Angleterre, la Russie, l'Allemagne, l'Italie, possèdent à côté de nous des colonies, cherchent à en acquérir de nouvelles, s'agrandissent en Afrique, en Asie, en Océanie; en même temps leur population s'accroît bien plus rapidement que la nôtre; l'Italie, l'Allemagne, la Grande-Bretagne sont très prolifiques; la Russie envoie des colons dans les espaces presque sans bornes qu'elle possède en Asie; la race anglo-saxonne, établie au Canada, aux États-Unis, en Australie, fait des progrès considérables. Que serait la France dans le courant du siècle prochain si elle n'avait pas fixé en Algérie et en Tunisie une population de 2 à 3 millions d'hommes de race européenne? si elle n'était pas, par la prospérité de ses possessions, une grande puissance africaine et une grande puissance asiatique? pour quoi compterait-elle dans le monde et sur le continent même?

Le nouvel Empire colonial qu'elle a conquis en ce siècle autorise les plus belles espérances. L'avenir est donc bien dans nos mains. Certes, il ne faut point comparer « la Plus Grande France » à « la Plus Grande Bretagne ». Mais quelle comparaison serait plus injuste! L'Empire de la France ne comprend aucune province qui puisse être mise en regard de l'Inde avec ses 250 millions d'habitants, de l'Australie, dont la superficie égale les deux tiers de l'Europe, ou du Canada plus vaste encore; l'Empire de l'Angleterre n'est pas seulement plus étendu, plus peuplé, plus riche que le nôtre, il est aussi fondé depuis plus longtemps, et dans les régions les plus favorisées du monde; — il est parvenu à l'âge adulte, alors que le nôtre est encore dans la période de l'enfance : l'Inde et le Canada sont possessions britanniques depuis 1763, l'Australie depuis 1788; nous n'occupons, au contraire, l'Algérie que depuis soixante-deux ans, la Tunisie depuis dix ans, le Tonkin et Madagascar depuis moins de temps encore.

Mais cette « Plus Grande France » bien administrée, colonisée, mise en valeur, quelle augmentation de fortune et de puissance elle peut donner à la mère patrie ! Nous avons dit plus haut la fertilité de l'Algérie et de la Tunisie, — terres où peut se développer une population française, — nous avons dit aussi les richesses ici découvertes, exploitées, là seulement entrevues, de l'Indo-Chine et de plusieurs contrées africaines.

Ce domaine est assez vaste, il ne faut plus songer à l'étendre, car il suffit à nos ambitions et à nos forces. La France, nation militaire et continentale, commettrait d'ailleurs une lourde faute si, insensiblement, elle oubliait sa situation de puissance européenne pour ses colonies, si elle étendait son domaine d'outre-mer comme seule peut le faire une puissance insulaire libre de rester étrangère aux événements du continent.

L'œuvre de demain, l'œuvre du siècle prochain est toute tracée : la République a donné à notre pays vingt ans d'une paix réparatrice et féconde, elle a refait son armée, elle a considérablement étendu son Empire colonial. Dépositaire du patrimoine national, elle doit le bien gérer. En Europe, il lui faut éviter toutes les aventures, sans rien compromettre de notre dignité; hors d'Europe, il lui faut achever la colonisation de l'Algérie et de la Tunisie, hâter la mise en valeur de nos provinces indo-chinoises, de Madagascar et des territoires africains, solliciter nos industriels à fabriquer pour ces pays les articles consommés par les indigènes, inciter nos capitalistes à engager une partie de leur avoir dans des entreprises profitables à nos établissements d'outre-mer, défendre notre protectorat catholique en Orient, en Extrême Orient et plus encore l'autorité morale qu'il nous procure, conserver, étendre, notre situation commerciale et financière dans nos « colonies libres », enfin veiller dans le monde entier sur les intérêts de notre commerce extérieur, lui chercher partout des débouchés.

Nous devons, pour rester dans le cadre de cet ouvrage, nous borner à mettre en quatre lignes un programme entier. Et cependant, combien de choses nous voudrions dire ! D'abord, — et il importe d'en être pénétré, — « l'expansion coloniale » n'est point seulement la prise de possession de terres nouvelles, c'est aussi la mise en valeur de ces terres. Il faut, en s'inspirant du caractère propre à chaque colonie, y appeler des colons, des commerçants, favoriser leur établissement, éviter surtout de gêner par des règlements ou des taxes douanières le mouvement des échanges; il faut aussi ne pas perdre de vue que la colonie est fondée pour le colon et non pour le fonctionnaire, pour le commerçant qui vient s'y établir au moins autant que pour l'industriel métropolitain. Convient-il d'établir des taxes douanières modérées ou de donner la liberté du commerce? Convient-il d'attendre patiemment la venue des capitaux des particuliers ou de solliciter l'apport des sommes indispensables au développement des régions nouvelles en créant des compagnies coloniales, avantagées de quelques privilèges et de quelques garanties? Ce sont des questions que le gouvernement métropolitain doit examiner et résoudre avec une seule préoccupation : le développement et la richesse de la colonie.

D'autre part « l'expansion de la France » comporte la défense incessante des intérêts politiques, commerciaux et d'affaires de notre pays dans le monde. Nous avons montré le commerce de la France dans ses « colonies d'État » et dans ses « colonies libres », mais nous n'avons rien dit des relations singulièrement plus étendues que notre pays entretient avec les principales nations commerçantes du monde, l'Angleterre, l'Allemagne, la Belgique, la Suisse, les États-Unis, etc. Nos ventes dans ces pays font la richesse de notre industrie, donnent du travail à nos manufactures, du fret à nos navires. Conserver ces précieux débouchés, les étendre, y assurer la consommation de nos produits malgré la concurrence universelle, tel est le but que nous devons poursuivre, et nous ne saurions l'atteindre qu'en signant avec les différentes nations des traités de commerce. Il est bien d'actualité de redire ces choses au lendemain du jour où le gouvernement et les Chambres, obéissant aux exigences du parti protectionniste, semblent renoncer à la politique des traités de commerce. La France vient de s'entourer d'une barrière douanière qui est une « muraille de Chine ». Si elle se ferme aux produits étrangers, pense-t-elle que l'étranger lui laissera ses portes ouvertes, — et ne voit-elle pas que dans un jour prochain elle s'expose à constater la diminution de ses ventes sur plusieurs marchés au grand profit de ses concurrents?

Mais est-il nécessaire d'en dire davantage? Nous venons de résumer en deux pages un programme dont nous nous sommes efforcés de donner la justification dans ce livre même. C'est un programme de *politique nationale, de politique extérieure,* — coloniale et commerciale.

Certes, ils sont assurément lourds et nombreux les devoirs qui incombent aux hommes chargés de la direction des destinées de ce pays, — de cette France qui est la seconde nation coloniale et la seconde nation commerciale du monde, dont il faut défendre le patrimoine et le rang contre la concurrence universelle des peuples. Pour réussir, il importe avant tout chose que ses gouvernants — et derrière eux l'opinion publique — fassent preuve de beaucoup d'esprit de suite, d'une grande continuité de vues. La « politique coloniale » est une entreprise de longue haleine. Lorsqu'un pays nouveau est conquis, annexé, au prix quelquefois de longs et sérieux efforts, les résultats ne sont pas encore prochains. Suivant que ce pays est susceptible de devenir une « colonie de commerce », ou une « colonie d'exploitation », ou une « colonie de peuplement », vingt-cinq, cinquante années, un siècle même sont nécessaires pour que les colons arrivent, nouent de sérieuses relations commerciales, entreprennent des plantations ou s'établissent sans esprit de retour. Il faut donc savoir attendre, savoir patienter! Et pourquoi le cacher? notre plus grand défaut, notre seul défaut peut-être en matière coloniale, a été jusqu'ici le manque de patience ou le manque de ce précieux esprit de suite si nécessaire, — une certaine hésitation dans nos entreprises ou encore une absence de logique.

Sans revenir à nouveau sur les lourdes fautes des siècles passés, pouvons-nous dire que la France s'est enfin éveillée à une conscience plus claire qu'autrefois de ses destinées, qu'elle comprend aujourd'hui l'avantage que lui donnerait une « politique coloniale » active? Non assurément! Un semblable progrès n'est pas encore entièrement réalisé. Nous avons fait attendre près de dix ans à la Tunisie la loi douanière indispensable à son développement, et elle n'est pas encore dotée d'un bon réseau de chemins de fer et de routes. Nous avons, en 1882, oublié les intérêts considérables que nous possédions en Égypte, laissant nos alliés, — en même temps nos rivaux, — intervenir seuls dans ce pays. Plus récemment, nous avons pour conquérir le Tonkin fait de longs efforts, dépensé des sommes importantes et les Chambres refusent encore à ce magnifique pays l'autorisation de se procurer la première mise de fonds sans laquelle une colonie nouvelle ne saurait sortir des difficultés du début.

Est-il nécessaire que, pour reconnaître notre erreur et nous en corriger, nous cherchions des exemples? L'Angleterre s'offre à nos yeux. Aux siècles précédents *elle a voulu* un Empire colonial et elle l'a conquis sur la France, la Hollande et l'Espagne. Depuis 1815, elle n'a pas cessé un seul jour de poursuivre dans la paix la « politique coloniale et maritime » qui dans la guerre avait fait sa grandeur. Les derniers actes du gouvernement britannique, pour ne rappeler que ceux-ci, sont dans toutes les mémoires : intervention en Égypte alors que la France se dérobe, partage des « terres sans maîtres » de l'Océanie avec l'Allemagne, partages des « terres sans maîtres » de l'Afrique avec l'Allemagne, la France, le Portugal et l'Italie.

Demandera-t-on pourquoi l'Angleterre ne cesse pas de réussir dans toutes ses entreprises? pourquoi la France échoue ou tarde à réussir? C'est, à n'en point douter, parce que l'Angleterre est depuis longtemps parvenue à la conscience de ses destinées, parce que ses hommes d'État ont l'esprit de suite, la persévérance indispensables à la réussite des entreprises coloniales, c'est surtout parce que les représentants britanniques, bien différents en cela des représentants français, ont une vue commune sur les « questions coloniales » à quelque parti qu'ils appartiennent, c'est que leur opinion sur la *politique intérieure* ne vient jamais influencer leur sentiment sur la *politique extérieure*, la *politique nationale*, — et aucun Anglais ne doute que la « politique coloniale » soit la « politique nationale » de son pays. Ainsi, nous avons des défauts à corriger, des erreurs à réparer, et l'exemple de nos rivaux est sous nos yeux!

Lorsque l'on songe à ces choses, et lorsque en même temps on envisage la grandeur de la tâche qui incombe à la France, la nécessité de la réussite si notre pays ne veut pas déchoir, on sent combien sont petites et mesquines la plupart des passions et des luttes qui chaque jour retiennent l'attention des esprits, les divisent dans les Chambres et dans le pays !

C'est que la France n'est pas seulement la nation de 38 millions d'habitants qui occupe dans l'Europe occidentale, entre l'Atlantique, les Pyrénées, la Méditerranée, les Alpes, le Jura, une superficie de 530 000 kilomètres carrés. Son expansion, son rayonnement considérable fait qu'elle s'étend dans le monde entier ; on rencontre la France en Afrique, en Asie, en Amérique, en Océanie, grâce à ses « colonies d'État » et à ses « colonies libres », à son commerce, à ses capitaux, à ses navires.

Aussi devons-nous prendre notre part de ce conseil que l'historien anglais Mac Carthy adresse à ses compatriotes : « Vous avez des yeux. Ouvrez-les. Regardez un peu plus loin que votre arrondissement, votre club, votre coterie, votre village. »

TABLE DES MATIÈRES

CONSIDÉRATIONS PRÉLIMINAIRES

Politique continentale et coloniale de la France du XVI° au XIX° siècle.

La situation géographique de la France explique son histoire continentale et coloniale. — La France en Europe. — Sa double expansion sur le continent et sur les mers. — Premier Empire colonial. — Rivalité entre la France et l'Angleterre pour les colonies. — Fautes de la politique continentale. — Situation actuelle de la France. — Elle a fondé un second Empire colonial. — Plan général des chapitres suivants 11

I

Politique continentale et politique coloniale de 1515 à 1688.

François Ier commence la lutte avec la maison d'Autriche et fonde nos premières colonies. — Les Capitulations et le commerce de Marseille. — Règne de Henri IV. — Politique continentale de Richelieu. — Les traités de Westphalie et des Pyrénées. — La Ligue du Rhin. — Politique coloniale de Richelieu. — Acquisitions en Amérique et en Afrique. — Comment se peuplent nos colonies. — Les Compagnies privilégiées. — Le commerce de Marseille dans le Levant. — Développement parallèle des colonies anglaises. — Guerres d'ambition de Louis XIV en Europe — Ministère de Colbert. — État des colonies françaises et anglaises lorsqu'il prend les affaires. — Sa politique coloniale. — Régime commercial de nos possessions. — Les grandes Compagnies des Indes Occidentales et des Indes Orientales. — Prospérité de nos colonies. — Étendue de notre premier Empire colonial. — Importance du commerce de Marseille dans le Levant; sa réglementation. — Influence politique de la France en Orient. — Grandeur de la France en Europe et sur les mers en 1688. 25

II

Politique continentale et politique coloniale de 1688 à 1792.

Caractère propre de cette seconde période de notre histoire. — Une nouvelle guerre de Cent Ans entre la France et l'Angleterre. — Traité de Ryswick. — Guerre de succession d'Espagne et traité d'Utrecht. — Guerre de succession d'Autriche et traité d'Aix-la-Chapelle. — Situation de nos colonies des Antilles, de la Louisiane et du Canada.

— Comparaison entre les colonies françaises et les colonies anglaises d'Amérique. — Dupleix fonde un empire dans l'Inde. — Sa lutte avec la Compagnie anglaise. — Guerre de Sept Ans. — Traité de Paris. — Ruine du premier Empire colonial de la France. — Triomphe de l'Angleterre sur les mers. — Administration coloniale de Choiseul. — L'expédition du Kourou. — Fin de la Compagnie des Indes Orientales. — État du commerce de Marseille avec le Levant. — Guerre d'Amérique. — Traité de Versailles 67

III

Politique continentale et politique coloniale de 1792 à 1815.

Action de la France sur l'Europe. — Continuation de la seconde guerre de Cent Ans entre la France et l'Angleterre pendant la Révolution et l'Empire. — La situation continentale de la France expose la Révolution aux attaques de l'Europe. — Première coalition. — Traité de Bâle. — Traité de Paris. — Traité de Campo-Formio. — La France atteint la rive gauche du Rhin. — Expédition d'Égypte. — Seconde coalition. — Paix de Lunéville. — Traité d'Amiens. — Grande situation de la France en Europe. — Politique que Bonaparte veut suivre aux colonies. — Troisième coalition. — Traité de Presbourg. — Confédération du Rhin. — Quatrième coalition. — Blocus continental. — Traité de Tilsit. — Hégémonie de l'Empire français. — Guerre d'Espagne. — Cinquième coalition. — Traité de Vienne. — La lutte entre la France et l'Angleterre ne cesse point. — Expédition de Russie. — Revers. — Premier traité de Paris. — Waterloo. — Second traité de Paris. — La France perd les frontières acquises par la Révolution. — Nouvelle carte de l'Europe dressée au Congrès de Vienne. — Constitution de la « Confédération germanique » sur notre frontière de l'Est. — La France sort vaincue de la seconde guerre de Cent Ans, l'Angleterre victorieuse. — Situation comparative des colonies des deux pays. 95

IV

Politique continentale et politique coloniale de 1815 à 1892.

Relèvement de la France en Europe. — Fondation d'un second Empire colonial. — La France et l'Angleterre depuis 1815. — Indépendance de la Grèce. — Constitution du royaume de Belgique. — La question d'Orient en 1839. — Conquête de l'Algérie. — Acquisitions en Afrique et en Océanie. — État de nos colonies et leur régime économique en 1842. — Relations de Marseille avec l'Orient. — Règne de Napoléon III. — Guerre de Crimée. — Guerre d'Italie. — Guerre de Syrie. — Guerre du Mexique. — Succès de la Prusse en Allemagne. — Guerre de Prusse. — Traité de Francfort. — Constitution de l'Empire d'Allemagne sur notre frontière de l'Est. — L'Allemagne de 1648 à 1871. — La République. — La politique de « recueillement ». — Le Congrès de Berlin. — L'expansion coloniale sous le second Empire. — L'Algérie. — Les expéditions de Chine. — Conquête de la Cochinchine. — La France et l'Angleterre en Extrême Orient. — Le Sénégal. — État de nos colonies en 1869. — L'œuvre coloniale de la République. — Expédition de Tunisie. — Expédition du Tonkin. — Fondation de l'Empire indo-chinois. — Progrès de la France en Afrique : Sénégal, Gabon, Congo, Madagascar. — Un nouvel Empire colonial français. 121

V

Notre empire colonial.

L'Empire colonial de la France. — Son étendue. — Il y a trois sortes de colonies. — L'Algérie et la Tunisie. — Leur état de développement. — Leur commerce. — Leur avenir. — L'Afrique est pour l'Europe un « Nouveau Monde ». — Colonies des nations européennes en Afrique. — Le domaine de la France. — Situation de l'Angleterre. — Le Sénégal, le Soudan et le Sahara Français. — Les Rivières du Sud. — Les Établissements du golfe de Benin. — Le Gabon ; le Congo Français. — Madagascar, — Obok. — L'Angleterre, la Russie, la France et le Portugal en Asie. — L'Indo-Chine Française. — Progrès du Tonkin et de l'Annam. — Le voisinage de la Chine. — Commerce de l'Indo-Chine. — Les Établissements de l'Inde. — Les colonies des puissances européennes en Amérique. — La Martinique et la Guadeloupe. — Les colonies de plantation de l'océan Indien. — La Guyane. — Saint-Pierre et Miquelon. — Les intérêts des puissances européennes dans l'océan Pacifique. — La Nouvelle-Calédonie. — Les archipels océaniens. — Mouvement général du commerce de notre Empire colonial. — Son régime économique. — Le principe de la liberté commerciale. — Le Régime douanier de l'Algérie et de la Tunisie. — Essai d'un tarif protecteur de l'industrie française en Indo-Chine. — Abandon du système du « Pacte colonial ». — La liberté commerciale. — Le sénatus-consulte de 1866. — La protection des marchandises françaises à la Réunion et aux Antilles. — De la situation du commerce français dans nos établissements d'outre-mer. — Nos colonies sont-elles des débouchés ouverts à l'industrie métropolitaine ? — Pourquoi les marchandises françaises ne se vendent pas également dans toutes nos colonies. — Les ventes en Algérie, en Tunisie, aux Antilles, à la Réunion. — La concurrence anglaise et allemande en Afrique et en Indo-Chine. — Manque d'initiative des industriels français. — Le régime protecteur temporaire ; ce qu'on peut en attendre. — Comment la Grande-Bretagne est devenue une grande nation industrielle du fait de ses colonies. — Conséquences heureuses que pourrait avoir un réveil de l'industrie française en Afrique et en Asie. — Des importations des colonies en France. — Leur utilité pour l'industrie métropolitaine. — Est-il exact de prétendre que nos colonies soient des « colonies de fonctionnaires » ? — Examen de cette objection à la politique coloniale. — Notre émigration comparée à celle des autres peuples. — Les Français en Algérie et en Tunisie. — Nécessité de hâter le peuplement de ces provinces par une active propagande. — Exemple emprunté à l'Angleterre. 161

VI

Nos colonies libres.

L'expansion de la France dans le monde. — Ses cinq grandes « colonies libres ». — La colonie de la République Argentine. — Son importance, son commerce. — Nombre de Français établis à la Plata. — La colonie des États-Unis. — Son origine, son importance. — Chiffre des Français établis aux États-Unis. — Envahissement des provinces du nord par les Franco-Canadiens. — La colonie du Canada. — Vitalité des Canadiens-Français ; leur nombre, leur esprit, leur langue. — Les colonies d'Orient. — Turquie d'Europe, Turquie d'Asie, Égypte. — Ancienneté de notre influence politique, religieuse et commerciale. — La concurrence des principales nations européennes. — Situation du commerce français en Turquie et en Égypte. — Importance des capitaux français engagés dans ces pays. — Les capitaux anglais et allemands placés à côté des nôtres. — Le protectorat catholique de la France en Orient. — Les communautés catholiques indigènes. — Heureuse influence exercée par la France ; ses écoles, ses hôpitaux. — Les ordres religieux et les sœurs de Charité. — Concurrence religieuse de la Russie, de l'Angleterre, de l'Italie. — Rivalités suscitées par notre protectorat religieux. — Nos intérêts commerciaux, politiques et religieux sont une part du patrimoine national. — La France en Grèce. — Les colonies d'Extrême Orient. — La France en Chine. — Situation de l'Angleterre, de l'Allemagne et de la Russie à côté de nous. — Notre commerce. — Comment l'Angleterre paye en Chine les soies achetées par la France. — Le protectorat catholique en Chine. — Influence qu'il nous donne. — La France voisine de la Chine par la possession du Tonkin. — L'industrie française en Chine. — Part que notre commerce, notre industrie et nos capitaux peuvent prendre dans ce pays au siècle prochain. — La France en Corée et au Japon. — Notre situation dans ces pays 249

VII

Conclusions : Politique continentale et politique coloniale.

La politique continentale et coloniale de la France durant quatre siècles. — Ses résultats. — Double conclusion. — Le passé. — Les succès et les revers. — Pourquoi avons-nous éprouvé des revers ? — La France a « deux fers au feu » pendant le xviii° siècle. — La France commet les fautes d'une puissance continentale sous Napoléon Ier. — L'avenir. — Devons-nous « opter » ou suivre une double politique ? — Nos charges militaires et maritimes. — Comparaison avec l'Angleterre et l'Allemagne. — Qualités de nos soldats, de nos colons et de nos explorateurs. — Sur quels faits repose la puissance d'une nation dans le monde. — Puissance de l'Angleterre. — Puissance de l'Allemagne. — Puissance de la France. — Sa richesse, son commerce, sa marine, ses colonies. — Il ne faut pas « opter », mais « orienter » notre politique. — Orientation coloniale. — La France en Europe, son « recueillement », son rôle défensif — L'unité nationale. — Comparaison avec l'Angleterre et l'Allemagne. — Notre avenir aux colonies. — La « Plus Grande Bretagne » et la « Plus Grande France ». — Notre domaine colonial est assez vaste. — La politique de demain. — Comment la politique coloniale est une œuvre de longue haleine. — La France hors d'Europe — Grandeur de ses intérêts. — De la nécessité d'adopter et de suivre résolument une ligne de conduite. — Conclusion. 297

24100. — Imprimerie LAHURE, 9, rue de Fleurus, à Paris.

www.ingramcontent.com/pod-product-compliance
Lightning Source LLC
Chambersburg PA
CBHW060628170426
43199CB00012B/1482